金融服务实体经济丛书

金融视角下的中国储蓄—投资转化率提升路径研究

杨鸿涛　著

南开大学出版社
天　津

图书在版编目(CIP)数据

金融视角下的中国储蓄—投资转化率提升路径研究 / 杨鸿涛著. —天津：南开大学出版社，2017.9
(金融服务实体经济丛书)
ISBN 978-7-310-05431-2

Ⅰ. ①金… Ⅱ. ①杨… Ⅲ. ①储蓄－投资－研究－中国 Ⅳ. ①F832.22②F832.48

中国版本图书馆 CIP 数据核字(2017)第 172720 号

版权所有　侵权必究

南开大学出版社出版发行
出版人：刘立松
地址：天津市南开区卫津路 94 号　　邮政编码：300071
营销部电话：(022)23508339　23500755
营销部传真：(022)23508542　　邮购部电话：(022)60266518
*
天津市蓟县宏图印务有限公司印刷
全国各地新华书店经销
*
2017 年 9 月第 1 版　　2017 年 9 月第 1 次印刷
240×170 毫米　16 开本　16.25 印张　2 插页　271 千字
定价：48.00 元

如遇图书印装质量问题，请与本社营销部联系调换，电话：(022)23507125

金融服务实体经济丛书序

近年来，在深受由美国次贷危机引致的全球性金融危机以及经济衰退的冲击后，各国痛定思痛、正本清源。其中，最为重要的当属对金融与经济的关系、虚拟经济与实体经济的关系所做的深度思考。

随着经济与金融发展阶段的变化，金融与实体经济的关系也在不断地演变着。早期的实体经济交易需求产生了金融，那时金融的功能仅仅是支付与汇兑中介，并不能发挥助推实体经济发展的作用；随着实体经济规模的不断扩张，金融与实体经济开始走向融合。金融通过聚集实体经济的资本积累而发展成了信用的中介，并通过对这些资本的优化配置来促进实体经济发展。现代金融的各种功能创新和结构转变，以及实体经济内部的科学技术、组织形式、管理模式等领域的变革，使金融与实体经济互为对方的外部环境，也将二者发展成为相互控制与相互制约的关系。需要指出的是，金融与实体经济的关系是金融与经济关系的一个分支，与其相对应的是金融与虚拟经济的关系。虚拟经济中有很多不稳定的因素，其与金融的关系一旦过度发展，便极有可能会引发金融系统内部的不稳定性和高风险性。因此，虚拟经济不能作为金融存在的基础，金融也不应为其配置过多的资源；实体经济是金融发展的物质基础，金融必须也只有依托实体经济，并推动实体经济走向“生产—积累—扩大再生产”的良性循环，才能使金融与实体经济呈现良性循环。也就是说，金融发展和创新必须服务于实体经济的需求，并以此为基础增强金融的稳定性，实体经济是金融稳定之锚。

在面对本次比过去影响范围更大、持续时间更长、形式更加复杂、程度更加激烈的全球性金融风暴的局面时，我国的金融业之所以还能够表现稳定、应对有效，关键也在于我国实体经济的基础尚好。但是，近 1～2 年来，由于对金融与实体经济的关系出现了认识上的偏差，以及金融脱媒趋势的日益发展，导致国内某些地区出现了金融非理性发展的倾向，给宏观经济的整体运行带来了一定的潜在风险。因此，在互联网金融等新兴模式不断发展的今天，我们更加需要重新审视金融与实体经济之间的关系，正确认识金融在经济发展中的地位与作用，探讨协调我国金融与实体经济关系的路径选择。

毋庸置疑，中国经济改革开放30多年来，金融业获得了快速的发展；各种金融创新及衍生产品的出现，对宏观经济的高速发展起到了关键性作用。同时，为了提升金融产业对实体经济的服务能力，新一届中央政府已表现出巨大的决心来推动金融改革。最近一个时期，金融改革已呈现出明显加速的迹象。从全面放开金融机构贷款利率管制，到存款保险制度日益浮出水面，再到大额可转让存单方案的探讨，利率市场化正在取得实质性突破；上海自贸区正式挂牌，将成为人民币可兑换的试验田；资产证券化和银行真实出表业务的推动，正在加速金融脱媒的进程；从资本市场到整个金融市场都在加快多层次市场体系建设，并在积极探索改变目前各类市场割裂发展的现状；金融机构业务合作与创新也在不断深化，业务边界日渐消解。可以说，利率市场化、金融体系层次化、金融创新规范化、金融与科技融合化，正在成为我国金融发展和改革的基本取向。这不仅是金融本身进一步发展和改革的需要，更是我国正处于经济结构战略性调整关键时期的必然选择。原因在于：经济平衡、协调、可持续发展，需要资金的优化配置，必须加快推进利率市场化改革，更好地发挥利率的价格信号作用；我国金融市场起步较晚、体系还不健全，许多领域还处于探索创建阶段，必须加快发展金融市场，完善多层次资本市场体系，让更多的企业进入金融市场；金融创新是推动金融改革发展的重要动力，是提高金融资源配置效率的有力杠杆，必须通过制度创新、组织创新和业务创新，将金融资源及时高效地投放到实体经济最需要、综合效益最优的领域中去，更好地促进实体经济与金融业良性互动；随着计算机、互联网、物联网、大数据、云计算等技术的进步，以互联网金融为代表的新兴金融体系将会以超过人们预料的速度颠覆传统金融服务的理念和模式，也会以超过人们预料的速度侵占传统金融服务的市场份额。

那么，我们应该如何顺应这种趋势并探索出金融进一步改革的方向和思路呢？我们又应该运用什么样的金融策略、通过什么样的路径来促进实体经济健康发展呢？这些都是需要我们深入研究和探讨的重要课题。这套“金融服务实体经济丛书”，希望能就上述问题做些探讨，并能抛砖引玉；如能对为此探索和实践的人们给予一些启示和启发，我们将深感荣幸和欣慰！

张碧云

2016年2月29日

序

2008年全球金融危机爆发以来，金融是否过度发展成为国内外学术界争论的焦点之一。很多学者认为，随着20世纪70年代新自由主义思潮的兴起，全球范围的金融自由化不断推进，在一些国家特别是以美国为代表的发达国家，金融业已暴露出过度发展问题，突出表现在两个方面：一方面，从金融自身发展看，金融部门在资产规模、国内生产总值（GDP）比重、就业比例、平均工资等方面的增长速度均高于其他部门，占用了过多的物质和人力资源，导致社会资源配置效率降低；另一方面，从金融功能发挥看，当前金融发展对经济增长的促进作用越来越不明显，相反金融深化加剧了经济波动，进而对经济增长产生负面影响。但也有不少学者对金融过度发展的观点表示质疑，认为相关研究中衡量金融发展的指标过于简单、粗放，没有考虑资金的不同流向和用途，没有考虑一国特有的经济发展水平和金融结构，没有考虑生产部门技术进步是否与金融部门发展相适应。尽管上述两派观点对立，短期内彼此很难说服对方，但其出发点和落脚点均是如何更好地发挥金融功能、促进经济可持续增长。

通常来讲，金融主要通过资本积累和技术创新两条途径促进经济增长。本书主要针对第一条途径，重点论述了在中国特定背景下，如何通过完善金融制度和发展金融市场，提升储蓄—投资转化率，从而改善资本积累，促进经济增长。本书的创新之处主要体现在如下四点：一是使用西方主流经济学范式，规范推导出一个包含储蓄—投资转化率的金融内生增长模型，揭示储蓄—投资转化率与经济增长率之间的关系；二是运用面板协整理论，建立对一国储蓄—投资转化率进行总量分析、分部门分析、分地区分析的分析框架，对中国储蓄—投资转化率进行全面分析并查找存在问题；三是使用格兰杰因果检验方法，对影响中国储蓄—投资转化率的金融因素进行实证研究，确定影响因素及其方向、程度；四是从更好地发挥金融功能的角度提出推进中国金融改革的政策建议，明确金融改革的重点内容和优先次序，为决策者提供参考。当然，本书研究也存在一定的局限性，如缺少对储蓄—投资转化微观基础和微观主体的分析，未对影响中国储蓄—投资转化率的 7 个金融变量之间的相互关系以及由此导致的综合影响做进一步研究等。尽管存在以上不足，但本书不失为探讨金融服务实体经济的一篇佳作。

本书作者杨鸿涛是我指导的博士研究生，本书是在其博士学位论文基础上稍加修改而成的。杨鸿涛博士读书期间，勤学好问，刻苦钻研，具有扎实的经济学、管理学基础和金融学专业知识，并且能够将理论知识与工作实践紧密结合；他善于思考，积极探索，对中国宏观经济运行、金融改革创新等问题具有独到见解。我希望这本书的出版对广大读者能够有所启发，对推动我国金融改革，特别是金融业与实体经济的有效结合有所贡献。

任碧云

2017 年 1 月于天津财经大学

内容摘要

资本形成对一国经济增长至关重要，而资本形成在很大程度上又是由储蓄的规模及储蓄向投资的转化决定的。在市场经济条件下，储蓄主体和投资主体往往是分离的，这就使得由金融机构和金融市场构成的金融转化路径成为储蓄—投资转化的主要渠道。考察世界各国经济金融发展历程可以发现，由于金融压抑、金融发展滞后等原因，金融路径的储蓄—投资转化经常遇到阻滞，使得宝贵的储蓄资源得不到有效配置，最终影响了经济发展。当前，我国经济进入"新常态"，人口老龄化进程加快，储蓄率有可能持续下降，过去以高储蓄率支撑高投资率，进而带动经济增长的发展模式很难持续。因此，从金融视角研究储蓄—投资转化率提升路径具有重要的理论意义和实践价值。

本书在综述国内外关于储蓄与投资关系以及储蓄—投资转化相关文献的基础上，采用规范分析与实证分析相结合的方法，重点对三个问题进行了研究。首先，使用西方主流经济学范式，在罗默提出的研究与开发内生增长模型基础上，放松"储蓄全部转化为投资"的强假设，引入储蓄—投资转化率变量，建立一个金融内生增长模型，对储蓄—投资转化率与经济增长率之间的关系进行研究，阐明金融发展影响经济增长的途径和机理。其次，运用面板协整理论，在菲尔德斯坦（Feldstein）和堀冈（Horioka）提出的储蓄与投资相关性研究模型基础上进行扩展，建立固定影响变系数面板数据模型，对一国储蓄—投资转化率的评价方法进行研究。以中国为重点，对20国集团的19个成员国（欧盟除外）1980—2011年储蓄—投资转化率进行总量分析，对中国、巴西、日本、韩国、英国、美国等6个国家1946—2011年居民、企业、政府储蓄—投资转化率进行分部门分析，对中国31个省、自治区、直辖市1980—2012年储蓄—投资转化率进行分地区分析，从而对中国储蓄—投资转化率进行多维度评价，并分析查找存在的问题。最后，对一国储蓄—投资转化率的金融影响因素进行研究，在现有消费、储蓄、投资理论及实证研究基础上，总结归纳可能影响储蓄—投资转化率的金融因素，建立包含4个一级指标和25个二级指标的储蓄—投资转化率金融影响因素的分析框架，利用格兰杰因果检验方法，重点对中国

1993—2010 年储蓄—投资转化率与 25 项金融指标之间是否存在因果关系进行检验，揭示影响中国储蓄—投资转化率的金融因素及其影响方向和程度。

研究结果表明：第一，经济增长率由储蓄—投资转化率、储蓄率及资本的边际产出共同决定，金融发展通过提高储蓄—投资转化率、影响储蓄率、增加资本的边际产出等三条途径影响经济增长；第二，中国储蓄—投资转化率无论从总量看，还是从分部门、分地区看，均处于中等水平，虽然高于欧美发达国家，但低于亚洲主要经济体，并且存在企业部门转化率低和地区间差异大等问题；第三，影响中国储蓄—投资转化率的金融因素共 7 项，其中 6 项具有正向影响，按照影响程度从大到小排序，依次是存贷比、存款、存贷款利率差、涉农贷款占比、股市波动、金融业工资总额；1 项具有负向影响，为不良贷款率，影响程度最小。

基于上述结论，本书从完善金融制度和增强金融市场主体活力两个角度提出政策建议。其中，在完善金融制度方面，建议提高商业银行存贷比、加快利率市场化改革、增强金融制度普惠性、加强资本市场制度建设；在增强金融市场主体活力方面，建议强化资本市场融资功能、推进商业银行转型发展、提高风险管理能力、改善人力资本管理。

目 录

第1章 导 论

1.1 研究背景、目的及意义

1.1.1 研究背景

促进储蓄向投资的转化是金融体系的基本功能之一，金融路径的储蓄—投资转化直接关系到经济增长的速度、质量和可持续性。斯密早于 1776 年就指出，储蓄的规模及储蓄向投资的转化在很大程度上决定了资本形成，而资本形成对一国经济增长具有重要作用。如果一国的储蓄能够持续、高效地转化为投资，则该国的生产能力就会增强，产出水平就会提高，从而实现经济的不断增长。在当代市场经济条件下，储蓄主体和投资主体往往是分离的，这就使得由金融机构和金融市场构成的金融转化路径成为储蓄—投资转化的主要渠道。在各国经济发展过程中，由于金融压抑、发展滞后、制度缺失、宏观政策失误等原因，金融路径的储蓄—投资转化经常不够顺畅，致使大量的储蓄资源不能被高效配置，最终影响了经济的健康发展。

自改革开放以来，我国金融路径储蓄—投资转化机制从无到有，逐步发展完善，在促进国民经济持续、快速增长中发挥了重要作用。在计划经济体制下，我国储蓄—投资转化机制属于财政主导型，即政府通过财政收入将社会绝大部分储蓄集中起来，再通过财政拨款为国有企业提供投资资源。这种转化机制与当时我国国情相适应，有利于统一动员和配置有限的社会资源，为后来国民经济的发展和工业化建设奠定了基础。十一届三中全会后，伴随着社会主义市场经济的发展，国民收入分配格局发生了深刻变化。与此相适应，以商业银行和资本市场为主体的金融路径储蓄—投资转化机制逐步建立并迅速发展起来。截至 2015 年 6 月末，我国银行业金融机构本外币各项存款余额 136.0 万亿元，贷款余额 94.4 万亿元，沪深两市流通市值 50.3 万亿元，居世界第二位（中国人民银行，2015）[1]。可以说，金融路径已经成为我国储蓄—投资转化的主要渠道。

我国经济转型期金融路径储蓄—投资转化不够顺畅是一个不可回避的事实。长期以来，我国以国有大型银行为主的银行体系格局基本未发生变化，银行业对内开放缓慢，产品同质化竞争严重，运行效率明显低于国际水平，大量储蓄资源投向了效率低下的国有企业。就资本市场而言，无论从宏观资源配置效率，还是支持先进产业、优势企业发展来看，资本市场在储蓄—投资转化过程中的实际效果并不理想。此外，政府经常以非市场化手段干预经济，通过压低利率、低价出让土地、降低资源环境成本等方法刺激企业投资，结果造成企业投资行为扭曲。

我国宏观经济运行中存在的诸多问题从某种程度上都可归因于金融路径储蓄—投资转化不畅。近年来，我国接连出现股票价格严重高估、房地产价格持续飙升、农产品价格大幅波动、创业板企业频频超募、政府融资平台债务风险加剧、小微企业融资难、企业老板跑路、民间借贷资金链断裂等经济热点问题。这些问题的产生，一方面说明我国居民和企业部门收入增加，储蓄处于较高水平；另一方面表明我国目前的储蓄—投资转化不畅，金融体系缺乏顺利、高效地引导资本流向实体经济的能力。可以说，储蓄—投资转化问题已成为我国宏观金融问题的核心。

目前，关于金融路径储蓄—投资转化的研究虽然数量较多，但无论在理论分析方面，还是在实证研究方面，仍存在一些不足。首先，虽然学界普遍认同储蓄—投资转化对经济增长的重要作用，但尚未将储蓄—投资转化与经济增长的关系用经济学范式准确描述出来，导致理论分析的规范性还不够强。其次，现有对中国储蓄—投资转化率的实证研究，往往仅从总量、分经济部门、分地区三个角度中的一个展开，分析缺乏全面性，不利于准确评价和查找问题；同时，在计量模型的类型选择上，随意性较大，缺少必要的论证，对估计结果也没有进行必要的检验，导致结论的可信度受到影响。最后，目前对储蓄—投资转化的影响因素，特别是金融影响因素的研究还很少，并且缺乏理论支撑和实证检验，相关文献提出的提升储蓄—投资转化率的政策建议的适用性受到质疑，以上问题均需要在今后的研究中予以关注和解决。

① 中国人民银行. 2015 年第二季度中国货币政策执行报告[EB/OL]. http://www.pbc.gov.cn/zhengcehuobisi/125207/125227/125957/2161441/2926066/2015081010063854823.pdf，2015 年 8 月 7 日.

1.1.2 研究目的

本书从金融功能视角出发，对中国储蓄—投资转化问题进行研究，旨在探讨储蓄—投资转化与经济增长的关系，分析中国储蓄—投资转化过程中存在的问题，寻求改善中国储蓄—投资转化的金融路径，从而为我国经济在“新常态”下持续增长提供政策参考。具体而言，本书研究目的主要体现在以下四个方面。首先，从理论上，使用西方主流经济学范式，阐明储蓄—投资转化与经济增长的关系，揭示金融发展影响经济增长的途径和机理。其次，通过构建实证分析模型，对中国储蓄—投资转化率进行多维度、全方位分析评价，查找存在的问题。再次，使用格兰杰因果检验方法，对影响中国储蓄—投资转化的金融因素进行分析，找出主要金融影响因素，确定其影响方向和程度。最后，从完善金融制度和发展金融市场两个角度提出进一步提升中国储蓄—投资转化率的政策建议，为决策者提供有价值、可操作的决策参考。

1.1.3 研究意义

储蓄—投资转化是诸多经济学派和主要经济学家都非常重视，并且做了大量研究的问题，但由于时代背景、研究方法、样本数据的不同，得出的结论也不尽相同，至今仍争论不休。可以说，储蓄—投资转化永远都是一个在理论上值得研究的话题。本书试图通过对金融路径储蓄—投资转化的研究，在理论上能够有所贡献。本书的理论意义主要体现在以下四个方面。

第一，本书放松西方主流经济学关于“储蓄可以完全、自动转化为投资”的假设，进一步拓展了理论研究的空间。当代西方主流经济学在进行理论分析时，通常假设储蓄可以全部转化为投资。显然，这是一个强假设，在实际经济运行过程中，由于多方面原因储蓄很难自动、全部转化为投资。本书通过放松该假设，在更一般的条件下分析储蓄—投资转化率及其影响因素，进一步拓展了理论研究的空间，丰富了相关研究内容。

第二，本书着重考察中国经济转型期金融路径储蓄—投资转化机制，重点分析经济转型过程中政府与市场各自的行为边界，为厘清转型过程中政府与市场的关系提供理论基础。

第三，本书进一步深化对中国特色社会主义市场经济条件下储蓄—投资转化问题的研究。中国经济除具有转型经济一般特点外，还具有二元经济结构、地区发展不平衡、储蓄率与投资率畸高[①②③]等独有特点，这决定了中国储蓄—投资转化机制也不同于其他国家。为此，本书对中国金融路径储蓄—投资转化的研究，有助于进一步丰富中国特色社会主义市场经济理论。

第四，本书建立了储蓄—投资转化率及其影响因素的分析框架。在总结现有文献基础上，提出对储蓄—投资转化率进行多维度分析评价的计量模型，提出对影响储蓄—投资转化率的金融因素进行研究的分析框架，并据此进行分析评价和国际比较。

在当代经济发展过程中，金融及金融部门扮演着重要角色，对经济发展发挥着重要的推动作用。当前，我国经济发展面临着转变发展方式、调整经济结构、消化过剩产能等一系列挑战。本书试图通过分析影响中国储蓄—投资转化率的主要金融因素，探讨下一步中国金融改革的重点内容和优先次序，以推动解决现实问题，实现中国经济的内生增长。本书的实践价值主要体现在以下四个方面。

第一，为中国经济发展进入“新常态”背景下，保持经济持续增长提供政策建议。自改革开放以来，中国经济经历了长达 30 多年的高速增长，其关键因素之一就是高储蓄率支撑下的高投资。但是，随着中国人口老龄化进程加快，储蓄率有可能被持续拉低。为保持一定的经济增长速度，客观要求提高储蓄—投资转化率，以保持投资的总体稳定。本书在对中国储蓄—投资转化率及其金融影响因素进行全面分析研究的基础上，提出提高储蓄—投资转化率的政策建议，供决策者研究采纳。

第二，为下一步中国金融改革列出重点内容。目前，中国金融改革进入深水区，利率市场化、汇率市场化、资本市场发行制度改革等重大改革事项相互交织，情况复杂。本书从金融体系的基本功能（促进储蓄向投资转化）出发，提出深化金融改革的重点内容和优先次序，为深化金融改革提供参考。

第三，为正确处理金融监管与金融发展的关系提供依据。党的十八届三中全会提出，处理好政府和市场的关系，使市场在资源配置中起决定性作用和更好地发挥政府作用。中国经济转型期间，金融压抑仍不同程度存在，金融管制

---

① Modigliani F., Cao S.L. The Chinese Saving Puzzle and the Life-Cycle Hypothesis [J]. Journal of Economic Literature, 2004(3): 145-170.

② Kuijs L. Investment and Saving in China [R]. World Bank Policy Research Working Paper 3633, 2005.

③ 李扬，殷剑峰. 中国高储蓄率问题研究[J]. 经济研究，2007（6）：14-26.

仍比较多。本书部分研究结论，如金融制度对储蓄—投资转化率具有显著影响，为监管当局放松管制，将经营决策权交还给市场提供了决策依据。

第四，为今后金融市场和金融机构改革发展指明方向。本书从增强金融市场主体活力角度提出政策建议，包括交易所公司化、集团化、国际化、大数据化发展，加快商业银行与互联网深度融合，发展现代投资银行和现代资产管理机构，提高风险管理和人力资本管理水平等，都对各类金融市场和金融机构未来发展具有现实意义。

1.2 相关文献综述

1.2.1 国外文献综述

自经济学诞生以来，储蓄与投资问题就是经济学家关注的重点之一，形成了不同流派的理论和政策主张。

古典学派认为，通过利率的调节作用，储蓄可全部、自动地转化为投资，二者处于均衡状态，无须国家干预。斯密（1776）指出，一个人节省的收入，可以用来雇佣更多的劳动者，也可以借给别人，使其能雇佣更多的劳动者，因此，一个人节省多少收入，就可以增加多少资本[①]。李嘉图（1817）根据“萨伊定律”提出储蓄投资的一致性原理，即储蓄的增加必然会带来投资的等量增加[②]。马歇尔（1890）运用局部均衡分析，提出储蓄是利率的增函数，投资是利率的减函数，储蓄与投资的交点即是利率均衡点，在这一点上，储蓄完全自动转化为投资[③]。

受古典学派影响，马克思主义经济学也假设储蓄全部转化为投资。马克思关于社会生产和再生产理论，假设工人阶级的全部收入都用作消费，没有储蓄；只有资产阶级才有扣除消费后的剩余，用来购置生产资料进行扩大再生产。其提出的简单再生产和扩大再生产的基本条件公式和平衡条件公式，都隐含着储蓄全部转化为投资的假设，因为只有储蓄和投资相等，才能保持国民经济均衡

① 亚当・斯密. 国富论（中译本）[M]. 上海：上海三联书店，2009.

② 大卫・李嘉图. 政治经济学及赋税原理（中译本）[M]. 上海：上海三联书店，2008.

③ 阿尔弗雷德・马歇尔. 经济学原理（中译本）[M]. 北京：华夏出版社，2005.

发展[①]。

与古典学派奉行经济自由主义不同，瑞典学派和凯恩斯主义都认为，由于市场机制不完善，储蓄并不会完全、自动地转化为投资，从而为政府干预经济提供了理论依据。瑞典学派魏克塞尔（1898）将利率划分为货币利率和自然利率，前者指金融市场内的利率，后者指投资预期收益率；认为当货币利率等于自然利率时，储蓄全部转化为投资；但在实际经济运行过程中，货币利率与自然利率很难同步变化，因此储蓄一般不会全部转化为投资[②]。凯恩斯（1936）认为，储蓄主要由收入水平及一些主观因素决定，投资主要受利率水平影响，因此利率变化不一定能使储蓄供给与投资需求完全出清，使储蓄全部、自动地转化为投资；在经济萧条时，即使降低利率，企业仍不愿意增加投资，只能依靠政府干预，增加政府投资，弥补有效需求不足，以增加就业和促进经济增长[③]。

新古典主义在研究经济增长问题时，假定储蓄可全部、自动地转化为投资。萨缪尔森（1948）指出，储蓄与投资相等是宏观经济运行的一般情况，两者背离只是特例[④]。索洛（Solow，1956）经济增长模型将资本运动方程设定为 $\dot{k} = sy - \delta k$，其暗含的假设为储蓄—投资转化率为 1，即储蓄全部转化为投资[⑤]。

其后，卡斯（Cass，1965）[⑥]和库普曼斯（Koopmans，1965）[⑦]将索洛模型中外生的储蓄率内生化，形成 Ramsey- Cass- Koopmans 模型，而储蓄全部转化为投资的假设没有变化，并被其他经济增长模型使用。直至 1993 年，帕加诺（Pagano，1993）将储蓄投资转化率 φ 带入索洛模型，将其资本运动方程改写为 $\dot{k} = s\varphi y - \delta k$[⑧]。

发展经济学家高度重视资本形成对发展中国家经济起飞和发展起到的关键作用，但在研究过程中将储蓄向投资转化视为一个自然而然的过程。哈罗德－

---

① 卡尔·马克思. 资本论第 2 卷（中译本）[M]. 北京：人民出版社，1975.

② 魏克塞尔. 利息与价格（中译本）[M]. 北京：商务印书馆，2011.

③ 约翰·梅纳德·凯恩斯. 就业、利息和货币通论（中译本）[M]. 北京：商务印书馆，1999.

④ 保罗·萨缪尔森. 经济学（第 18 版）（中译本）[M]. 北京：人民邮电出版社，2008.

⑤ Solow R.M. A contribution to the Theory of Economic Growth [J]. The Quarterly Journal of Economics, 1956(70,1): 65-94.

⑥ Cass D. Optimum Growth in an Aggregative Model of Capital Accumulation [J]. The Review of Economic Studies, 1965 (3): 233-240.

⑦ Koopmans T. C. On the Concept of Optimal Economic Growth [A]. Cowles Foundation for Research in Economics. Cowles Foundation Discussion Papers 163 [C]. CT: Yale University, 1965.

⑧ Pagano M. Financial Markets and Growth [J]. European Economic Review, 1993(37): 613-622.

多马经济增长模型（Harrod-Domar Model）就假定储蓄率是固定的，并且储蓄全部转化为投资，即$S = sY = I$（Harrod，1939[①]；Domar，1947[②]）。

金融自由化学派特别关注储蓄向投资转化的金融路径。1960 年，格利（Gurley）和肖（Shaw）首次提出储蓄转化投资问题。1973 年，麦金农（Mckinnon）[③]和肖[④]指出，发展中国家大都存在严重的"金融压抑"，即政府对金融实行严格管理，压低实际利率，实行信贷配给，加之金融市场不发达，严重影响了储蓄动机、投资意愿和储蓄向投资的转化，最终抑制了产出和经济增长；解决此问题的方法是进行金融深化或金融自由化改革，即政府放松对金融业的管制，特别是放松利率监管，以提高储蓄意愿，改善储蓄—投资转化，增加实际投资，最终促进经济增长。

涉及储蓄—投资转化效率研究的还有金融功能观和比较金融制度研究。默顿（Merton）和博迪（Bodie）提出的金融功能观认为，金融功能比金融机构更为稳定，金融功能决定金融机构的变化，金融机构的创新与竞争导致金融功能更有效率；他们指出，促进储蓄向投资的转化是金融体系的基本功能之一，因此从金融功能观视角对储蓄—投资转化问题进行分析将更加深刻[⑤]。比较金融研究的开创者戈德史密斯（Goldsmith，1969）使用金融相关比率（FIR）来说明储蓄与投资的分离程度[⑥]。他指出，金融相关比率的水平及其变动反映了企业、家庭、政府等经济单位在多大程度上需要以借款或发行证券形式进行外部融资，以及在多大程度上以内部储蓄满足自身资金需求。金融相关比率越高，说明储蓄与投资分离程度越高。

1980 年，Feldstein 和 Horioka 发表的一篇关于储蓄与投资关系的论文引发了大量研究，时至今日仍争论不休[⑦]。Feldstein 和 Horioka 认为，如果资本是完

---

① Harrod R. An Essay in Dynamic Theory [J]. The Economic Journal , 1939(49):193.

② Domar E.D. Expansion and Employment [A]. 1947. Domar E.D. Essays in the Theory of Economic Growth [C]. New York: Oxford University Press, 1957.

③ McKinnon R.I. Money and Capital in Economic Development [M]. Washington: The Brookings Institution, 1973.

④ Shaw E. S. Financial Deepening in Economic Development [M]. New York: Oxford University Press, 1973.

⑤ Merton C.R., Bodie Z. Design of Financial System: Towards a Synthesis of Function and Structure [J]. Journal of Investment Management, 2005(3,1): 1-23.

⑥ 雷蒙德 • W. 戈德史密斯. 金融结构与金融发展（中译本）[M]. 上海：上海三联书店，1990.

⑦ Feldstein M., Horioka C. Domestic Saving and International Capital Flows [J]. Economic Journal, 1980(90):317-323.

全流动的，则投资者只关心投资的回报率，而不关心投资于哪个国家。这意味着，如果资本可以在国际自由流动，则国内储蓄不一定与国内投资相关。Feldstein 和 Horioka 对 16 个 OECD 国家 1960—1974 年国内投资率与国内储蓄率的数据进行回归分析后发现，估计的回归系数（saving-retention coefficients）接近于 1，表明绝大部分新增储蓄都留在了本国，即资本接近于完全不流动，而不是在国际自由流动。这个结果出人意料，被学界称为 F-H 之谜（储蓄—投资之谜）。

30 多年来，很多研究都证实储蓄与投资具有协整关系。国际货币基金组织的两篇研究报告首先确认 Feldstein 和 Horioka 的发现，即国内储蓄率与投资率显著相关（Penati and Dooley，1984[①]；Dooley et al，1987[②]）。Frankel et al（1986）通过对 14 个发达国家和 50 个发展中国家储蓄与投资关系的研究，发现除个别发达国家外，绝大多数样本国家的储蓄与投资高度相关，并具有长期均衡关系[③]。De Hann 和 Siermann（1994）验证了一些 OECD 国家的储蓄与投资存在协整关系[④]。Mamingi（1994）按照 Feldstein 和 Horioka 的思路，通过评估资本流动性对 58 个发展中国家的储蓄与投资之间的协整关系进行研究，发现中等收入国家的储蓄与投资相关程度低于低收入国家[⑤]。De Vita 和 Abott（2001）运用自回归分布滞后模型，发现美国的储蓄与投资高度相关[⑥]。Narayan（2005）也指出，中国在限制外商直接投资期间，较低的资本流动性导致储蓄与投资的较高相关性[⑦]。Li（2010）研究发现，中国 28 个省 1978—2006 年储蓄率与投资率正相关[⑧]。

---

① Penati A., Dooley M. Current Account Imbalances and Capital Formation in Industrial Countries, 1948-81 [R]. International Monetary Fund Staff Papers, 1984(31): 1-24.

② Dooley M.P., Frankel J., Mathieson D.J. International Capital Mobility: What Do Saving-Investment Correlations Tell Us?[R]. International Monetary Fund Staff Papers 34, 1987: 503-530.

③ Frankel J., Dooley M., Mathieson D. International Capital Mobility in Developing Countries vs. Industrial Countries: What Do Savings Investment Correlations Tell Us? [R]. NBER Working Paper- 2043, 1986.

④ De Hann J., Siermann C.L.J. Saving Investment and Capital Mobility: A Comment on Leachman [J]. Open Economies Review, 1994(5): 5-17.

⑤ Mamingi N. Saving-Investment Correlations and Capital Mobility in Developing Countries [R]. The World Bank Policy Research Working Paper 1211, 1994.

⑥ De Vita G., Abott A. Are Saving and Investment Cointegrated? An ARDL Bounds Testing Approach [J]. Economics Letters, 2001(77,2): 293-299.

⑦ Narayan P.K. The Saving and Investment Nexus for China: Evidence from Cointegration Tests [J]. Applied Economics, 2005(37,17): 1979-1990 .

⑧ Li C. Savings, Investment, and Capital Mobility within China [J]. China Economic Review, 2010(21): 14-23.

但是，也有一些学者的研究结果与此不一致或相互矛盾。Krol（1996）使用21个OECD国家1962—1990年储蓄与投资的年度数据研究储蓄与投资关系，发现估计出的储蓄对投资的影响程度大大小于以前研究的结果[①]。Miller（1988）使用美国1946—1987年时间序列数据，发现在第二次世界大战后美国的储蓄与投资不存在长期协整关系[②]。

Feldstein 和 Horioka 认为可将储蓄与投资相关程度作为衡量资本流动性的指标，但此观点颇受争议。一些研究表明，储蓄与投资的长期相关性是由限制资本流动、经常账户目标制、预算约束、经济自由化等因素共同决定的，短期内储蓄与投资的相关性则因国而异，由本国经济周期决定（Leachman，1991[③]；Jansen，1996[④]；Taylor，1996[⑤]）。Esso 和 Keho（2010）指出，长期经常账户目标政策很可能造成高的储蓄与投资比率，而不论资本流动程度如何[⑥]。Coakley、Hasan 和 Smith（1999）指出，储蓄与投资相关关系在经济不发达国家较低，这可能缘于有关国家的宏观经济政策，而不是因为高资本流动性[⑦]。Corbin（2001）研究认为，储蓄与投资的高相关性更多地是由某个国家的特定因素造成的，而非影响所有样本国家的一般因素[⑧]。Wahid、Salahuddin 和 Noman（2008）指出，在孟加拉、印度、巴基斯坦、斯里兰卡、尼泊尔等国，储蓄与投资相关性较低，但这并不能说明这些国家资本流动性较高，因为资本流动还受到经济总量、金融结构、财政政策等因素影响[⑨]。Kasuga（2004）认为，国内储蓄对投资的影

① Krol R. International Capital Mobility: Evidence from Panel Data [J]. Journal of International Money and Finance, 1996(15, 3): 467-474.

② Miller S. Are Saving and Investment Cointegrated?[J] Economic Letters, 1988(27): 31-34.

③ Leachman L.L. Saving, Investment and Capital Mobility among OECD Countries [J]. Open Economies Review, 1991(2):137-163.

④ Jansen J. Estimating Saving-Investment Correlations: Evidence for OECD Countries Based on an Error Correction Model [J]. Journal of International Money and Finance, 1996(15,5): 749-781.

⑤ Taylor A.M. International Capital Mobility in History: The Saving-Investment Relationship [R]. NBER Working Paper 5743, 1996.

⑥ Esso L.J., Keho Y. The Savings-Investment Relationship: Cointegration and Causality Evidence from Uemoa Countries [J]. International Journal of Economics and Finance, 2010(2):1.

⑦ Coakley J., Hasan F., Smith R. Saving, Investment, and Capital Mobility in LDCs [J]. Review of International Economics, 1999(7): 632-640.

⑧ Corbin A. Country Specific Effects in the Feldstein-Horioka Paradox: A Panel Data Analysis [J]. Economics Letters, 2001(72): 297-302.

⑨ Wahid, Salahuddin , Noman. Saving Investment Correlation in South Asia – A Panel Approach [J]. European Journal of Economics, Finance and Administrative Sciences, 2008(11): 153-159.

响取决于金融系统的发展，通常在以银行为主体、金融业相对低效的发展中国家，储蓄与投资相关程度较低①。

另一些研究表明，储蓄与投资相关性还与国家规模、国内外储蓄的可替代性、经济自由化改革等其他因素有关。Georgopouls 和 Hejazi（2005）指出，Feldstein 和 Horioka 估计的结果只反映了大国的情况，而大国更依赖于国内融资②。进一步研究发现，较小的 OECD 国家或发展中国家比大国具有更高的资本流动性（Murphy，1984③；Baxter 和 Crucini，1993④；Mamingi, 1994⑤）。另外，Sachsida 和 Caetano（2002）认为，储蓄与投资相关系数反映了国内与国外储蓄的可替代程度⑥。Chinn 和 Ito（2007）发现，金融自由化导致资金外流，从而降低储蓄与投资的相关程度⑦。Ang（2009）对印度 1950—2005 年国内储蓄率与投资率进行分析，发现金融自由化使更多的国内资源配置到投资活动中⑧。另外，Bayoumi（1990）指出，储蓄与投资相关关系在很大程度上反映了内生存货投资行为⑨。Apergis 和 Tsoulfidis（1997）发现，欧盟启动经济一体化后，14 个欧盟国家的储蓄与投资存在协整关系，但是否意味着资本流动性不高值得商榷⑩。Blanchard 和 Giavazzi（2002）指出，储蓄与投资的弱相关性可能

① Kasuga H. Saving-Investment Correlations in Developing Countries [J]. Economics Letters, 2004(83,3): 371-376.

② Georgopouls G.J., Hejazi W. Feldstein-Horioka Meets a Time Trend [J]. Economics Letters, 2005(86): 353-357.

③ Murphy R.G. Capital Mobility and the Relationship between Saving and Investment in OECD Countries [J]. Journal of International Money and Finance, 1984(3): 327-342.

④ Baxter M., Crucini M.J. Explaining Saving-Investment Correlations [J]. American Economic Review, 1993(88): 416-436.

⑤ Mamingi N. Saving-Investment Correlations and Capital Mobility in Developing Countries [R]. The World Bank Policy Research Working Paper 1211, 1994.

⑥ Sachsida A., Caetano A. The Feldstein-Horioka Puzzle Revisited [J]. Economics Letters, 2002(68): 85-88.

⑦ Chinn M.D., Ito H. Current Account Balances, Financial Development and Institutions: Assaying the World "Savings Glut" [J]. Journal of International Money and Finance, 2007(26): 546-569.

⑧ Ang J. The Saving-Investment Dynamics and Financial Sector Reforms in India [EB/OL]. MPRA Paper No. 14498. http://mpra.ub.uni-muenchen.de/14498: Apr 7th, 2009.

⑨ Bayoumi T. Saving-Investment Correlations: Immobile Capital, Government Policy, or Endogenous Behavior?[R] International Monetary Fund Staff Papers, 1990(37): 360-387.

⑩ Apergis N., Tsoulfidis L. The Relationship between Saving and Finance: Theory and Evidence from E.U. Countries [J]. Research in Economics, 1997(51): 333-358.

仅是由于金融与贸易的高度融合所致，如欧盟内部[①]。

储蓄与投资相关性还可能与国家发展程度有关，但由于研究方法、样本空间、数据时限等不尽相同，得到的结果也不完全一致，尚未形成普遍接受的结论。Kollias et al（2008）使用自回归分布滞后和面板回归方法，分析了欧盟 15 国储蓄与投资相关性，得出储蓄与投资相关系数为 0.148 至 0.157 之间[②]。Telatar et al（2007）使用 Markov-switching 模型，通过对部分欧盟国家储蓄与投资之间的相关性进行检验发现，政策体制变化导致储蓄与投资相关系数不稳定[③]。Fouquau et al（2008）使用 panel threshold 回归模型，计算了 24 个 OECD 国家 1960—2000 年的储蓄与投资相关系数，发现这些系数受开放度、国家大小、经常项目与 GDP（国内生产总值）比率等因素影响很大[④]。Esso 和 Keho（2010）使用 Bounds 检验和格兰杰因果检验方法，对西非基金货币联盟 7 国的时间序列数据进行研究，发现只有 3 个国家的投资与国内储蓄正向相关，其他国家的投资与国内储蓄不相关，由此得出结论，储蓄与投资的关系因国而异[⑤]。

储蓄与投资的相互影响方向（即谁影响谁）是另一个研究角度。Sinha（2002）发现，缅甸和泰国的储蓄与投资存在协整关系，储蓄率的增长导致投资率的增长，但中国香港、马来西亚、缅甸、新加坡正好相反，投资率的增长导致储蓄率的增长[⑥]。Seshaiah 和 Sriyval（2005）指出，通过对印度 1970—2001 年相关数据研究，储蓄单向影响投资[⑦]。Verma（2007）通过对印度 1950—2003 年储蓄与投资数据的研究发现，不论是长期还是短期，储蓄都决定了投资[⑧]。

---

① Blanchard O., Giavazzi F. Current Account Deficits in the Euro Area: The end of the Feldstein-Horioka Puzzle? [J]. Brookings Papers on Economic Activity, 2002(2): 147-186.

② Kollias C., Mylonidis N., Paleologou S.M. The Feldstein-Horioka Puzzle across EU Members: Evidence from ARDL Bounds Approach and Panel Data [J]. International Review of Economics and Finance, 2008(17): 380-387.

③ Telatar E., Telatar F., Bolatoglu N. A Regime Switching Approach to the Feldstein-Horioka Puzzle: Evidence from some European Countries [J]. Journal of Policy Modeling, 2007(29): 523-533.

④ Fouquau J., Hurlin C., Rabaud I. The Feldstein-Horioka Puzzle: A Panel Smooth Transition Regression Approach [J]. Economic Modeling, 2008(25): 284-299.

⑤ Esso L.J., Keho Y. The Savings-Investment Relationship: Cointegration and Causality Evidence from Uemoa Countries [J]. International Journal of Economics and Finance, 2010(2):1.

⑥ Sinha D. Saving-Investment Relationships for Japan and other Asian Countries [J]. Japan and the World Economy, 2002(14): 1-23.

⑦ Seshaiah V., Sriyval V. Savings and Investment in India: A Cointegration Approach [J]. Applied Economics and International Development, 2005(5): 25-44.

⑧ Verma R. Savings, Investment and Growth in India: An Application of the ARDL Bounds Testing Approach [R]. Faculty of Commerce Papers, University of Wollongong, Australia, 2007.

而 Mishra et al（2010）指出，印度储蓄与投资呈现双向因果关系[①]。

1.2.2 国内文献综述

自改革开放以来，我国学者结合我国经济转型期的主要特点，对储蓄—投资转化问题进行了大量研究。研究的起点通常是假设储蓄不能全部转化为投资，研究的重点集中于储蓄—投资转化机制、转化率（转化效率、有效性）、储蓄与投资相关性、储蓄与投资相互影响以及储蓄—投资转化与经济增长的关系等方面。

20 世纪 90 年代末期，我国学者开始对储蓄—投资转化机制的研究。胥良（1998）通过对居民、企业、政府等三部门内部和部门间储蓄—投资转化机制进行研究发现，我国当时储蓄—投资转化机制是国有银行主导型[②]。聂碧玉（2008）指出，（证券）投资基金是储蓄向投资转化的又一有效途径[③]。李柏生（2008）重点分析了政府主导的财政转化机制对私人部门的“挤出效应”和对实体经济的“挤入效应”，后者指政府通过对公共产品和服务的投资，带动私人部门的投资[④]。任碧云（2006）通过对储蓄—投资转化机制及其在我国实践的分析，提出市场主导型模式是我国储蓄—投资转化机制的目标模式[⑤]。谭章禄和徐静（2008）开创性地运用系统动力学方法，通过系统动力学模型分析储蓄—投资转化的反馈机制，并模拟这一动态过程[⑥]。李京晔（2010）指出，保险业等非银行金融机构也是储蓄—投资转化的渠道[⑦]。王洋天（2010）指出，发展产业投资基金可以促进储蓄向投资转化[⑧]。宋德勇和董卫星（2012）指出，私募股权投资基金对促进储蓄—投资转化具有重要作用[⑨]。曹雅青（2010）指出，证券市场是储蓄—投资转化的直接通道[⑩]。王兰军（2012）认为，股票市场具有促

---

① Mishra P.K., Das J.R., Mishra S.K. The Dynamics of Savings and Investment Relationship in India [J]. European Journal of Economics, Finance and Administrative Sciences, 2010(18).

② 胥良. 储蓄—投资转化的理论分析与现实思考[J]. 金融研究，1998（8）：1—7.

③ 聂碧玉. 储蓄向投资转化的新工具——投资基金[J]. 时代经贸，2008（2）：46—47.

④ 李柏生. 我国现阶段储蓄与投资转化在国民经济中的作用[J]. 学术论丛，2008（48）：82—83.

⑤ 任碧云. 储蓄向投资转化机制及中国目标模式的选择——基于高储蓄率、高贸易顺差背景的思考[J]. 经济经纬，2006（4）：13—16.

⑥ 谭章禄，徐静. 基于动力学的储蓄—投资转化率分析[J]. 浙江金融，2008（1）：28—31.

⑦ 李京晔. 保险业资金流动与宏观金融的稳定关系[J]. 经济导刊，2010（7）：22—23.

⑧ 王洋天. 我国发展产业投资基金存在的问题及对策[J]. 特区经济，2010（8）：236—237.

⑨ 宋德勇，董卫星. 中国私募股权投资基金发展的对策研究[J]. 当代经济，2012（2）：116—117.

⑩ 曹雅青. 证券市场是社会储蓄向投资转化的直接通道[J]. 中国产业，2010（9）：38.

进储蓄—投资转化的功能，是市场经济体系中最重要的直接融资市场[①]。张佳和许华伟（2012）指出，近年来快速发展的银保合作、银担合作、房地产信托、资产证券化等影子银行业务也成为储蓄—投资转化的重要渠道[②]。李佳（2014）也强调资产证券化具有促进储蓄—投资转化的功能[③]。李香雨和程鹏（2012）指出，保险资金运用对储蓄—投资转化率具有促进作用[④]。蒲成毅和潘小军（2012）指出，保险消费可以促进储蓄—投资转化[⑤]。周灿（2014）研究发现，保险消费能有效提升储蓄—投资转化的效率[⑥]。吴征和张伟（2010）指出，由于资本市场不够发达、金融系统效率低下等原因，我国储蓄—投资转化机制存在问题[⑦]。

21 世纪以来，我国学者开始重视对储蓄—投资转化率的研究。包群、阳小晓和赖明勇（2004）利用我国 1978—2002 年样本数据考察总投资与居民储蓄、政府储蓄之间的长期均衡关系和短期动态变化[⑧]。协整分析结果表明，我国政府储蓄—投资转化率为 0.913，远高于居民储蓄—投资转化率 0.348，因此我国居民储蓄—投资转化率低下是制约资本形成的关键原因。与此相一致，黄明、林明恒和许小苍（2009）通过对我国 1978—2008 年相关数据测算得出，我国政府和居民的储蓄—投资转化率分别为 0.892 和 0.452[⑨]。封福育（2009）使用我国 1980—2007 年省级样本数据，通过建立随机参数模型研究发现，我国储蓄—投资转化率总体水平较低，并且存在明显的区域差异，其中东部地区转化率最高，西部地区转化率最低[⑩]。肖欢明（2014）提出，较低水平的储蓄—投资转化率影响了我国“第二人口红利”的效果[⑪]。李新鹏（2015）发现，我

① 王兰军. 资本市场与稳增长[J]. 中国金融，2012（16）：69—70.

② 张佳，许华伟. 中国私募股权投资基金发展的对策研究[J]. 经济纵横，2012（10）：92—95.

③ 李佳. 资产证券化的流动性扩张：理论基础、效应及缺陷[J]. 财经科学，2014（4）：11—21.

④ 李香雨，程鹏. 保险资金运用对投资和经济增长的贡献研究[J]. 保险研究，2012（9）：56—63.

⑤ 蒲成毅，潘小军. 保险消费推动经济增长的行为金融学分析[J]. 现代财经，2012（12）：21—29.

⑥ 周灿. 基于预防性储蓄理论的中国保险消费外部性研究[J]. 中国社会科学院研究生院学报，2014（2）：40—50.

⑦ 吴征，张伟. 我国储蓄投资转化不平衡问题探讨[J]. 云南财经大学学报（社会科学版），2010（4）：78—79.

⑧ 包群，阳小晓，赖明勇. 关于我国储蓄—投资转化率偏低的实证分析[J]. 经济科学，2004（3）：35—42.

⑨ 黄明，林明恒，许小苍. 我国政府储蓄与居民储蓄的投资转化率比较分析[J]. 商业时代，2009（36）：74—75.

⑩ 封福育. 我国储蓄投资转化效率及其区域差异分析[J]. 江西财经大学学报，2009（4）：9—12.

⑪ 肖欢明. 我国人口老龄化对经济增长的影响路径分析[J]. 经济问题探索，2014（1）：22—26.

国发达地区储蓄率高、储蓄—投资转化率低，欠发达地区储蓄率低、储蓄—投资转化率高[①]。张娟（2011）创建了储蓄—投资转化漏损率指标，把其定义为（g*-g）/g*，其中 g*为储蓄全部转化为投资条件下的最优增长率，g 为实际增长率，储蓄—投资转化率可用 1 减漏损率得到[②]。漏损率指标可以避免以往研究中使用线性计量方法直接计算储蓄—投资转化率过程中产生的误差，使研究结果更直观，更有说服力。作者通过对 1978—2009 年数据的实证分析发现，我国 2001—2008 年储蓄—投资漏损率均超过 50%。

一些文献还对储蓄—投资转化效率进行了研究。杨勇华（2006）从资本形成效率和资本配置效率两个角度分析我国居民储蓄—投资转化效率[③]。其中，资本形成效率分析使用储蓄缺口、储蓄转化率、居民储蓄贮藏率、直接转化率、金融机构存贷差、金融交易成本等 6 个指标，资本配置效率分析使用投资效率、固定资本形成率、居民储蓄收益率、上市公司净资产收益率、银行不良贷款率、银行经营效率等 6 个指标。研究表明，自改革开放以来，我国居民储蓄—投资转化的资本形成效率虽然有所改善，但水平仍然较低；资本配置效率水平不高，且日益恶化。张迪（2007）通过对我国 1980—2004 年样本数据的分析，指出我国政府储蓄的转化效率远远高于居民储蓄的转化效率[④]。黎翠梅和曹建珍（2012）指出，我国农村地区储蓄—投资转化效率差异明显，东部农村地区高于中西部农村地区，西部农村地区储蓄—投资转化效率普遍较低[⑤]。解运亮和刘磊（2013）在分析我国农村地区金融发展存在的区域性差异后指出，东部农村地区储蓄—投资转化效率最高，西部农村地区储蓄—投资转化效率最低[⑥]。此外，肖红叶和周国富（2000）指出，固定资产形成率（固定资本形成总额与资本形成总额的比率）是可以用于评价储蓄—投资转化总体效率的指标，尽管我国该项指标自 1978—1997 年不断上升达到 90%，但与某些发达国家相比，仍存在较大差距[⑦]。

---

① 李新鹏. 我国区域金融资源配置效率评价及比较研究[J]. 湖南财政经济学院学报，2015（3）：55—60.

② 张娟. 我国储蓄—投资转化漏损率的实证分析[J]. 统计与决策，2011（18）：104—106.

③ 杨勇华. 我国居民储蓄—投资转化效率的实证分析[J]. 财经理论与实践，2006（3）：55—60.

④ 张迪. 我国居民储蓄与政府储蓄转化效率的实证分析[J]. 内江师范学院学报，2007（4）：71—73.

⑤ 黎翠梅，曹建珍. 中国农村金融效率区域差异的动态分析与综合评价[J]. 农业技术经济，2012（3）：4—12.

⑥ 解运亮，刘磊. 中国农村金融发展的区域差异及其成因分析[J]. 经济问题探索，2013（6）：83—89.

⑦ 肖红叶，周国富. 我国储蓄—投资转化有效性研究[J]. 统计研究，2000（3）：8—14.

另一些文献从不同角度对我国储蓄与投资相关性进行了实证检验。从跨国比较角度，杨子晖、鲁晓东和温雪莲（2009）参照 Feldstein 和 Horioka（1980）的做法，运用最新发展的面板单位根检验和面板协整检验等方法，对中国、巴拉圭等 24 个发展中国家 1980—2004 年相关数据进行了比较分析，发现样本国家储蓄与投资之间存在显著的相关关系；与发达国家相比，发展中国家的储蓄与投资相关系数相对较小，其中我国储蓄与投资相关系数为 0.5 左右，位于中游水平[①]。从国家整体角度，于春海（2007）使用 1978—2004 年数据分析得出，我国储蓄与投资之间相关系数为 0.841，存在较高相关性，其原因主要是储蓄主体和投资主体的重叠，即企业承担着储蓄者和投资者的双重角色[②]。从分部门角度，何帆和唐岳华（2007）采用向量误差修正模型，对我国 1978—2005 年国内总投资和居民、政府、企业三部门储蓄率数据进行分析，发现投资与居民储蓄、政府储蓄、企业储蓄的相关系数分别为 0.2、-0.19、0.4，表明投资与三部门储蓄之间存在长期均衡关系[③]。从分区域角度，封福育（2010）使用面板协整理论对我国各省 1980—2007 年储蓄与投资的相关性进行分析，东、中、西部所属省份储蓄与投资相关系数的平均值分别为 0.41、0.62 和 0.79[④]。王博和文艺（2012）通过对 29 个省份（除西藏、重庆）相关数据的研究发现，中国各省内部的储蓄与投资显著相关[⑤]。从农村地区角度，齐福全和李琼（2006）通过分析 1978—2003 年北京市农村居民资产数据，发现投资对储蓄的弹性为 0.89，表明北京市农村居民储蓄与投资之间存在长期稳定关系[⑥]。从少数民族区域角度，沈艳（2009）利用广西 1985—2002 年数据测算得出，广西储蓄率与投资率的相关系数为 0.68[⑦]。李喆（2012）通过分析京津冀 13 个地级及以上城市的储蓄—投资相关系数得出，储蓄—投资相关系数为 0.542；如果剔除经济周期及地

① 杨子晖，鲁晓东，温雪莲. 储蓄—投资相关性及影响因素的国际研究——基于发展中国家的面板协整分析[J]. 国际金融研究，2009（10）：73—82.

② 于春海. Feldstein-Horioka 之谜的中国经验分析[J]. 世界经济，2007（1）：39—48.

③ 何帆，唐岳华. 中国三部门储蓄与投资相关性的经验分析[J]. 财经问题研究，2007（11）：3—9.

④ 封福育. 储蓄、投资与中国资本流动——基于面板协整分析[J]. 统计与信息论坛，2010（3）：60—64.

⑤ 王博，文艺. 储蓄投资相关性与中国地区资本市场融合——对中国费尔德斯坦—霍里奥克之谜的再考察[J]. 经济学动态，2012（10）：71—75.

⑥ 齐福全，李琼. 北京市农村居民储蓄与投资相关关系的实证分析：1978~2003 年[J]. 中国农村经济，2006（8）：44—49.

⑦ 沈艳. 广西储蓄、投资与经济增长的实证分析[J]. 当代经济，2009（4）：94—95.

区政策因素影响，则储蓄—投资相关系数为 0.437[1]。

也有一些文献沿着 Feldstein 和 Horioka 的研究思路使用储蓄—投资转化率指标对中国资本流动性进行了检验。卞学字和范爱军（2014）指出，储蓄—投资转化率是目前估计资本流动水平的两种主要方法之一[2]。来特、李小玲和 Dang V.Q.（2015）通过对广东省、中国香港、中国台湾、日本、韩国、马来西亚、菲律宾、泰国、印度尼西亚等国家和地区 1978—2012 年储蓄—投资转化率的分析得出，随着区域合作的深入，未来东亚地区资本流动性将进一步增强[3]。岳岐峰和宋保庆（2015）通过对北京、天津、河北省 1952—2013 年储蓄—投资转化率的分析，得出京津冀地区金融一体化程度不高的结论[4]。

至于我国储蓄与投资相互影响关系，不同学者提出了不同观点。汪伟（2008）通过对我国 1952—2006 年样本数据进行分析发现，我国储蓄与投资之间不存在显著的双向因果关系[5]。俞建国（2008）认为，我国目前不是储蓄决定投资，而是货币供应量决定投资，投资再决定储蓄[6]。张国峰和齐子漫（2012）研究发现，中国居民储蓄对总投资具有正向影响，政府储蓄对总投资具有负向影响[7]。

近年来，我国学者开始重视对储蓄—投资转化影响因素的研究。邓奇志（2010）指出，当前我国国有大型银行信贷管理体制和模式、农村金融产品创新缓慢、农村金融结构单一等原因，造成我国农村地区储蓄—投资转化渠道不顺畅[8]。傅勇（2010）指出，金融压抑是阻碍我国储蓄—投资转化的重要因素之一[9]。王剑锋和顾标（2011）认为，近年来我国储蓄—投资转化率大幅下滑的原因是大规模数量型货币政策[10]。彭卫红和张晓东（2011）指出，金融总量和金融

---

① 李喆. 基于储蓄—投资相关性的京津冀金融一体化的现状分析[J]. 中国管理科学，2012（S2）：869—872.

② 卞学字，范爱军. 金砖国家国际资本流动性度量及比较研究[J]. 南开经济研究，2014（5）：40—53.

③ 来特，李小玲，Dang V.Q. 广东省和东亚地区资本流动性的实证分析[J]. 广东外语外贸大学学报，2015（1）：28—34.

④ 岳岐峰，宋保庆. 先行先试——京津冀协同发展中的金融角色探讨[J]. 河北金融，2015（2）：21—24.

⑤ 汪伟. 储蓄、投资与经济增长之间的动态相关性研究——基于中国 1952—2006 年的数据分析[J]. 南开经济研究，2008（2）：105—125.

⑥ 俞建国. 对我国储蓄与投资失衡问题的思考[J]. 宏观经济研究，2008（6）：13—27.

⑦ 张国峰，齐子漫. 中国储蓄投资转化率的实证研究[J]. 海南金融，2012（3）：11—14.

⑧ 邓奇志. 功能视角下我国农村金融效率的现实审视及优化路径[J]. 农村经济，2010（5）：52—55.

⑨ 傅勇. 中国式失衡辨析及其货币政策含义——基于分权式改革与金融压抑视角的分析[J]. 上海金融，2010（10）：27—32.

⑩ 王剑锋，顾标. 中国贸易顺差研究的脉络梳理与未来展望[J]. 经济评论，2011（1）：127—134.

结构是影响中国储蓄—投资转化的两个因素，其中金融总量的影响较大[①]。王新和何毅（2013）指出，金融政策和财政政策作为外生变量对储蓄—投资转化具有冲击作用[②]。陈文魁和王刚（2013）指出，由于我国金融制度、社会保障制度、医疗制度、投资制度等不完善，导致储蓄—投资转化存在问题[③]。李红（2013）指出，居民个体是否具有投资意愿和投资能力也是影响储蓄—投资转化的原因之一[④]。彭奥蕾、金群和马泳诗（2014）指出，交易成本、投资者获取信息的成本、现阶段较高的投资风险是直接影响储蓄—投资转化的内生制约因素[⑤]。腾建州、颜蒙和杨帆（2014）发现，引入金融发展变量并未对中国储蓄—投资转化率产生显著影响，表明中国金融体系仍不完善，优化资源配置的作用尚未充分发挥[⑥]。叶婷梅（2014）通过对东西部共 22 省相关数据分析得出，各省经济规模、负担系数（被抚养人口数额与劳动力人口数额的比值）对储蓄—投资转化具有负向影响，各省经济增长率、贸易开放程度、经常账户余额规模和市场开放程度对储蓄—投资转化没有显著影响[⑦]。翟琼、罗超平和吴超（2015）通过面板数据模型，从全国层面和地区层面分析了储蓄—投资转化的影响因素，结果表明政府力量和金融结构是影响储蓄—投资转化的主要因素[⑧]。

还有国内学者对储蓄—投资转化与经济增长的关系进行了研究。于泽慧（2011）指出，金融发展可以提高储蓄率、储蓄—投资转化率、投资效率，进而通过影响资本积累和技术进步促进经济增长[⑨]。杜恂诚（2012）认为，金融业在现代中国经济发展中的正面作用是围绕储蓄转化为投资这一核心功能展

---

① 彭卫红，张晓东. 我国金融体系动员储蓄效率测算与评价[J]. 商业时代，2011（29）：73—74.

② 王欣，何毅. 我国居民储蓄与股市投资的关系研究[J]. 浙江金融，2013（1）：56—58.

③ 陈文魁，王刚. 对我国储蓄向投资转化的几点思考[J]. 知识经济，2013（1）：76.

④ 李红. 城镇居民储蓄向投资转化的效率分析——以江苏省为例[J]. 福建金融管理干部学院学报，2013（1）：22—26.

⑤ 彭奥蕾，金群，马泳诗. 经济增长中储蓄有效转化为投资的思考——基于简单 AK 模型的分析，2014（1）：76—79.

⑥ 腾建州，颜蒙，杨帆. 中国经济转型视角下的 Feldstein-Horioka 事实再检验[J]. 现代财经，2014（8）：34—43.

⑦ 叶婷梅. 影响储蓄—投资转化因素研究——基于我国东西部地区的截面数据[J]. 商业时代，2014（34）：59—60.

⑧ 翟琼，罗超平，吴超. 中国储蓄投资转化效率及影响因素研究[J]. 宏观经济研究，2015（8）：29—40.

⑨ 于泽慧. 经济转型时期我国金融发展与经济增长关系的分析[J]. 经济问题探索，2014（1）：88—89.

开的[①]。孙妍和郑贵廷（2012）指出，虚拟资本在实体经济运行过程中会产生“储蓄—投资转化效应”，从而促进实体经济发展[②]。丁志国、徐德财和赵晶（2012）实证分析了我国农村金融与农村经济发展之间的相互影响关系，发现农村金融规模的扩大通过储蓄—投资转化率和投资产出效率，促进了农村经济发展[③]。汪艳涛和高强（2013）研究发现，中国农村储蓄—投资转化率与农村经济发展正相关[④]。顾宁和余孟阳（2013）指出，储蓄—投资转化效率对我国农业现代化进程具有显著的正向影响[⑤]。但是，孙振坡（2010）提出，中国目前存在的储蓄—投资转化环节的低效性，导致中国的储蓄、资本积累和经济增长的关系与索洛模型的结论不一致[⑥]。

另外，我国学者在研究储蓄与投资问题时，除了重点关注储蓄—投资转化问题以外，还对储蓄投资缺口进行了大量研究，并将其作为研究内外均衡的有效工具。张明（2010）使用储蓄投资缺口分析了近期中国和美国国际收支失衡问题，指出政府和企业部门储蓄率的上升是中国持续贸易顺差的一个重要原因，私人部门储蓄率的下降是美国持续贸易逆差的一个重要原因[⑦]。陈传兴和高婷婷（2012）提出了一个储蓄投资缺口影响我国贸易失衡的分析框架，指出我国贸易失衡的主要原因是国内较高的储蓄率和较低的储蓄—投资转化率[⑧]。胡渊和陈继勇（2012）指出，当期全球经济失衡的主要原因是美国储蓄过低和全球储蓄过剩[⑨]。李宏、陆建明、张珍增和施炳展（2010）指出，随着金融发展理论取得进展，越来越多的文献通过储蓄投资缺口分析金融市场差异与全球失衡的关系[⑩]。甘小芳和许少强（2011）通过对居民、企业、政府三部门储蓄投资缺

---

① 杜恂诚. 金融业在近代中国经济中的地位[J]. 上海财经大学学报（哲学社会科学版），2012（1）：12—20.

② 孙妍，郑贵廷. 虚拟资本及其对实体经济发展之效应研究[J]. 求索，2012（1）：13—15.

③ 丁志国，徐德财，赵晶. 农村金融有效促进了我国农村经济发展吗[J]. 农业经济问题，2012（9）：50—57.

④ 汪艳涛，高强. 我国农村金融作用农村经济的路径与实效——基于农村金融运行效率的实证分析[J]. 西部论坛，2013（1）：35—44.

⑤ 顾宁，余孟阳. 农业现代化进程中的金融支持路径识别[J]. 农业经济问题，2013（9）：60—66.

⑥ 孙振坡. 基于索洛模型的中国储蓄和经济增长的思考[J]. 经济研究导刊，2010（16）：10—11.

⑦ 张明. 全球经济再平衡：美国和中国的角色[J]. 世界经济与政治，2010（9）：132—160.

⑧ 陈传兴，高婷婷. 储蓄—投资差异对中国贸易不平衡的影响分析[J]. 上海管理科学，2012（3）：1—5.

⑨ 胡渊，陈继勇. 当前全球经济失衡的主要成因、可持续性及其调整——一个文献综述[J]. 国际商务，2012（4）：44—53.

⑩ 李宏，陆建明，张珍增，施炳展. 金融市场差异与全球失衡：一个文献综述[J]. 南开经济研究，2010（4）：3—20.

口的结构分析，发现高投资率和更高的储蓄率是我国经常项目保持盈余的主要原因之一[①]。殷剑峰（2012）将储蓄率和投资率趋势性下降的转折点定义为储蓄/投资拐点，认为其是经济减速的主要推手之一[②]。余慧倩（2012）通过储蓄投资缺口、财政赤字、贸易赤字，对希腊债务危机进行了研究[③]。管清友和李衡（2014）指出，储蓄投资缺口持续减小是我国近期利率中枢上升的原因之一[④]。

还有一些文献对影响储蓄投资缺口的因素进行了研究。骆立云（2013）指出，人口老龄化会引发储蓄和投资不同程度的减少，从而导致储蓄—投资失衡[⑤]。李新和邹宏元（2014）发现，人均国内生产总值、财政盈余、私人部门信贷余额、抚养比等宏观经济变量通过影响市场主体的储蓄和投资行为，进而影响储蓄投资缺口[⑥]。张勇和李政军（2015）分析了货币政策对我国储蓄投资缺口的影响[⑦]。

1.2.3 现有文献评述

国外关于储蓄—投资转化问题的研究主要是循着“市场与政府”这条主线展开的。古典和新古典主义均相信市场的力量，认为市场是完善的、无摩擦的，市场主体—资金供给者和资金需求者之间的竞争，使利率随资金供求状况而变化，最终实现资金供求的均衡，储蓄自动、平滑地转化为投资。凯恩斯主义强调政府的作用，认为市场机制是不完善的，市场机制下形成的利率难以承担将储蓄全部转化为投资的任务，因此需要政府干预，特别是在经济萧条时期，政府应该降低利率以刺激私人投资，同时扩大政府直接投资，从而促进储蓄—投资转化。与上述两种思想不同，发展经济学和金融自由化学派，一方面强调发展中国家市场机制的不健全，另一方面开出市场化的药方。他们认为发展中国家市场失灵和政府失灵并存，政府对市场的干预过多，严重压抑了人们储蓄和

① 甘小芳，许少强. 中国储投缺口结构对经常项目顺差的影响[J]. 世界经济研究，2011（1）：30—34.

② 殷剑峰. 人口拐点、刘易斯拐点和储蓄/投资拐点——关于中国经济前景的讨论[J]. 金融评论，2012（4）：1—17.

③ 余慧倩. 财政赤字、贸易赤字与储蓄投资缺口——基于希腊三重赤字问题的实证检验[J]. 统计与决策，2012（9）：148—151.

④ 管清友，李衡. 利率上行的逻辑[J]. 金融市场研究，2014（2）：78—85.

⑤ 骆立云. 人口老龄化对储蓄、投资和国际资本流动的影响：一个初步的文献综述[J]. 金融评论，2013（4）：101—111.

⑥ 李新，邹宏元. 中国经常项目顺差的影响因素研究——基于双缺口模型的实证分析[J]. 华东经济管理，2014（6）：53—69.

⑦ 张勇，李政军. 中国货币体制的效率及其改革[J]. 经济学家，2015（1）：56—63.

投资的积极性，阻碍了经济的发展。因此，政府应该放松管制，通过利率市场化改革等措施，促进储蓄—投资转化的顺利进行。需要着重指出的是，以上三种经济思想，虽然出发点和结论都不尽相同，但在理论分析过程中都一致地假设储蓄可全部转化为投资，转化过程是平滑的、无摩擦的。显然，这是一条强假设，在现实经济生活中是很难实现的，其本质还是强调市场机制在储蓄—投资转化过程中的主要作用，还是为资本主义私有制服务的。

另外，国外大量关于储蓄与投资相关性的研究，至今尚未取得较为一致的结论。首先，菲尔德斯坦（Feldstein）和堀冈（Horioka）关于一国储蓄率与投资率高度相关的发现，尽管得到很多文献的证实，但也有部分研究发现在某些国家储蓄率与投资率不相关。其次，Feldstein 和 Horioka 关于储蓄与投资相关性反映国际资本流动程度的结论，也受到众多质疑。由于缺少相应的经济理论基础，不同学者使用不同模型，从不同角度对不同国家的样本数据进行分析，得出不同的、甚至是完全对立的结论，对研究制定具体经济政策的指导意义不大。

我国学者在经济转型期非常重视对储蓄—投资转化及其影响因素的研究，并将其视为宏观金融领域的核心问题之一。首先，众多学者分别对我国储蓄—投资转化的直接转化、财政转化、金融中介转化、金融市场转化、非正规金融转化等机制进行了深入分析。进而采用不同方法，对我国储蓄—投资转化率、转化效率、储蓄与投资相关性等问题进行了多角度、全方位的考察评估，特别是对储蓄—投资转化率和储蓄与投资相关性的分析，已从全国范围的总量分析细化到分部门、分地区的结构分析。研究结论也基本一致，即我国储蓄—投资转化率或转化效率较低。为解决这个问题，我国学者又开始对储蓄—投资转化影响因素开展研究，并取得一定进展。另外，我国学者对储蓄投资缺口的研究，也从一定程度上深化了对储蓄—投资转化的认识。

当然，目前国内关于储蓄—投资转化问题的研究还存在一些不足之处。其一是定性研究多，定量研究少；其二是尚未形成较为成熟的理论基础和分析框架；其三是缺乏国际比较研究，对国际先进经验的学习借鉴不足。以上不足之处，需要在今后的研究中引起重视并加以改进。

1.3 研究内容、方法及思路

1.3.1 研究内容

金融路径储蓄—投资转化，作为储蓄向投资转化的主要渠道，是决定资本形成质量，进而决定经济增长的重要因素，也是解决目前我国宏观经济运行中存在的诸多问题的重要政策着眼点。因此，本书重点就如何改善我国金融路径储蓄—投资转化问题展开研究。本书共 7 章。第 1 章为导论，除对研究背景、目的、意义、内容、方法、思路、创新之处等进行介绍外，重点对国内外相关文献进行回顾和评述。第 2 章为理论基础及分析框架，从理论上论述了储蓄—投资转化与经济增长的关系，分析金融发展影响经济增长的途径和机理，建立了对储蓄—投资转化率及其金融影响因素的分析框架,明确了数据来源及口径。第 3 章为储蓄—投资转化率的实证分析，从总量、分部门、分地区三个维度对中国储蓄—投资转化率进行分析比较，查找存在的问题。第 4 章为储蓄—投资转化率金融影响因素分析，通过实证检验找出影响中国储蓄—投资转化率的金融因素，并确定其影响方向和程度。第 5、6 章为政策建议，结合理论分析和实证研究结果，提出进一步提升我国储蓄—投资转化率的政策建议。第 7 章为研究结论与展望。各部分具体内容如下。

第 1 章导论。简要介绍研究背景、目的及意义，对国内外相关研究文献进行综述，说明本书的研究内容、方法及思路，指出研究的创新之处。

第 2 章理论基础及分析框架。在明确储蓄、投资、储蓄—投资转化基本概念的基础上，使用西方主流经济学范式，引入储蓄—投资转化率变量，建立金融内生增长模型，揭示储蓄—投资转化率与经济增长率之间的关系，分析金融发展影响经济增长的途径和机理。建立对一国储蓄—投资转化率进行总量分析和结构分析的分析框架，建立对储蓄—投资转化率金融影响因素的分析框架，明确指标定义、数据来源及统计口径。

第 3 章中国储蓄—投资转化率的实证分析。在菲尔德斯坦（Feldstein）和堀冈（Horioka）研究模型基础上，使用面板协整理论，建立固定影响变系数面板数据模型，对中国等 19 个 G20 成员国储蓄—投资转化率进行总量分析，对中国等 6 个国家居民、企业、政府三部门储蓄—投资转化率进行分部门分析，对中国31个省、自治区、直辖市储蓄—投资转化率进行分地区分析，从而对中国储蓄—投资转化率进行全面评估比较，并分析查找存在的问题。

第4章中国储蓄—投资转化率金融影响因素的实证分析。在储蓄—投资转化率的金融影响因素指标体系基础上，使用格兰杰因果检验方法，对中国储蓄—投资转化率与金融影响因素进行格兰杰因果检验，分析找出影响中国储蓄—投资转化率的相关金融因素，并确定其影响方向和程度。

第5、6章政策建议。针对中国储蓄—投资转化存在的问题，结合影响中国储蓄—投资转化率的金融因素，从完善金融制度和增强金融市场主体活力两个角度提出我国储蓄—投资转化率提升路径的政策建议。

第7章结论与展望。总结本书的主要研究成果，提出今后深化研究的方向和思路。

1.3.2 研究方法

针对上述内容，本书按照规范分析与实证分析相结合的原则，主要使用文献分析法、范式推导法、相关性分析法、比较分析法、因果分析法等研究方法进行研究。

第1章主要使用文献分析法，对国内外关于储蓄—投资转化的理论分析和实证研究进行梳理，厘清不同经济学流派对储蓄—投资转化问题分析论述的异同，剖析其产生背景和原因，总结国内外实证研究的思路、方法及主要结论，从而更加全面地理解储蓄—投资转化的重要意义，为下一步深入分析中国金融路径储蓄—投资转化奠定基础。

第2章主要使用范式推导法，在罗默提出的研究与开发内生增长模型基础上，放松“储蓄全部转化为投资”的强假设，引入储蓄—投资转化率变量，建立金融内生增长模型,对储蓄—投资转化率与经济增长率之间的关系进行研究，阐明金融发展影响经济增长的途径和机理。

第3章主要使用相关性分析法和比较分析法，通过建立固定影响变系数面板数据模型，对中国等19个国家储蓄—投资转化率，中国等6个国家居民、企业、部门储蓄—投资转化率，中国31个省、自治区、直辖市储蓄—投资转化率进行多维度分析和比较，从而对中国储蓄—投资转化进行全面评价，并分析查找存在的问题。

第4章主要使用因果分析法，通过格兰杰因果检验，对中国储蓄—投资转化率与 25 项金融指标之间是否存在因果关系进行分析，找出影响中国储蓄—投资转化率的金融因素，并确定其影响方向和程度。

1.3.3 研究思路

本书按照“文献综述—理论分析—实证研究—政策建议”的思路展开，具体研究思路如图 1.1 所示。

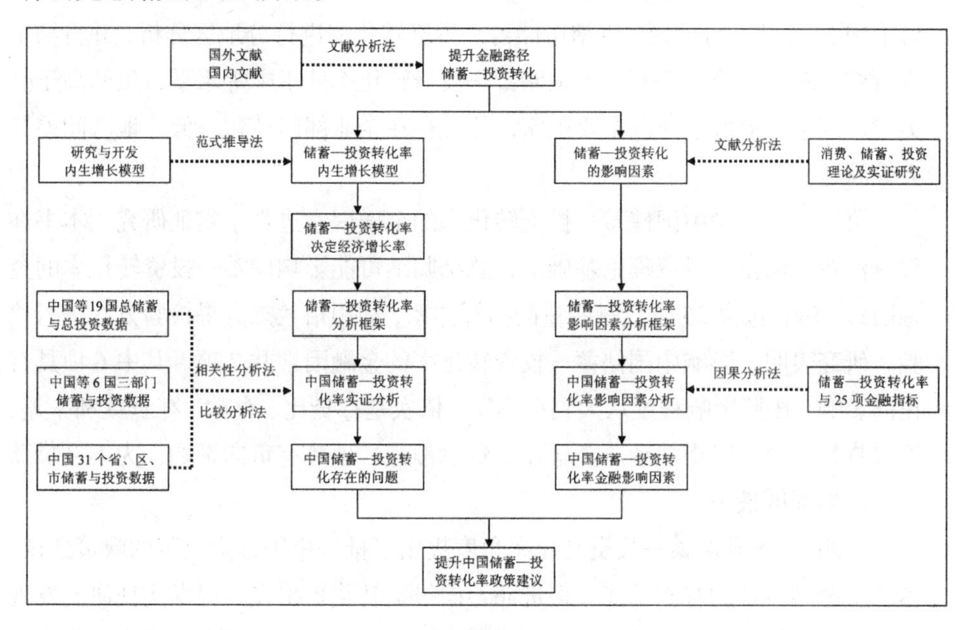

图 1.1　研究路线图

1.4 研究的创新之处

本书的创新之处主要体现在以下四个方面。

第一，规范推导出一个包含储蓄—投资转化率的金融内生增长模型。本书使用西方主流经济学范式，在罗默提出的研究与开发内生增长模型基础上，放松“储蓄全部转化为投资”的强假设，引入储蓄—投资转化率变量，规范推导出一个金融内生增长模型，表达式为 $g(t)=\varphi sb$ 。该模型揭示了储蓄—投资转化率与经济增长率之间的关系，表明储蓄—投资增长率是经济增长率的决定因素之一，阐明金融发展影响经济增长的三条途径，即提高储蓄—投资转化率、影响储蓄率、增加资本的边际产出。

第二，完善了对一国储蓄—投资转化率进行全面分析比较的方法。本书运用面板协整理论，在菲尔德斯坦（Feldstein）和堀冈（Horioka）储蓄与投资相关性研究模型基础上进行扩展，建立固定影响变系数面板数据模型，对中国等19个G20成员国储蓄—投资转化率进行总量分析，对中国、巴西、日本、韩国、英国、美国等6个国家居民、企业、政府储蓄—投资转化率进行分部门分析，对中国31个省、自治区、直辖市储蓄—投资转化率进行分地区分析，并将结果进行综合对比。分析表明，中国储蓄—投资转化率处于中等水平，虽然高于欧美发达国家，但低于亚洲主要国家，并且存在企业部门转化率低、地区间差异大等问题。

第三，对影响中国储蓄—投资转化率的金融因素进行了实证研究。本书在现有消费、储蓄、投资理论基础上，总结归纳可能影响储蓄—投资转化率的金融因素，建立包含25个金融变量的指标体系，利用格兰杰因果检验方法进行检验。研究表明，影响中国储蓄—投资转化率的金融因素共7项，其中6项具有正向影响，按照影响程度从大到小排序，依次是存贷比、存款、存贷款利率差、涉农贷款占比、股市波动、金融业工资总额；1项具有负向影响，为不良贷款率，影响程度最小。

第四，从提升储蓄—投资转化率角度提出了推进中国金融改革的政策建议。本书从金融体系的基本功能（促进储蓄向投资转化）出发，根据实证研究发现的影响中国储蓄—投资转化率的金融因素及其影响方向和程度，提出深化金融改革的重点内容和优先次序。就中国而言，当前金融改革最重要的任务是，通过提高商业银行存贷比、促进商业银行转型发展、加快利率市场化改革等措施，提升总储蓄—总投资转化率；通过增强金融制度普惠性、加强资本市场制度建设等措施，提升企业部门和农村地区的储蓄—投资转化率。

第2章　储蓄—投资转化研究的理论基础及分析框架

2.1　储蓄、投资的概念及其相互关系

2.1.1　储蓄的概念、构成及其影响因素

人们通常对储蓄有两种理解。普通百姓认为，储蓄就是个人在银行或其他金融机构的存款。学界普遍接受新古典经济学的界定，将储蓄定义为当期国民收入扣除当期消费后的剩余。

本文采纳第二种观点，即根据西方主流经济学分析范式，将储蓄定义为，一个经济主体在一定时期内的可支配收入扣除当期消费后的余额。这里的经济主体，可以是整个国家，也可以是居民（或住户）、企业或政府。

从一个国家的角度看，全部微观经济主体（包括居民、企业及政府）当期可支配收入之和扣除当期最终消费后的余额构成这个国家的总储蓄或国内总储蓄（gross domestic saving）。

分经济部门看，国内总储蓄由居民储蓄（household saving）、企业储蓄（corporate saving）及政府储蓄（government saving）三部分构成。其中，居民储蓄是指居民当期可支配收入扣除当期消费后的余额；企业储蓄是指企业当期税后利润扣除当期股息支出后的余额，即未分配利润；政府储蓄是指各级政府当期财政收入扣除当期公共消费支出后的余额。在西方经济学中，通常将居民储蓄和企业储蓄统称为私人储蓄（private saving），将政府储蓄称为公共储蓄（public saving）。

储蓄的构成可用公式表示为：

$$S = S_{private} + S_{public} = SH + SC + SG \tag{2.1}$$

其中，*SH* 代表居民储蓄，*SC* 代表企业储蓄，*SG* 代表政府储蓄。

根据本书对储蓄的定义，储蓄与消费是一对互补因子。西方主流经济学通常将消费作为研究的起点,对储蓄影响因素的分析通常寓于各种消费理论之中。同时，由于公共财政理念的影响，西方学者对公共储蓄的研究较少，更关注对私人储蓄的研究。

世界银行罗扎（Loayza）等（2000）对储蓄特别是私人储蓄影响因素进行了深入研究，归纳出表 2.1[①]，被学界普遍接受并反复引用。

表 2.1　私人储蓄率决定因素研究成果汇总表

变量类别	变量名称	影响方向	实证结果
收入	收入水平：实际	0 或+	+(1,2,3,4) 0(5,6)
	短期	+	
	长期	0 或+	
	贸易条件：实际	0 或+	+(2,4,6)
	短期	+	
	长期	0 或+	
	增长率：实际	不确定	+(2,3) 0(4,5,6)
收益率	利率	不确定	0(1,3,5,6) +(2)
不确定性	改革变动	+	
	通货膨胀或其他宏观不稳定	+	−(4) 0(1,2,3,6)
	政治不稳定	+	
国内借贷限制	私人信贷流量	−	+(3)
	广义货币流量	−	
国外借贷限制	国外借贷	−	
	经常账户赤字	−	−(1,2,3)
金融深度	私人或国内信贷	不确定	−(5)
	股市	不确定	+(1,3,4)
	货币市场		

① Loayza N., Schmidt-Hebbel K., Serven L. What Drives Private Saving Around the World? [R]. World Bank Policy Research Working Paper 2309, 2000:25

续表

变量类别	变量名称	影响方向	实证结果
财政政策	公共储蓄	–	–(1,3)
	公共盈余	–	–(2,5,6) 0(4)
	公共消费	不确定	–(2,6)
养老金系统	现收现付制	0 或–	–(3,4,5)
	强制储蓄制	0 或+	+(4)
	储蓄制	不确定	0 或+(5)
人口	老年/少年抚养比率	–	–(2,3,4) 0(5,6)
	城镇化	不确定	–(3)
收入财富分配	收入集中度	+	0(3)
	财富集中度	+	
	资本收入份额	+	

资料来源：Loayza, Schmidt-Hebbel and Serven (2000)。

注：+表示正相关，–表示负相关，0 表示系数不显著，1 表示 Corbo 和 Schmidt-Hebbel (1991)①，2 表示 Masson, Bayoumi 和 Samiei (1995)②，3 表示 Edwards (1996)③，4 表示 Dayal-Ghulati 和 Thimann (1997)④，5 表示 Bailliu 和 Reisen (1998)⑤，6 表示 Haque, Pesaran 和 Sharma (1999)⑥。

从表 2.1 可以看出，不同的消费理论对决定储蓄因素的分析不尽相同。同时，由于国家类型、样本长度、模型设定、计量方法等不同，关于储蓄决定因素的实证研究结果也千差万别。其中，贸易条件、借贷约束、财政政策、养老金系统等因素在不同的研究中均呈显著性，且其作用方向与消费理论基本一致；收入增长、利率等因素在不同的消费理论中的作用方向不同，在实证研究中的

① Corbo V. and Schmidt-Hebbel K. Public Policies and Saving in Developing Countries [J]. Journal of Development Economics, 1991(36): 89-115.

② Masson P., Bayoumi T., Samiei H. Saving Behavior in Industrial and Developing Countries [R]. IMF manuscript, 1995.

③ Edwards S. Why Are Latin America's Savings Rates So Low? An International Comparative Analysis [J]. Journal of Development Economics, 1996(51,1): 5-44.

④ Dayal-Ghulati A., Thimann C. Saving in Southeast Asia and Latin America Compared: Searching for Policy Lessons [R]. IMF Working Paper WP/97/110,1997.

⑤ Bailliu J., Reisen H. Do Funded Pensions Contribute to Higher Savings? A Cross-Country Analysis [R]. OECD Development Centre manuscript 1998.

⑥ Haque N.U., Pesaran M.H., Sharma S. Neglected Heterogeneity and Dynamics in Cross-Country Savings Regressions [R]. IMF Working Paper, 1999.

作用方向也差异很大；收入水平、通货膨胀、人口抚养比率等因素在不同的消费理论中的影响方向虽然一致，但实证研究的显著性水平不同。

罗扎（Loayza）等人从四个方面对前人研究进行了扩展和深化。第一，使用世界银行新建立的储蓄及相关宏观经济变量的数据库，该数据库包括150多个国家自1965年以来的数据，其数据经过严格的质量检验。第二，将研究范围由私人储蓄扩展至公共储蓄和国民总储蓄。第三，将以前文献提及的各种储蓄决定因素全部纳入研究模型，并不局限于一个特别的理论模型。第四，使用多种估计方法，尽量消除以前实证研究中存在的异方差、共线性等问题。

Loayza等人研究发现，储蓄率的决定因素包括：

1. 黏性

私人储蓄率的时间序列呈现高度序列相关，当期的私人储蓄率对后期有显著的正影响。其他条件不变，一个外部决定因素的变化，只有经过若干期后才能完全体现出来。

2. 收入

实际人均可支配收入水平和增长率对私人储蓄率有显著的正影响。随着人们收入的快速增长，私人储蓄率不断提高。如果收入变化是暂时性的，那么上述结果就与标准的跨期消费理论一致。如果收入变化是永久性的，那么上述结果就需要用消费习惯、生命周期等模型来解释。收入增长对储蓄影响的政策含义是，刺激发展政策是增加储蓄的间接但最有效的手段。只要增加的储蓄被用于国内的生产性投资，增长政策就可能促使一国进入“储蓄—资本积累—增长”的良性循环。

3. 金融变量

（1）实际利率

实际利率对私人储蓄具有负影响，主要原因是实际利率的收入效应超过替代效应与财富效应之和。尤其在发展中国家，实际利率可能更多反映名义利率控制和金融压抑，而不是消费者的跨期替代率。

（2）金融深度

金融深度（M2与GNP之比）对私人储蓄的影响较小且统计上不显著。使用金融深度的另一测度方法信贷总量与GNP之比，也得到类似结果。

（3）私人信贷

国内私人信贷流量与收入之比对私人储蓄有显著的负影响。放松信贷管制会导致私人储蓄率下降。

总之，金融自由化对储蓄的影响无论从价格角度（利率），还是从数量角度（信贷流量）分析，都是负的。高利率、大私人信贷流量将导致私人储蓄率下降。但另一方面，金融改革会促进经济增长，由此也会间接提高储蓄率。

4. 财政政策

财政政策是提高国民总储蓄的较为有效的手段。但公共储蓄对私人储蓄具有挤出效应，从长期看，财政政策对储蓄的影响会逐渐减弱。

5. 人口变量

（1）城镇化率

城镇化率对私人储蓄具有显著的负影响，主要原因是预防性储蓄，及农民因缺少实现收入多样化的手段，为了应对失地后收入的不确定性而增加储蓄。

（2）供养人口比率

供养人口比率（包括少儿抚养比率和老年赡养比率）对私人储蓄具有显著的负影响，这与标准的生命周期消费模型相一致。

由于城镇化率和老年赡养比率与人均收入高度正相关，因此，这两者一定程度上抑制了收入增长对储蓄的正影响。

6. 宏观经济不确定性

宏观经济不确定性通常用通货膨胀率表示。通货膨胀率对私人储蓄率具有正影响。这说明宏观经济不确定性的增加（如名义收入、未来政策等），会导致人们因预防性动机而增加储蓄。但这并不意味着宏观经济稳定（低通货膨胀率）对私人储蓄具有负影响，因为宏观经济稳定可以通过其他渠道对储蓄产生更大的正影响。例如，有充足的证据表明，低通货膨胀率会促进经济增长，从而带来储蓄增加。

2.1.2 投资的概念、构成及其影响因素

投资通常是指当期国民收入中未被消费而用于投资品支出的部分。广义的投资包括实物投资和金融投资。其中，实物投资是指投资于建筑物、机器设备和存货等资本品的投资；金融投资是指投资于金融资产（如股票、债券、银行存单等）的投资。宏观经济学认为，金融投资只是金融资产从一个市场主体转移到另一个市场主体的过程，本身并不创造新的资本，因此仅是实物投资的一个融资过程。

本书所称投资仅限于实物投资，是一个流量变量，是指一定时期内全部经济主体新形成的资本存量，即资本形成总额（gross capital formation）。

与储蓄的构成相对应，分经济部门看，国内总投资（national investment）由居民投资（household investment）、企业投资（corporate investment）及政府投资（government investment）三部分构成。其中，居民投资是指居民用于购置住宅等实物方面的资本性支出；企业投资是指企业用于购置厂房、机器设备、存货及住宅性固定资产的资本性支出；政府投资是指政府用于建设基础设施、公共服务项目的资本性支出。

西方经济学中，居民投资和企业投资统称为私人投资（private investment），以追求利润最大化为目标；政府投资又称为公共投资（public investment），其目标为治理市场失灵，实现社会效益最大化。

投资的构成可用公式表示为:

$$I = I_{private} + I_{public} = IH + IC + IG \quad (2.2)$$

其中，IH 代表居民投资，IC 代表企业投资，IG 代表政府投资。

根据投资的 q 理论（Romer，2011），影响投资的因素包括[①]：

1. 产出

第一，产出的永久性增加会导致投资的暂时性增加。当产出永久性增加时，对某行业产品的需求会提高，由于资本存量的调整需要一个过程，行业中现存资本的市场价值（即 q）会上升，这就会吸引投资，导致资本存量上升。另外，随着行业产出的上升，产品的相对价格下降，资本的利润会随之下降，q 值下降，直至达到新的均衡，此时投资不再增加。

第二，产出的暂时性增加也会使投资暂时性增加，但增加的幅度较小。这是因为，当产出在某个时期内增加，某行业产品的需求会暂时提高，厂商会增加投资扩大生产，但由于厂商明白将来要撤回增加的投资，并且会因此产生调整成本，所以厂商增加投资的规模要比产出永久性增加时小。

2. 利率

第一，利率的永久性下降会带来投资的暂时性增加。若利率永久性下降，则资本的使用成本下降，厂商的合意资本存量会永久性增加，厂商会增加投资，

---

① Romer D. Advanced Macroeconomics, 4th revised edition [M]. New York: The McGraw Hill Higher Education, 2011.

因此会出现暂时性的投资繁荣。

第二，长期利率对投资的影响比短期利率更大。长期利率反映了对未来短期利率的预期，若长期利率低于短期利率，投资者则会预期短期利率会下降（否则投资人不会持有长期债券），为此投资者会增加投资，因此长期利率对投资的影响程度更大。

3. 税收

永久性的税收优惠会使投资永久性增加。各种形式的税收优惠可转化为直接退税的形式，其退税额可转化为厂商资本价格的一定比例。只要资本价值与退税之和超过资本成本，厂商就会进行投资，资本存量就会增加，直至资本价值与退税之和等于资本成本，达到新的均衡。

暂时性的税收优惠会使投资暂时性增加。当经济出现衰退时，决策者通常推出暂时性投资税收优惠。由于厂商通常会抢在税收优惠到期前进行投资，因此暂时性税收优惠将在某一时点后导致投资激增。但随着税收优惠到期，厂商撤回投资，资本存量又会回到税收优惠出台前的均衡状态。

4. 不确定性

在实际市场经营活动中，厂商往往面临对未来盈利能力、利率、税收政策等的不确定性。这些不确定性会影响厂商的投资决策。

对未来盈利能力的不确定性会降低厂商的投资。厂商投资通常具有某种程度的不可逆性，即增加资本存量比减少资本存量更容易。这种调整成本的不对称会降低厂商对未来盈利能力的预期，从而做出等待投资时机或降低投资的决策。

未来利率和税收政策的不确定性也使厂商在进行投资决策时面临困难。利率的不确定性使厂商很难找到适合的贴现率对投资项目未来收益进行贴现估值。税收政策的调整变化，又增加了项目收益估值的难度。

5. 金融体系

厂商投资的融资结构决定了金融体系的重要性。厂商投资通常可通过内部融资和外部融资共同完成。其中，外部融资的最终来源是个人（或居民）投资者。由于个人投资者通常很少接触厂商，又缺乏专业知识，因此就需要金融机构（如银行、保险、证券公司等）和金融市场（如股市、债市等）作为中介，为个人投资者和厂商获取和传递信息提供服务。各类金融机构和金融市场组成的金融体系，对厂商融资发挥着极其重要的作用。

金融体系不完善会产生代理成本，直接影响投资决策。如果金融市场是完善的（或是有效率的），那么厂商和个人投资者就可以通过金融市场获得完全信息，并做出投资决策。但实际经济生活中，金融市场往往是不完善的，厂商和个人投资者之间是信息不对称的，甚至厂商与金融中介之间、个人投资者与金融中介之间也是信息不对称的。信息不对称会产生代理成本，如投资者花费成本监督厂商等，会直接增加外部融资成本，从而影响投资者投资决策和厂商融资方式选择，有可能使投资偏离最有效率的项目。

金融体系不完善会改变产出和利率变动对投资的影响。前面分析产出和利率变动对投资的影响时，我们假设金融市场是完善的。如果放松这条假设，则会产生另一种影响途径。产出下降会影响厂商当期的盈利能力，降低厂商内部融资能力，从而增加外部融资的代理成本，因而即使投资项目的营利性不变，产出的下降也会降低投资。另外，利率的提高会增加厂商对外部投资者的总支付，违约的概率就会升高，外部投资者监督厂商的成本就会增加，因此利率的提高会增加代理成本，从而降低投资。

金融体系对投资可能具有重要影响。代理成本的存在，意味着金融体系处理信息和监督借款人的效率可能是影响投资的重要因素之一。从长期看，尽管理论界对金融发展与经济增长的关系争论不休，但普遍认为麦金农（McKinnon，1973）提出的金融体系对投资、投资效率、进而较长时期增长具有重要作用的论断[①]，具有一定的理论和实证基础。从短期看，美国 20 世纪 30 年代银行体系的崩溃，导致投资项目融资效率下降，加大了大萧条的严重性（Bernanke，1983）[②]；1990—1991 年美国银行业资本危机（capital crunch）导致银行惜贷，成为引起衰退的重要因素之一（Bernanke 和 Lown，1991）[③]。

2.1.3 储蓄与投资的关系

西方经济学中，不同理论流派对储蓄与投资之间关系的论述不尽相同，大致可归纳为两种：一是因果关系；二是均衡关系。

---

① McKinnon R.I. Money and Capital in Economic Development [M]. Washington: The Brookings Institution, 1973.

② Bernanke B.S. Nonmonetary Effects of the Financial Crisis in the Propagation of the Great Depression [J]. American Economic Review, 1983(73): 257-276.

③ Bernanke B.S., Lown C.S. The Credit Crunch [J]. Brookings Papers on Economic Activity, 1991(2): 205-247.

古典经济学认为，储蓄决定投资。其理由是，储蓄可视为货币资本的供给，投资可视为货币资本的需求，在某一时期内，储蓄的数量是一定的，投资来源于储蓄并受储蓄数量的制约。因此，储蓄对投资具有决定意义。

凯恩斯认为，投资决定储蓄。其理由是，传统理论只注意到收入决定储蓄，却忽视了投资决定收入的事实，即“当投资改变时，收入必定改变，收入改变的程度，促使储蓄改变恰等于最初投资改变的程度”[①]。因此，从根本上说，投资对储蓄具有决定性作用。

新古典经济学通常假设储蓄与投资相等。例如，哈罗德实物增长理论强调，（经济）实际增长率是“投资终必等于储蓄这一事实的动态化的表述”[②]，保证增长率（或均衡增长率）是“合意的（满意的）储蓄等于所需要的投资时的增长率”[③]。内生增长模型同样假设储蓄可以全部转化为投资，二者恒等。

发展经济学没有过多讨论储蓄与投资之间的关系，而是直接把储蓄和投资等同起来研究经济增长问题。尽管著名的双缺口模型 $I-S=M-X$ 表明，如果储蓄小于投资，就会出现储蓄缺口，就需要引进外资，刺激出口，提高储蓄水平，以实现经济增长（Chenery 和 Strout，1966）[④]，但其考察的是开放经济条件下总储蓄（包括国内储蓄和国外储蓄）与总投资之间的关系，其隐含的假设条件仍是国内储蓄等于国内投资。

2.2 储蓄—投资转化的概念、转化机制及其影响因素

2.2.1 储蓄—投资转化的概念

由 2.1.3 节分析可以得出，储蓄是投资的源泉。一方面，各经济主体可使用自身的储蓄进行投资，实现经济主体内部储蓄向投资的转化。另一方面，在现实经济生活中，各经济主体的储蓄规模与投资需求通常是不平衡的。例如，居民部门通常是资金盈余的，企业和政府部门通常是资金亏绌的。因此，客观上

---

① [英]凯恩斯. 就业、利息和货币通论[M]. 北京：商务印书馆，1983：157.

② [英]哈罗德. 动态经济学（中译本）[M]. 北京：商务印书馆，1981：22.

③ [英]哈罗德. 动态经济学（中译本）[M]. 北京：商务印书馆，1981：124.

④ Chenery H.B., Strout A.M. Foreign Assistance and Economic Development [J]. The American Economic Review, 1966(4): 679-733.

需要一种机制或制度安排，将资金盈余部门的储蓄转移至资金亏绌部门用于投资，从而扩大资本形成规模，提高社会产出水平。

本书所称储蓄—投资转化，是指在储蓄与投资高度分离的条件下，经济主体使用自身储蓄和通过某种机制获得的其他经济主体的盈余资金，进行投资的过程和行为。

储蓄—投资转化还有广义和狭义之分。通常，资本形成包括三个环节。一是储蓄形成环节，即经济主体可支配收入扣除消费后形成储蓄；二是储蓄者与投资者交易环节，即储蓄通过一系列交易从储蓄者手中转移到投资者手中；三是投资环节，即投资者使用储蓄资源进行投资，最终形成实物资本。广义的储蓄—投资转化包括以上三个环节，狭义的储蓄—投资转化仅指第二个环节。

本书采用广义的储蓄—投资转化概念，因为这样更能反映资本积累的整个过程。

本书中储蓄—投资转化率，是指一个经济主体在一定时期内将储蓄转化为投资的比例。可用公式表示为：

$$\varphi = \frac{I_t}{S_t} \tag{2.3}$$

其中，φ 代表储蓄—投资转化率，I_t 代表一个经济主体第 t 期的投资额，S_t 代表一个经济主体第 t 期的储蓄额。

储蓄—投资转化率还可表示为投资率与储蓄率之比，即由式（2.3）可得：

$$\varphi = \frac{I_t / Y}{S_t / Y} = \frac{i_t}{s_t} \tag{2.4}$$

由式（2.4）可知，储蓄—投资转化率是剔除价格因素后的比值，不受储蓄或投资取名义值或实际值的影响。

储蓄—投资转化率的经济主体可以是经济部门、一个国家或地区。分经济部门看，储蓄—投资转化率可分为居民储蓄—投资转化率、企业储蓄—投资转化率及政府储蓄—投资转化率。用公式表示为：

$$\varphi_h = \frac{IH}{SH} = \frac{ih}{sh} \tag{2.5}$$

$$\varphi_c = \frac{IC}{SC} = \frac{ic}{sc} \tag{2.6}$$

$$\varphi_g = \frac{IG}{SG} = \frac{ig}{sg} \tag{2.7}$$

其中，φ_h 代表居民储蓄—投资转化率，φ_c 代表企业储蓄—投资转化率，φ_g 代表政府储蓄—投资转化率；ih 代表居民投资率，ic 代表企业投资率，ig 代表政府投资率；sh 代表居民储蓄率，sc 代表企业储蓄率，sg 代表政府储蓄率。

另外，分地区看，储蓄—投资转化率可以是一个国家总投资与总储蓄之比，也可以是一个地区的储蓄与投资之比。

2.2.2 储蓄—投资转化机制

由 2.2.1 节对储蓄—投资转化概念的定义可知，储蓄向投资的转化包括储蓄供给（即储蓄形成）、投资需求（即进行投资）、储蓄—投资转化的方式与渠道（即储蓄—投资转化交易）三个组成部分，三者之间相互影响，相互制约，缺一不可。其中，储蓄供给直接决定着储蓄—投资转化的上限，投资需求是储蓄—投资转化的根本动力，储蓄—投资转化的方式与渠道作为连接储蓄供给与投资需求的桥梁，是决定储蓄—投资转化效率的关键。

本书中储蓄—投资转化机制，是指储蓄供给、投资需求、储蓄—投资转化的方式与渠道彼此之间相互配合、相互制约、相互影响，从而共同决定社会资金形成过程与结果的作用方式（任碧云，2006）①。

理论上，储蓄—投资转化机制主要包括直接转化、财政转化、金融转化等三种机制。

1. 储蓄—投资直接转化机制

储蓄—投资直接转化机制，是指经济个体使用自身储蓄直接进行投资的过程。它是自然经济和小农经济阶段最主要的储蓄—投资转化机制。

在自然经济阶段，生产力水平低，人均产出低，人们的边际消费倾向高，因而储蓄少，并且受自然条件变化等因素影响波动较大。农户全年的收成仅够维持一家人的基本温饱，同时还要储蓄起来一部分种子，作为下一年粮食生产的投资。因此，自然经济条件下，储蓄是实物储蓄（粮食），投资是实物投资（种子），储蓄与投资结构相同，储蓄—投资转化是经济个体（农户）自主完成的内

① 任碧云. 储蓄向投资转化机制及中国目标模式的选择——基于高储蓄率、高贸易顺差背景的思考[J]. 经济经纬，2006（4）：13—16.

部实物直接转化。

随着流动工具的改善和社会分工的出现，特别是手工业从传统农业中分离出来，人类社会生产力水平大幅提高，人均产出增加，出现消费剩余，农民将部分剩余农产品出售给手工业者用于交换其他生活用品，商品交换开始出现。随着商品交换规模的不断扩大，货币媒介出现，物物交换逐步被以货币为媒介的交换所取代。此时，农户的储蓄既可以是实物（粮食），也可以是货币。当农户的实物储蓄大于投资时，可以出售实物取得货币；当农户的实物储蓄小于投资时，可以使用货币购买实物。因此，小农经济条件下，储蓄—投资转化主要是以商品交换和货币媒介为基础的经济个体的直接转化。

储蓄—投资直接转化机制具有储蓄者与投资者相一致、行为与目的相统一、不受公共政策影响的特点。以农户为例，农户既是储蓄者，又是投资者。农户进行储蓄与投资的目的都是为了增加粮食产量。同时，农户进行储蓄的过程，也就是进行投资的过程。由于直接转化机制不经过金融机构、政府、中介组织即可实现储蓄—投资转化，因此货币政策、财政政策等公共政策几乎对该机制不产生影响。

储蓄—投资直接转化机制具有成本低、风险小的优势。世界银行（World Bank）（1989）指出，储蓄—投资直接转化机制将“所有的情报、交易、监督和执行等成本内部化”，从而降低转化成本，避免储蓄者将资金借给他人而产生的风险[①]。

同时，储蓄—投资直接转化机制也存在转化范围小、效率低的缺点。该机制通常仅在很小的范围内（如亲属、朋友、邻里间）发生作用，不能实现对储蓄资源的跨时间、跨空间、跨经济个体的高效配置。如果储蓄的结构与规模同投资需求的结构与规模不一致，那么投资需求就会受到储蓄不足的限制。

2. 储蓄—投资财政转化机制

储蓄—投资财政转化机制，是指政府部门使用财政政策和税收政策对生产、再生产过程和国民收入分配、再分配进行干预，从而影响储蓄形成和储蓄向投资转化的过程。

储蓄—投资财政转化机制主要从两个方面发挥作用。

第一，储蓄—投资财政转化机制直接影响政府储蓄和投资行为。政府通过

---

① World Bank. World Development Report 1989: Financial Systems and Development[R]. World Bank Annual Report, 1989.

税收、收费、发行国债、经营政府资产等途径取得收入，扣除经常性支出后的剩余部分形成政府储蓄，再通过资本性支出将政府储蓄转化为政府投资。

第二，储蓄—投资财政转化机制还可以间接影响居民和企业部门的储蓄和投资。政府税收在增加政府收入的同时，相应减少了居民和企业部门的收入，从而减少了居民和企业部门的储蓄来源。发行国债的实质是将居民和企业部门的储蓄资源转移到政府部门。因此，税收和发行国债都会对居民和企业部门储蓄产生负面影响，进而减少这两个部门的投资。政府的财政转移支付相应增加居民或企业部门的收入，进而增加其储蓄来源。政府对某些企业的资本注入也直接增加这些企业的投资。

根据威尔伯（1984）的观点，储蓄—投资财政转化机制的优势主要包括三点：一是政府可以通过降低消费率，有效提高国民储蓄率和投资率。二是能够将更多储蓄转化为生产性投资，取得最佳的社会效益。三是有利于形成高技术资本，从而为今后经济增长奠定基础，进而形成良性循环①。

储蓄—投资财政转化机制也存在不足。科尔内（1986）指出，政府通过财政政策和税收政策影响储蓄—投资转化过程，容易引起价格扭曲，进而使价格信号失灵；政府的投资计划在实际执行过程中，往往会发生变化，因而无法实现预期效果；由于委托代理关系的存在，财政转化机制中投资者的目的往往不是利润最大化或社会效益最大化，而是代理人自身利益最大化②。

3. 储蓄—投资金融转化机制

储蓄—投资金融转化机制，是指经济主体通过金融机构服务或金融工具交易，促进储蓄形成，并顺利实现储蓄向投资转化的过程。按照融资类型不同，储蓄—投资金融转化机制分为间接融资型和直接融资型。

间接融资型储蓄—投资金融转化机制，又称为银行主导的储蓄—投资金融转化机制，是指储蓄者通过金融中介机构（主要是银行）将资金借给投资者，从而实现储蓄—投资转化的过程。主要包括两个环节：一是储蓄从储蓄者转移到金融中介机构的环节，即储蓄者购买由金融机构发行的存款凭证、信托凭证、金融债券、保险单、基金凭证等金融产品；二是储蓄从金融中介机构转移到投资者，即金融中介机构向投资者发放贷款或购买投资者发行的股票、企业债券等金融产品。

---

① [美]查尔斯·威尔伯. 发达与不发达问题的政治经济学（中译本）[M]. 北京：中国社会科学出版社，1984.

② [匈]亚诺什·科尔内. 短缺经济学（中译本）[M]. 北京：经济科学出版社，1986.

间接融资型储蓄—投资金融转化机制，既具有提高社会总储蓄率的作用，又有利于提高储蓄—投资转化效率。银行通过发行存款凭证，使得资金盈余部门和微观经济个体可以将储蓄在持有货币和储蓄存款之间进行配置，从而使得货币的时间价值外生。一方面，资金盈余方可以放弃当期消费或预期收益低于银行存款利息的实物投资，购买存款凭证并在以后取得利息收入，从而增加社会总储蓄的规模，提高总储蓄率。另一方面，银行贷款可以帮助自身储蓄不足的企业进行投资，同时迫使借款企业根据投资预期收益率和贷款利率的差异，谨慎分析选择投资项目，从而提高整个社会的投资效率。

间接融资型储蓄—投资金融转化机制也存在风险集中、产品单一、市场垄断等缺陷。第一，银行在实现储蓄—投资转化的过程中，也将各类风险集中在自己身上，时刻面临利率风险、汇率风险、信用风险、经营风险等各类风险。尽管银行的风险管理能力和手段通常强于一般企业和个人，但经济一旦出现衰退，银行巨额损失甚至倒闭现象时有发生，给经济社会发展带来巨大冲击。第二，银行提供的金融产品相对单一，基本上可概括为存款和贷款两种，风险偏好相对保守，不能满足追求高风险、高收益的储蓄者和投资者的金融需求。第三，银行通常处于垄断地位，储蓄者只能被迫选择银行储蓄，被迫接受银行制定的较低的存款利率，储蓄积极性下降；同时借款者往往也只能被迫接受银行制定的较高的贷款利率，投资积极性也会受到影响。

直接融资型储蓄—投资金融转化机制，又称为资本市场主导的储蓄—投资金融转化机制，是指储蓄者在资本市场购买投资者发行的股票、债券等金融产品，从而将资金直接借给投资者，实现储蓄—投资转化的过程。

直接融资型储蓄—投资金融转化机制可以有效弥补间接融资型储蓄—投资金融转化机制存在的缺陷。第一，直接融资型储蓄—投资金融转化机制使储蓄者与投资者不必经过金融机构直接在市场上完成交易，从而将集中于金融机构的投资风险有限分散至广大储蓄者。第二，直接融资型储蓄—投资金融转化机制可以向储蓄者提供不同风险和收益水平、不同流动性特征的证券产品，更好地满足不同储蓄者多样化的投资需求。第三，直接融资型储蓄—投资金融转化机制打破了银行对金融市场的垄断，削弱银行对企业的控制，从而正如格利和肖（2006）指出的："提高了贷款人金融资产中最后一元钱的边际效用，减少了借款人债务中最后一元钱的边际效用，这有助于提高投资和储蓄的水平。同时，分配手段让更多的投资项目竞争以供贷款人审核，从而提高资源配置的效率”[①]。

当然，直接融资型储蓄—投资金融转化机制也存在不足之处。首先，资本市场只是提供了风险在不同微观主体之间进行重新配置的一种“横向风险分担机制”（cross-sectional risk sharing），并不能消除系统性风险。而银行主导的间接融资型储蓄—投资金融转化机制可以通过“跨期风险分散机制”（intertemporal risk sharing）平滑和化解系统性风险。其次，资本市场的不断发展和大量复杂金融衍生产品的出现，带来了新的不确定性和风险隐患，进而对金融体系和经济发展产生冲击。2007 年美国次贷危机就是一个鲜活的例子。最后，由于现实中的资本市场并不是完全意义上的“有效市场”，市场价格中往往包含各种“噪音”，据此进行的资源配置有时是低效的，甚至是错误的。

间接融资型储蓄—投资金融转化机制与直接融资型储蓄—投资金融转化机制之间既存在替代关系，又存在互补关系。二者都具有动员储蓄、传递信息、提供激励、降低代理成本、提高资源配置效率等功能，因此二者存在一定的可替代性。同时，“溢出效应”的存在，使二者之间又具有互补性。所谓“溢出效应”，是指一方面以银行为主体的金融中介可以根据资本市场中股价波动和信息披露，判断企业的经营状况和发展前景，从而完善对企业借款的风险评估，提高贷款质量；另一方面资本市场投资者可以根据银行对企业的信贷情况及企业信用信息，判断企业的质量，从而完善投资决策。“溢出效应”使信贷市场与资本市场呈现相互促进、共同发展的局面。

通过以上分析，我们可以看到，不同储蓄—投资转化机制之间具有较为明显的区别。第一，交易机制不同。直接转化机制是一种自发机制，不需借助外力即可完成；财政转化机制带有强制性，由政府扮演储蓄—投资转化的媒介；金融转化机制是一种市场机制，由储蓄者和投资者按照自愿原则在金融市场中自由交易完成。第二，作用范围不同。直接转化机制只能在经济部门内部的储蓄—投资转化过程中发挥作用，部门之间的储蓄—投资转化只能通过财政转化机制和金融转化机制实现。第三，经济环境不同。直接转化机制在人类历史发展早期即普遍存在；财政转化机制是计划经济体制下的主导机制；金融转化机制是市场经济体制下的主导机制。

在现实经济生活中，以上三种储蓄—投资转化机制并存，且互为补充，三

---

① [美]约翰・G. 格利，爱德华・S. 肖. 金融理论中的货币（第 2 版）（中译本）[M]. 上海：格致出版社、上海三联出版社、上海人民出版社，2006.

者发挥的作用及其重要程度因国而异，并随着时间的推移和经济发展阶段的更替而发生变化。自人类社会早期至工业革命以前，直接转化机制一直是储蓄—投资转化的主导机制。在冷战时期的社会主义国家，财政转化机制占绝对主导地位。在现代市场经济和转型经济国家中，金融转化机制成为储蓄—投资转化的核心机制，真正实现了储蓄资源的跨时间、跨空间的高效配置。这也是本书重点研究储蓄—投资金融转化机制的原因之一。

2.2.3 影响储蓄—投资转化的主要因素

影响储蓄—投资转化的因素较复杂，大致可以从储蓄供给与投资需求、储蓄—投资转化的方式与渠道、相关经济制度及其他因素等方面进行分析。

1. 储蓄供给与投资需求

一方面，储蓄供给直接决定了储蓄转化为投资的上限。在其他条件不变的情况下，储蓄供给水平越高，储蓄转化为投资的水平就越高。另一方面，投资需求是储蓄—投资转化的根本动力。如果投资需求不足，再高的储蓄供给水平也形成不了高水平的实际投资。另外，储蓄与投资的分离程度[①]也会影响储蓄—投资转化。储蓄与投资的分离程度越高，储蓄转化为投资的难度就越大；储蓄与投资的分离程度越低，储蓄转化为投资的难度就越小。

2. 储蓄—投资转化的方式与渠道

储蓄—投资转化的方式与渠道是连接储蓄供给与投资需求的桥梁，是决定储蓄—投资转化效率的关键。如果储蓄—投资转化方式单一，渠道不畅，即使再高的储蓄水平也很难转化为高水平的有效投资；反之，如果储蓄—投资转化方式多样，渠道通畅，在储蓄供给水平一定的条件下，会形成更高水平的有效投资。

不同转化方式与渠道的影响因素也不同。对财政转化渠道而言，税制结构、预算管理水平、政府投资比例及效率等因素都会对储蓄—投资转化产生较大影响。对金融转化渠道而言，金融制度、金融机构、金融市场、金融产品的完善程度，都是影响储蓄—投资转化的重要因素。

3. 相关经济制度

第一，财政制度。财政制度是一个国家最基本、最重要的经济制度之一，

---

① 储蓄与投资的分离程度，通常用经济主体的储蓄率与投资率之间的差异来衡量。

涉及社会生活的各个方面，体现了政府与市场、政府与社会的资源分配关系。财政政策取向和税收制度安排会直接增加或者降低储蓄者与投资者的交易成本，影响资金盈余者与资金亏绌者的决策行为。同时，预算管理水平、税制结构、政府投资比例及效率等因素也会对储蓄—投资转化产生较大影响。

第二，金融制度。一方面，完善的金融制度能够在保持物价水平总体稳定的前提下促进经济平稳持续增长，从而使居民收入增加，居民消费随之增加。在必要消费水平不发生激增的条件下，居民储蓄会增加，同时居民消费增加刺激企业投资需求上升。另一方面，完善的金融制度能够使得资金盈余者与资金亏绌者之间的交易更加顺畅，使投资效率更高。因此，完善的金融制度可以促进储蓄—投资转化。

第三，收入分配制度。收入分配制度直接决定了居民和企业的收入水平及其随经济增长而增长的速度。在必要的消费水平基本稳定的前提下，居民和企业的收入增加可以直接带来储蓄的增加，即储蓄供给的增加。如果居民和企业决定将增加的储蓄用于投资，则投资需求也会增加。储蓄供给和投资需求的增加，会提高储蓄—投资转化水平。因此，科学的收入分配制度对储蓄—投资转化具有较大的促进作用。

第四，社会保障制度。社会保障制度直接影响人们对未来的预期，从而影响人们当期和跨期的消费、储蓄及投资决策。完善的社会保障制度，可以使人们增加当期消费，从而减少当期储蓄，同时因当期消费增加，投资需求亦增加，总体上会促进储蓄—投资转化。反之，如果生活保障制度不完善，人们就会减少当期消费，增加当期储蓄，同时因当期消费减少，投资需求亦减少，总体上会抑制储蓄—投资转化。

第五，产权制度。产权制度是基本的社会经济制度，影响着经济主体的各项决策，决定着经济活动的交易成本。明晰的产权制度可以激励储蓄者增加储蓄，激励投资者增加投资，特别是长期投资，同时降低储蓄—投资转化过程中的交易成本，从而促进储蓄—投资转化。反之，产权制度不明晰，将阻碍储蓄—投资转化。

第六，投融资制度。开放、透明的投融资制度，有利于储蓄—投资转化。任何歧视性、限制性投融资制度，都会降低投资者投资意愿，降低投资效率，阻碍储蓄—投资转化。

4. 其他因素

除上述因素以外，社会、文化、心理等非经济因素也不同程度地影响着人们的消费、储蓄、投资决策，进而影响储蓄—投资转化。

2.3 金融视角下的储蓄—投资转化与经济增长

2.3.1 储蓄—投资转化与经济增长的关系

资本形成（或资本积累）和技术进步是支撑一国经济长期增长的两个关键因素（Levine，1997）[①]。特别是对广大发展中国家而言，资本形成对经济增长的贡献作用更为显著。早在18世纪，斯密就强调一国资本形成对该国财富增长的重要作用。马克思也认为，生产逐年扩大的两个原因，一是投入生产的资本不断增长，二是资本的使用效率不断提高。哈罗德（1981）指出，经济增长率由人们愿意储蓄多少决定[②]。刘易斯（Lewis）的二元经济理论也强调经济发展的关键是资本形成，经济发展的核心问题是如何将储蓄和投资占国民收入的比重从4%至5%，提高到12%至15%[③]。罗斯托（Rostow）更是将储蓄率达到10%以上作为经济起飞的必要条件之一[④]。

在现实经济中，资本形成往往是存在障碍的。一方面，由于储蓄与投资高度分离，不同部门、不同经济主体之间的储蓄供给与投资需求很难在时间、空间和数量上达成一致，造成部分投资者只能放弃投资，选择消费，使一部分储蓄无法形成投资，从而降低资本形成规模。另一方面，投资者往往因缺乏全面的投资决策信息，而将储蓄投资于效益较低的项目，从而使整个社会的福利水平下降，亦影响资本形成规模。因此，经济发展过程中迫切需要一种促进资本形成的有效机制。

储蓄—投资转化机制是资本形成的核心机制，可以有效克服上述资本形成

---

① Levine R. Financial Development and Economic Growth: Views and Agenda [J]. Journal of Economic Literature, 1997(35): 688-726.

② [英]哈罗德. 动态经济学（中译本）[M]. 北京：商务印书馆，1981.

③ Lewis W.A. Economic Development with Unlimited Supplies of Labour [J]. The Manchester School, 1954 (22, 2): 139-191.

④ Rostow W.M. The Stages of Economic Growth: A Non-Communist Manifesto [M]. Cambridge: Cambridge University Press, 1964.

障碍。第一，储蓄—投资转化机制具有动员储蓄的作用。通过储蓄—投资转化机制，微观经济个体可以进行跨期消费和储蓄决策，即放弃一部分当期消费，将他们储蓄起来，并通过储蓄—投资转化机制借给投资者，在以后各期取得投资收益。在这一过程中，当期储蓄供给会增加。第二，当投资者自身储蓄不足时，可以通过储蓄—投资转化机制借入他人的储蓄进行投资，从而增加有效投资，提高资本形成规模。第三，无论是财政转化机制，还是金融转化机制，都会提高投资效率，从而提高资本形成规模。因此，储蓄—投资转化机制是促进经济增长的决定性因素之一。

2.3.2 金融视角下的储蓄—投资转化

本书所称金融视角，是指基于金融功能理论来研究分析金融与储蓄—投资转化及经济增长之间的相互关系及发展变化。基于金融功能理论的主要原因，一是金融功能很少随时间或地域而变化，与金融机构相比相对稳定；二是金融功能决定金融机构的变化和演进；三是金融功能理论将金融与经济增长连接起来，为研究金融与经济增长的关系提供了理论基础。

金融的基本功能是促进储蓄—投资转化。博迪和莫顿（2000）指出，金融的功能主要包括提供支付清算服务、提供资本积聚和所有权分配渠道、提供经济资源在不同时期、不同地点以及不同主体之间转移的便利、提供风险管理工具和手段、提供决策所需的价格信息、提供解决信息不完全条件下激励或委托—代理问题的办法等六个方面[①]。郭树清（2005）认为，“金融活动的本质就是将储蓄转化为投资。”[②]由此可以看出，实现储蓄向投资的顺利转化是金融最基本、最重要的功能之一。

金融机制是储蓄—投资转化的主导机制。金融制度产生前，资金盈余者与潜在投资者之间需要花费很长时间、很大费用来寻找对方并讨价还价，交易费用极高，投资者不得不选择直接转化方式，此时二者交易是极其分散的，储蓄—投资转化的效率很低。金融制度产生后，金融机构和金融市场等专业化组织为资金供需双方提供集中交易服务，大大节约了时间，降低了费用，提高了效率，从而有力地促进了储蓄—投资转化。Merton 和 Bodie（2005）认为，虽然索洛增长模型表明技术进步能够促进经济增长，但其前提是要有完善的金融

---

① [美]兹维·博迪，罗伯特·莫顿. 金融学（中译本）[M]. 北京：中国人民大学出版社，2000.

② 郭树清. 中国宏观经济分析基础[J]. 金融研究，2005（1）：8—23.

体系作为支撑[1]。因此可以说，在当今世界的绝大多数经济体中，金融机制都在储蓄—投资转化过程中发挥着主导作用。

2.3.3 金融视角下的储蓄—投资转化与经济增长的关系——一个金融内生增长模型

本节在罗默（Romer，1990）[2]提出的研究与开发增长模型的基础上构建一个资本和技术内生的特定模型。

1. 生产函数

假设经济中拥有一定量的资本、劳动和知识，这些要素被组合起来生产产品，则产品生产函数为：

$$Y(t)=F[K(t),A(t)L(t)] \qquad (2.8)$$

其中，Y代表产出，K代表资本，A代表知识（或技术），L代表劳动，AL代表有效劳动，t代表时间。

为便于分析，我们使用柯布—道格拉斯生产函数将式（2.8）简化为：

$$Y(t)=K(t)^{\alpha}[A(t)L(t)]^{1-\alpha}，\ 0<\alpha<1 \qquad (2.9)$$

式（2.9）隐含假设资本、知识和劳动的规模报酬不变。

2. 资本积累

假设经济产出为一种产品，该产品在消费与投资之间分配，用于投资的份额为s，并且用于投资的1单位产出可获得1单位新资本，现有资本以速率δ折旧，则有：

$$K_{t+1}=sY_t+(1-\delta)K_t \qquad (2.10)$$

资本的动态变化为：

$$\dot{K}(t)=sY(t)-\delta K(t) \qquad (2.11)$$

其中，变量上的点表示该变量关于时间的导数，即$\dot{X}(t)=dX(t)/dt$；$\dot{X}(t)/X(t)$为变量X的增长率，亦等于变量X的自然对数的变化率，即X的增长率$=\dot{X}(t)/X(t)=d\ln X(t)/dt$。

为简化分析，我们假设资本折旧率$\delta=0$，则式（2.11）简化为：

---

① Merton C.R., Bodie Z. Design of Financial System: Towards a Synthesis of Function and Structure [J]. Journal of Investment Management, 2005(3,1): 1-23.

② Romer P.M. Endogenous Technological Change [J]. Journal of Political Economy, 1990(98,5,2): 71-102.

$$\dot{K}(t) = sY(t) \quad (2.12)$$

3. 知识积累

关于知识的积累我们采用新增长理论中“干中学”（learning-by-doing）的思想，即知识积累不是源于刻意的努力，而是传统经济活动的副产品，也就是说，个人在制造产品时，会考虑生产过程的改进方法。当“干中学”成为知识积累的源泉时，知识积累率取决于传统经济活动产生了多少新知识。此时，学习成为生产新资本的副产品，知识的增加量是资本增加量的函数，知识的存量是资本存量的函数。因此，新知识的生产函数为：

$$A(t) = BK(t)^{\theta}, \quad B > 0, \quad \theta > 0 \quad (2.13)$$

其中，B 为转移参数，代表决定知识积累是否成功的其他因素；θ 代表现有资本存量对知识积累的影响，这里我们假设$\theta > 0$，即假定现有资本存量为知识积累提供物质基础，使得知识积累更容易成功。

知识的动态变化为：

$$\dot{A}(t) = B\theta K(t)^{\theta-1}\dot{K}(t) \quad (2.14)$$

4. 劳动积累

假设劳动以不变的正的增长率 n 增长，则有：

$$\dot{L}(t) = nL(t), \quad n > 0 \quad (2.15)$$

至此，式（2.9）、式（2.12）、式（2.13）、式（2.15）共同刻画了经济的特征。

5. 讨论

为分析以上特定经济的性质，将式（2.13）代入式（2.9）得：

$$Y(t) = B^{1-\alpha}K(t)^{\alpha+\theta(1-\alpha)}L(t)^{1-\alpha} \quad (2.16)$$

此时，模型中的内生变量由两个减少为一个，资本 K 成为唯一的生产性投入品。

式（2.16）意味着，每工人产出由资本 K 决定，每工人产出的增长率由资本 K 的增长率决定。因此，要研究经济增长，就需要重点研究资本 K 的动态变化。

将式（2.16）代入式（2.12）得出资本的动态变化为：

$$\dot{K}(t) = sB^{1-\alpha} K(t)^{\alpha+\theta(1-\alpha)} L(t)^{1-\alpha} \tag{2.17}$$

资本 K 的增长率为：

$$g_K(t) \equiv \frac{\dot{K}(t)}{K(t)} = sB^{1-\alpha} K(t)^{(\theta-1)(1-\alpha)} L(t)^{1-\alpha} \tag{2.18}$$

将式（2.18）两边取对数再求关于时间的微分，得到 $g_K(t)$ 的增长率（即 K 的增长率的增长率）为：

$$\frac{\dot{g}_K(t)}{g_K(t)} = (\theta-1)(1-\alpha)g_K(t) + (1-\alpha)n \tag{2.19}$$

将式（2.19）两边同乘以 $g_K(t)$，得：

$$\dot{g}_K(t) = (1-\alpha)ng_K(t) + (\theta-1)(1-\alpha)g^2{}_K(t) \tag{2.20}$$

至此，资本增长率 $g_K(t)$ 的初始值由式（2.18）给出，资本增长率的后续变化由式（2.20）决定。

6. 关于 θ 的进一步讨论

在式（2.20）中，影响资本增长率动态变化进而影响每工人平均产出变化的唯一不确定的参数是 $(\theta-1)$ 的符号。因此，有必要区分 $\theta<1$、$\theta>1$ 和 $\theta=1$ 三种情形对式（2.20）进行进一步讨论。

（1）$\theta<1$

如图 2.1 所示，当 $\theta<1$ 时，如 g_K 取较小的正值，则 $\dot{g}_K$ 为正；如 g_K 取较大的正值，则 $\dot{g}_K$ 为负。我们用 g_K^* 表示 $\dot{g}_K$ 等于 0 时 g_K 的唯一正值，代入式（2.20）并求解得：

$$g_K^* = \frac{n}{1-\theta} \tag{2.21}$$

以上分析表明，无论经济的初始条件如何，g_K 收敛于 g_K^*。具体而言，如果由式（2.18）确定的 $g_K(0)<g_K^*$，则 $\dot{g}_K>0$，即 g_K 上升直至达到 g_K^*；如果 $g_K(0)>g_K^*$，则 $\dot{g}_K<0$，即 g_K 下降直至达到 g_K^*；如果 g_K 达到 g_K^*，则 K 与 Y/L（每工人平均产出）均以速度 g_K^* 增长。因此，当 $\theta<1$ 时，经济处于一条平衡增

长路径上，经济的长期增长率是人口增长率 n 的函数。

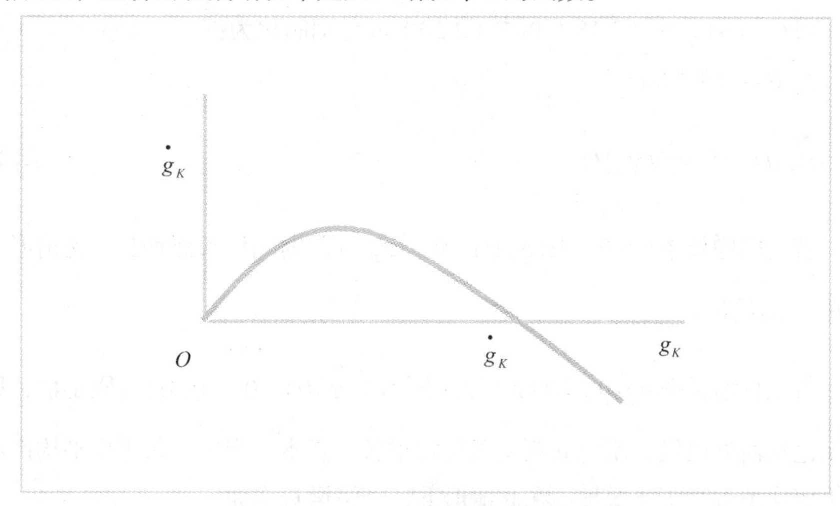

图 2.1　当 $\theta<1$ 时资本增长率的动态变化

（2）$\theta>1$

如图 2.2 所示，当 $\theta>1$ 时，由式（2.20）可知 $\dot{g}_K$ 关于 g_K 是递增的（因为 g_K 始终为正）。此时，经济增长率不是收敛于一条平衡增长路径，而是呈现爆炸性增长，即在一个有限的时间里产出达到无穷大。由于现实中的产出不可能达到这一点，因此该模型只能在一定范围内描述经济增长过程，并且将在某一时点失效。

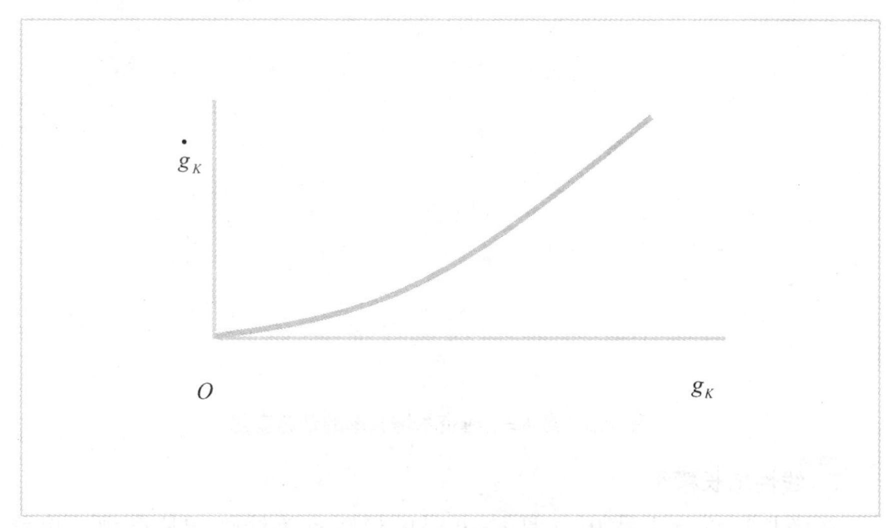

图 2.2　当 $\theta>1$ 时资本增长率的动态变化

（3）$\theta=1$

当$\theta=1$时，式（2.18）和式（2.20）可分别简化为：

$$g_K(t)=sB^{1-\alpha}L(t)^{1-\alpha} \tag{2.22}$$

$$\dot{g}_K(t)=(1-\alpha)ng_K(t) \tag{2.23}$$

若人口增长率$n>0$，则$\dot{g}_K(t)>0$，$g_K(t)$随时间增长而增长，此情形类似于$\theta>1$的情形。

若人口增长率$n=0$，则如图 2.3 所示，$\dot{g}_K(t)=0$，$g_K(t)$为固定值，即经济无论从何处出发，都会立刻呈现稳定增长，资本、产出、每工作平均产出均以不变速率$sB^{1-\alpha}L^{1-\alpha}$增长。在此情形下，经济增长率为：

$$g(t)=sB^{1-\alpha}L^{1-\alpha} \tag{2.24}$$

式（2.24）中，由于B与L为固定值，因此，储蓄率成为影响经济增长率的主要因素。

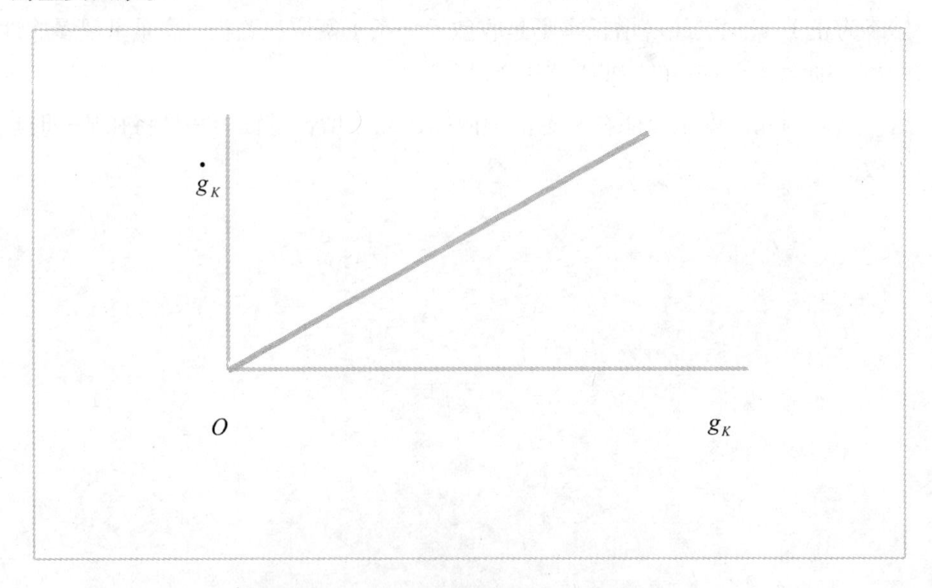

图 2.3　当 θ=1 时资本增长率的动态变化

7. 线性增长模型

新增长理论将上述$\theta=1$且$n=0$时的模型称为线性增长模型，也称为

$Y = AK$ 模型。在该模型中，经济增长为内生且取决于储蓄率的高低。由于其具有的简洁性，因而受到内生增长研究的青睐。

将 $\theta = 1$ 和 $n = 0$ 代入式（2.16）可得线性增长模型的生产函数为：

$$Y(t) = B^{1-\alpha} L^{1-\alpha} K(t) \tag{2.25}$$

令 $b \equiv B^{1-\alpha} L^{1-\alpha}$ ，则生产函数简化为：

$$Y(t) = bK(t) \tag{2.26}$$

其中，b 代表资本的边际产出。这里需要说明的是，有的文献中使用 A 代替 b ，本书为避免与前面分析中的知识 A 相混淆而使用 b 。

8. 金融内生增长模型

在前面分析资本积累时，我们曾假设产出在消费与投资之间分配，用于投资的份额为 s 。这实际上隐含着假设“储蓄全部转化为投资”。但在现实的储蓄—投资金融转化过程中，一部分储蓄会被金融中介等吸收，发生漏损。因此，有必要对“储蓄全部转化为投资”的假设进行修正。

假设储蓄—投资金融转化过程中，$1-\varphi$ 部分的储蓄被漏损，则有：

$$I(t) = \varphi S(t) \tag{2.27}$$

其中，φ 代表本书所指的狭义的储蓄—投资转化率，$0 \leqslant \varphi \leqslant 1$。

我们继续假设资本折旧率 $\delta = 0$ ，则资本积累由式（2.12）变为：

$$\dot{K}(t) = \varphi sY(t) \tag{2.28}$$

资本增长率由式（2.22）变为：

$$g_K(t) = \varphi sb \tag{2.29}$$

经济增长率由式（2.24）变为：

$$g(t) = \varphi sb \tag{2.30}$$

至此，我们构建了一个金融内生增长模型。式（2.30）揭示了金融发展影响经济增长的三条途径：一是提高储蓄—投资转化率 φ ；二是影响储蓄率 s；三是增加资本的边际产出 b。

（1）金融发展促进储蓄流入实体经济

在储蓄—投资转化过程中，金融中介吸收了一部分资源。居民 1 单位的储蓄只能产生 φ（$\varphi < 1$）单位的投资，其余 $1-\varphi$ 的部分成为银行的借贷息差或证券经纪商的佣金。金融部门吸收的这部分资源是对其提供金融服务的报酬，同时也反映了金融中介的 X 效率及其市场垄断能力。金融中介的活动通常会被以

高准备金、交易税等形式课税，并被严格监管，造成单位边际成本上升。如果金融发展降低上述这种资源漏损，即提高储蓄—投资转化率φ，就能够提高经济增长率g。

（2）金融发展影响储蓄率

金融发展可通过改变储蓄率来影响增长，但影响方向是不确定的。在某些情形下，金融发展会降低储蓄率，从而降低经济增长率。随着金融的发展，居民可以获得更好的保险来应对养老冲击（endowment shocks），获得更多样化的投资组合来应对投资回报风险，消费信贷变得更稳定、更便宜，公司支付的贷款利率与居民收到的存款利率之间的利率差变窄。以上因素都会影响储蓄行为，但影响结果不确定。

第一，风险分担。金融市场能够使人们分担疾病等养老冲击或因股价波动等因素造成的投资回报风险。如果保险市场存在，人们可通过保险方式应对养老冲击。在保险市场刚刚建立起来的情形下，如果消费者的效用函数为不变相对风险规避型（constant relative risk aversion），则人们就会减少预防性储蓄，也就是说，保险市场的建立使人们减少了储蓄。在内生增长模型中，储蓄率下降会导致经济增长率下降。这个例子说明，金融发展有可能减缓经济增长。

投资回报风险可通过证券市场投资组合多样化来降低，但其对储蓄的影响方向也是不确定的。我们仍假定消费者的效用函数为不变相对风险规避型，如果风险规避系数大于 1，则储蓄的变化方向为减少；否则，储蓄的变化方向为增加。因此，投资回报风险的降低对经济增长的影响也是不确定的。

需要指出，金融发展对经济增长既有正向影响，又可能有负向影响。如上所述，金融发展可提高投资效率，推动经济增长；但同时金融发展又可提高风险分散效率，有可能降低储蓄率，从而减缓增长，甚至抵消对增长的正向拉动作用。相关研究表明，通常情形下，金融发展对经济增长的正向作用大于负向作用，即对式（2.30）中资本的边际产出b的作用大于储蓄率s的作用。为规避对这个复杂问题的讨论，一些研究假设储蓄率不变或通过假定相对风险规避系数（relative risk aversion coefficient）小于 1，做出风险分散可提高储蓄率的假定。

第二，居民借贷。资本市场通过消费信贷、抵押贷款等形式将资金从储蓄者手中转移到借贷者手中。如果贷款供给低于贷款需求，一些居民就会受到流动性限制（liquidity constraints）或借贷限制（borrowing constraints）。他们的消费就会受到当期收入和现有资源的限制，跨期消费平滑就无从谈起。由于年轻人通过借贷增加当期消费受到限制，全社会总储蓄率就会上升，经济增长率就会提高。与此相对应，消费信贷或抵押贷款的发展会导致储蓄率下降，从而减缓经济增长。

如果居民借贷不仅用于当期消费，而且用于人力资本投资，如学历教育、在职培训等，则流动性限制在提高储蓄率 s 的同时，又降低了投资的生产率 b，由流动性限制对经济增长的影响也是不确定的。

另外，流动性限制还可能通过扭曲资源配置来影响增长。受流动性限制的居民，不仅会减少银行支取存款，而且会买更小更便宜的住房，这使得资金从居住用房流向非居民投资，制造业投资增加，投资的边际产出增加，经济增长率提高。在这种情形下，流动性限制可提高生产率，从而促进增长。

第三，利率影响。金融压抑与不完全竞争扩大了金融中介收取的利差，而利差大小通过对储蓄的激励作用又影响资本积累。金融压抑与不完全竞争使支付给储蓄者的利率长期低于完全竞争资本市场的利率水平，即资本的边际产出（假设折旧率等于 0）。如果储蓄率随利率增加而增加，则资本市场的不完善会因压制储蓄而减缓增长。麦金农和肖认为，这是金融压抑阻碍经济增长的重要途径；相反，金融发展能够增加储蓄，从而促进增长。然而大量实证研究表明，实际利率对储蓄的影响方向是不确定的。

（3）金融发展改善资本配置

金融中介的核心功能之一是将资源配置到资本边际产出最高的项目。金融中介通过两条途径提高资本的产出 b，从而刺激增长。

一是收集用来评估备选投资项目的相关信息。金融中介的信息收集功能与生产力增长密切相关（Greenwood 和 Jovanovic，1990）[①]。资本既可以投资于低风险、低产出的技术，也可以投资于高风险、高产出的技术。高风险技术的回报可能受到单个项目失败或整个技术失败的影响。与个人投资者不同，金融中介凭借其大规模的投资组合可以更好地避免整个技术失败的冲击，可以选择当时最佳的技术。因此，通过金融中介配置储蓄资源效率更高，高资本产出带来高增长。

二是通过风险分担机制引导投资人投资于高风险、高产出的技术项目。金

① Greenwood J., Jovanovic B. Financial Development, Growth and the Distribution of Income [J]. Journal of Political Economy, 1990（98）：1076-1107.

融中介能够使投资者共担风险，从而影响投资者的投资选择和储蓄行为。不仅保险市场具有分散风险的作用，银行与证券市场同样可以使投资者分担不能投保的特质冲击（idiosyncratic shocks）引发的风险，包括不能观测到的偏好（unobservable taste）或流动性冲击，由资产回报波动引发的可分散风险（diversifiable risk），又称为非系统性风险。

如果没有银行，居民只能通过投资易于变现的生产性资产来规避特质性或流动性冲击，从而造成经常放弃更有效率但不易变现的投资。银行的参与可以大幅减少这种低效现象，因为银行可以集中存款人的流动性风险，将绝大部分资金投资于流动性较低但生产率高的项目。银行流动性资产的数量可控制在预期受流动性冲击影响的居民取款额度之内。在内生增长模型中，银行通过将资金配置到低流动性、高产出技术和减少提前清算导致的投资浪费这两条途径提高投资生产率，从而带来较快增长（Bencivenga 和 Smith，1991）①。

证券市场也可以分散消费者的流动性风险。受到特质性或流动性冲击的个人往往选择在股市卖出股票，而不是从银行提取存款来应对冲击。同时，股市可使居民通过投资组合多样化来降低回报率风险（Levine，1991）②。股市这两方面的保险功能可以增加投资者投资于低流动性、高产出项目的意愿，同时避免不必要的提前清算，从而提高了增长率。

此外，股市投资组合多样化可以有效分散特定行业需求冲击产生的风险，鼓励生产者进行专业化分工，从而提高生产率，带来经济增长。

2.4 金融视角下的储蓄—投资转化率分析框架

2.4.1 储蓄—投资转化率的分析框架

对储蓄—投资转化率的分析可以从总量分析和结构分析两个维度进行。

1. 总量分析

本书认为，储蓄与投资相等仅是一个为简化经济分析而做出的假设。大量实证研究证明，在现实经济中，储蓄与投资通常不相等，二者之间存在长期均

---

① Bencivenga V.R., Smith B.D. Financial Intermediation and Endogenous Growth [J]. The Review of Economic Studies, 1991（58）：195-209.

② Levine R. Stock Markets，Growth and Tax Policy [J]. The Journal of Finance，1991（46）：1445-1465.

衡和短期动态调整。因此，我们需要分别进行长期静态和短期动态分析。

长期静态分析是指对一国在一个较长时期内的国内投资率与国内储蓄率的时间序列数据进行回归分析，判断二者之间是否存在相关，是否存在长期均衡关系。

将式（2.27）两边同时除以 $Y(t)$ 得：

$$i(t) = \varphi s(t) \tag{2.31}$$

长期静态分析就是将各期投资率与储蓄率代入式（2.31）进行回归分析，从而确定二者的相关系数，也就是储蓄—投资转化率 φ 。

短期动态分析是指使用动态模型研究一国当期国内投资率除受当期国内储蓄率影响外，是否还受以前几期国内投资率和国内储蓄率的影响，从而判断当期投资率和储蓄率对以后各期投资率和储蓄率的影响，或者当外部冲击使投资率和储蓄率偏离均衡路径时，二者向均衡路径调整的速度和路径。

在式（2.31）基础上，引入投资率与储蓄率的短期动态变化得：

$$\Delta i_t = \varphi_0 \Delta s_t + \varphi_1 (s_{t-1} - i_{t-1}) + \varphi_2 (s_{t-2} - i_{t-2}) + \cdots + \varphi_j (s_{t-j} - i_{t-j}) + \cdots + \varphi_t (s_0 - i_0)\text{，}\quad 0 \leqslant j \leqslant t \tag{2.32}$$

其中，φ_0 为投资率与储蓄率的短期相关系数；φ_j 为反馈系数。式（2.31）和式（2.32）共同刻画了储蓄—投资转化率在不同时期的发展变化。

2. 结构分析

除了总量分析，我们还可以对储蓄—投资转化率进行分部门分析和分地区分析。

分部门分析是指将储蓄—投资转化率按经济部门进行细分，分别对居民、企业及政府的储蓄—投资转化率的时间序列数据进行分析比较。由式（2.5）、式（2.6）及式（2.7）可得：

$$\varphi_{h,t} = \frac{ih_t}{sh_t} \tag{2.33}$$

$$\varphi_{c,t} = \frac{ic_t}{sc_t} \tag{2.34}$$

$$\varphi_{g,t} = \frac{ig_t}{sg_t} \tag{2.35}$$

式（2.33）、式（2.34）及式（2.35）分别为居民、企业、政府第 t 期的储蓄—投资转化率的计算公式。

分地区分析是指将一国（或一地区）储蓄—投资转化率按地区进行细分，分别对各个地区的储蓄—投资转化率的时间序列数据进行分析比较。其计算公式为：

$$\varphi_{a,t} = \frac{i_{a,t}}{s_{a,t}} \tag{2.36}$$

其中，a 代表地区，t 代表时间。

3. 数据口径及来源

（1）总储蓄率

本书采用《国民经济核算体系 2008》的相关定义，将储蓄定义为可支配收入减去最终消费后的余额。

本书一些章节提及的储蓄，除特别注明外，均指国内总储蓄（gross domestic saving），且不考虑折旧因素。不考虑折旧的主要原因，一是储蓄属于流量变量，而折旧属于存量变量；二是折旧不容易准确计算，特别是存在高通货膨胀的情况下，折旧的估算很容易发生错误，导致伪回归等问题；三是本书使用净储蓄数据测算的结果与使用总储蓄数据测算的结果相近，形成的主要结论相似。

本书将总储蓄率定义为国内总储蓄与国内生产总值的比值，数据取自国际货币基金组织的世界经济展望数据库（IMF-WEO）中的总储蓄率（gross savings as percent of GDP），包括阿根廷、澳大利亚、巴西、加拿大、中国、法国、德国、印度、印度尼西亚、意大利、日本、韩国、墨西哥、俄罗斯、沙特阿拉伯、南非、土耳其、英国、美国共 19 个国家 1980—2011 年的数据。当然有些国家数据的时间跨度没有这么长。另外，由于是比值形式，价格因素已被剔除。

（2）总投资率

如前所述，本书将投资定义为一定时期内全部经济主体新形成的资本存量，即资本形成总额（gross capital formation）。自然的，本书将总投资率定义为资本形成总额与国内生产总值的比值，数据亦取自国际货币基金组织世界经济展望数据库中的总资本形成率（gross capital formation, as percent of GDP），包括阿根廷等 19 个国家 1980—2011 年的数据。

（3）分部门储蓄率和投资率

本书将居民储蓄率定义为居民当期可支配收入扣除当期消费后的余额与国内生产总值的比值；将企业储蓄率定义为企业当期税后利润扣除当期股息支出后的余额与国内生产总值的比值；将政府储蓄率定义为各级政府当期财政收入

扣除当期公共消费支出后的余额与国内生产总值的比值。

本书将居民投资率定义为居民用于购置住宅等实物方面的资本性支出与国内生产总值的比值；将企业投资率定义为企业用于购置厂房、机器设备、存货及住宅性固定资产的资本性支出占国内生产总值的比值；将政府投资率定义为政府用于建设基础设施、公共服务项目的资本性支出占国内生产总值的比值。

本书重点分析巴西、中国、日本、韩国、英国、美国这 6 个国家的分部门储蓄率和投资率数据。这 6 个国家分别来自南美洲、亚洲、欧洲、北美洲，涵盖发展中国家、发达国家、新兴市场国家、转型国家，既有较好的代表性，也具有较强的可比性。

巴西的数据来源于巴西地理与统计研究院（Brazilian Institute of Geography and Statistics，http://www.ibge.gov.br/english/）发布的 2000—2009 年资金流量表（Flow of Funds）。中国的数据来源于中国国家统计局发布的 1992—2008 年资金流量表。日本的数据来源于日本统计局发布的 1955—2010 年资金流量表。韩国的数据来源于韩国银行发布的 1975—2010 年的资金流量表。英国的数据来源于英国国家统计办公室发布的 1987—2011 年的资金流量表。美国的数据来源于美国联邦储备银行发布的 1946—2011 年的资金流量表。

使用资金流量表的好处主要有三点。第一，资金流量表详细记载了居民、企业、政府三部门各自的收入、消费、储蓄、实物投资及净融资数据。第二，资金流量表反映了部门之间的金融流量，将金融交易与非金融经济活动联系起来，有助于分析部门之间的金融关系及其资产变化情况。例如，通过资金流量表可以分析政府采用何种方式弥补赤字，这些资金来源于哪个部门。第三，资金流量表有助于研究金融中介在储蓄—投资转化过程中发挥的作用。金融中介的基本作用就是筹集金融资源，通过转换可用资产的形式及到期日，为借出者提供资产工具，为借入者提供债务形式，从而引导金融流量从净借出部门流入净借入部门。使用资金流量表可以追踪净借出通过何种金融交易、以何种资产形式流入最终借入者的渠道和过程，从而有助于深化对储蓄—投资金融转化机制的研究。

（4）分地区储蓄率和投资率

本书考察中国分省（自治区、直辖市）储蓄率和投资率数据。某省储蓄率是指该省支出法计算的地区生产总值扣除最终消费后的余额与该省支出法计算的地区生产总值的比值。某省投资率是指该省资本形成总额与该省支出法计算的地区生产总值。相关数据取自国家统计局出版的《中国统计年鉴》，时间跨度为1980—2012年。

2.4.2 金融视角下的储蓄—投资转化率影响因素的分析框架

如前所述，本书主要考察金融因素对储蓄—投资转化率发展变化的影响。根据前文对影响储蓄、投资及储蓄—投资转化的各种金融因素的分析，本书将金融因素划分为金融发展、金融结构、金融效率及金融制度等四类一级指标，对每类一级指标再选择有代表性且可获得相关数据的若干二级指标进行全面深入分析。

1. 金融发展类指标

（1）货币供应量

本书使用广义货币供应量M2与GDP（国内生产总值）的比值衡量一个国家或地区货币流通状况。相关数据来源于世界银行世界发展指数（World Development Indicators，World Bank），用m2表示。

（2）私人部门信贷

本书使用私人部门信贷余额与GDP的比值衡量一个国家或地区私人部门获得银行贷款的难易程度。相关数据来源于世界银行全球金融发展数据库（Global Financial Development Database，World Bank），用private_credit表示。

（3）存款

本书使用金融机构各项存款余额与GDP的比值衡量一个国家或地区金融机构吸收各类存款的规模。相关数据来源于世界银行全球金融发展数据库，用deposit表示。

（4）股票市值

本书使用境内股票总市值与GDP的比值衡量一个国家或地区资本市场发展规模。相关数据来源于世界银行世界发展指数，用stock_capitalization表示。

（5）股市交易量

本书使用境内股票市场年成交量与GDP的比值衡量一个国家或地区资本市场活跃程度。相关数据来源于世界银行全球金融发展数据库，用stock_traded表示。

（6）私人部门债券

本书使用国内私人部门发行债券余额与GDP的比值衡量一个国家或地区

债券市场发展水平。相关数据来源于世界银行全球金融发展数据库，用 private_debt 表示。

2. 金融结构类指标

（1）直接融资比例

本书使用直接融资额与社会融资规模（直接融资与间接融资之和）的比值衡量一个国家或地区融资结构。相关数据根据历年《中国统计年鉴》社会融资规模及构成计算得出，用 direct_financing 表示。

（2）银行资产集中度

本书使用排名前五位银行资产之和与全部银行资产之和的比值衡量一个国家或地区商业银行资产的集中程度以及大银行的市场垄断能力。相关数据来源于世界银行全球金融发展数据库，用 bank_concentration 表示。

（3）居民储蓄存款占比

本书使用城乡居民人民币储蓄存款余额与各项存款余额的比值衡量一个国家或地区居民储蓄在总储蓄中的比重。相关数据来源于统计年鉴，用 household_deposit 表示。

（4）企业存款占比

本书使用企业存款余额与各项存款余额的比值衡量一个国家或地区企业储蓄在总储蓄中的比重。相关数据来源于统计年鉴，用 enterprise_deposit 表示。

（5）私营企业及个人贷款占比

本书使用私营企业及个人贷款余额与各项贷款余额的比值衡量一个国家或地区私人部门获得贷款的难易程度。相关数据来源于统计年鉴，用 private_loan 表示。

（6）涉农贷款占比

本书使用涉农贷款余额与各项贷款余额的比值衡量一个国家或地区企业金融支持农业、农村发展的水平。相关数据来源于统计年鉴，用 agriculture_loan 表示。

（7）十大上市公司市值占比

本书使用排名前十位上市公司市值之和与全部上市公司市值之和的比值衡量一个国家或地区股票市场的融资结构。相关数据来源于世界银行全球金融发展数据库，用 top_10_traded_company 表示。

3. 金融效率类指标

（1）银行成本收入比

本书使用银行营运成本与各项收入（包括净利息收入及其他收入）的比值衡量银行经营成本控制水平。相关数据来源于世界银行全球金融发展数据库，用 cost_income_ratio 表示。

（2）银行资产收益率

本书使用银行净收入与平均年化资产总额的比值衡量银行每单位资产创造净利润的能力和水平。相关数据来源于世界银行全球金融发展数据库，用 return_on_assets 表示。

（3）银行净资产收益率

本书使用银行净收入与平均年化股东收益的比值衡量银行运用自有资本的效率。相关数据来源于世界银行全球金融发展数据库，用 return_on_equity 表示。

（4）不良贷款率

本书使用银行不良贷款余额与全部贷款余额的比值衡量银行资产质量和风险管理水平。相关数据来源于世界银行世界发展指数，用 nonperforming_loan 表示。

（5）股票市场周转率

本书使用股票交易量与股票总市值的比值衡量一个国家或地区股票市场流动性的强弱。相关数据来源于世界银行全球金融发展数据库，用 stock_turnover_ratio 表示。

（6）金融业工资总额

本书使用各类金融机构工资总额之和与金融业增加值的比值衡量金融从业人员工资水平。相关数据来源于统计年鉴，用 total_wages 表示。

4. 金融制度类指标

（1）货币供应量增长率

本书使用广义货币供应量 M2 的年增长率衡量中央银行货币政策的松紧程度。相关数据来源于世界银行世界发展指数，用 m2_growth 表示。

（2）通货膨胀率

本书使用消费物价指数年增长率衡量一个国家或地区物价水平的变化情况。相关数据来源于世界银行世界发展指数，用 cpi 表示。

（3）存贷款利率差

本书使用存款与贷款一年期基准利率的差额衡量中央银行对利率的干预程度。相关数据来源于世界银行全球金融发展数据库，用 lending_deposit_spread 表示。

（4）实际有效汇率

本书使用实际有效汇率（剔除通货膨胀对各国货币购买力影响后的名义有效汇率）衡量中央银行外汇政策执行情况。相关数据来源于世界银行世界发展指数，用 real_exchange_rate 表示。

（5）存贷比

本书使用各项贷款余额与各项存款余额的比值衡量监管部门对银行贷款规模的限制。相关数据来源于统计年鉴，用 credit_deposit_ratio 表示。

（6）股市波动

本书使用境内股票市场指数收益率的360日标准差衡量一个国家或地区股票市场的波动性。相关数据来源于世界银行全球金融发展数据库，用 volatility_of_stock_price 表示。

表 2.2 对上述分析进行了总结。需要说明的是，由于每个国家的国情不同，影响其储蓄—投资转化率的因素及程度也不尽相同。因此，为提高分析的针对性和对实践的指导性，本书只就中国储蓄—投资转化率的影响因素进行重点分析，以期发现存在的主要问题，提出有价值的对策建议。

表 2.2　金融视角储蓄—投资转化率影响因素

一级指标	二级指标	计算公式	数据来源	符号
金融发展	货币供应量	M2/GDP（%）	WDI	m2
	私人部门信贷	私人部门信贷余额/GDP（%）	GFDD	private_credit
	存款	存款余额/GDP（%）	GFDD	deposit
	股票市值	股票总市值/GDP（%）	WDI	stock_capitalization
	股市交易量	股市年成交量/GDP（%）	GFDD	stock_traded
	私人部门债券	私人部门债券余额/GDP（%）	GFDD	private_debt

续表

一级指标	二级指标	计算公式	数据来源	符号
金融结构	直接融资比例	直接融资额/社会融资规模（%）	统计年鉴	direct_financing
	银行资产集中度	前五位大银行资产总额/银行资产总额（%）	GFDD	bank_concentration
	居民储蓄存款占比	城乡居民人民币储蓄存款余额/各项存款余额（%）	统计年鉴	household_deposit
	企业存款占比	企业存款余额/各项存款余额（%）	统计年鉴	enterprise_deposit
	私营企业及个人贷款占比	私营企业及个人贷款余额/各项贷款余额（%）	统计年鉴	private_loan
	涉农贷款占比	涉农贷款余额/各项贷款余额（%）	统计年鉴	agriculture_loan
	十大上市公司市值占比	十大上市公司市值/总市值（%）	GFDD	top_10_traded_company
金融效率	银行成本收入比	银行营运成本/各项收入（%）	GFDD	cost_income_ratio
	银行资产收益率	银行净收入/平均年化资产总额（%）	GFDD	return_on_assets
	银行净资产收益率	银行净收入/平均年化股东收益（%）	GFDD	return_on_equity
	不良贷款率	银行不良贷款余额/全部贷款余额（%）	WDI	nonperforming_loan
	股票市场周转率	股票交易量/股票总市值（%）	GFDD	stock_turnover_ratio
	金融业工资总额	各类金融机构工资总额/金融业增加值（%）	统计年鉴	total_wages
金融制度	货币供应量增长率	M2 年增长率（%）	WDI	m2_growth
	通货膨胀率	年通货膨胀率（%）	WDI	cpi
	存贷款利率差	存款基准利率-贷款基准利率（%）	GFDD	lending_deposit_spread
	实际有效汇率	实际有效汇率（2005 年为 99）	WDI	real_exchange_rate
	存贷比	银行各项贷款余额/各项存款余额（%）	统计年鉴	credit_deposit_ratio
	股市波动	股市指数收益率的 360 日标准差	GFDD	volatility_of_stock_price

2.5 小结

本章首先明确储蓄与投资的概念，论述二者的构成及影响因素。在分析二者关系的基础上，提出储蓄—投资转化的概念，给出储蓄—投资转化率的计算公式，并详细描述储蓄—投资转化的直接转化、财政转化、金融转化等三种主要转化机制。其中，金融转化机制是现代市场经济中储蓄—投资转化的核心机制和主导机制，是一个国家或地区资本形成的主要渠道，是促进该经济体经济增长的决定性因素之一。因此，有必要从金融视角（基于金融功能观）研究分析金融发展与储蓄—投资转化的相互关系和发展变化。

本章在罗默提出的研究与开发增长模型的基础上，构建了一个金融内生增长模型：$g(t)=\varphi sb$。其中，g 为经济增长率，φ 为储蓄—投资转化率，s 为储蓄率，b 为资本的边际产出。该模型打破了新古典经济学“储蓄 = 投资”的假设，将储蓄—投资转化率与经济增长联系起来，使 φ 成为研究增长问题的新途径。

本章最后提出储蓄—投资转化率及其影响因素的分析框架。前者可进行对总量的长期静态分析和短期动态分析，对结构的分部门分析和分地区分析，并通过国际比较发现规律性；后者可从金融发展、金融结构、金融效率、金融制度等 4 大类 25 项具体指标中分析筛选主要影响因素。为确保数据的权威性和可比性，本书尽量使用国际货币基金组织、世界银行、国家统计部门公布的数据，并通过采用比值的形式剔除价格因素的影响。

第3章 中国储蓄—投资转化率的实证分析

3.1 总储蓄—总投资转化率的实证分析

3.1.1 模型的建立

1. 基本形式

菲尔德斯坦（Feldstein）和堀冈（Horioka）（1980）通过建立以下模型对21个经济合作与发展组织（OECD）国家1960—1974年的储蓄—投资转化率进行了分析[①]：

$$\left(\frac{I}{Y}\right)_i = \alpha + \beta\left(\frac{S}{Y}\right)_i \tag{3.1}$$

该模型具有形式简单明了的优点，但忽略了国家间经济发展不平衡等问题对储蓄—投资转化率的影响。本书研究的样本既包括发达国家，又包括发展中国家；既包括成熟市场经济国家，又包括转型和新兴市场国家。因此，本节对Feldstein和Horioka（1980）提出的模型做进一步扩展，假设样本国家既存在个体差异，又存在结构变化，进而建立如下面板数据模型：

$$i_{jt} = \alpha_{jt} + s'_{jt}\beta_{jt} + u_{jt}\,,\quad j = 1, 2, \cdots, N\,,\ \ t = 1, 2, \cdots, T \tag{3.2}$$

其中，i_{jt}代表第j个国家第t期的总投资率；s'_{jt}为$k\times 1$维向量$(s_{1,jt}, s_{2,jt}, \cdots, s_{k,jt})'$，代表第$j$个国家第$t$期不同口径的储蓄率（如总储蓄率或分部门储蓄率或分地区储蓄率等）；k代表不同口径储蓄率的个数；N代表样本国家的个数；T代表观测时期总数；α_{jt}代表截距项；β_{jt}代表$k\times 1$维系数向量；u_{jt}代表随机误差项，假设u_{jt}相互独立，且均值为0、方差为σ_u^2。

---

① Feldstein M., Horioka C. Domestic Saving and International Capital Flows [J]. Economic Journal, 1980（90）: 317-323.

式（3.2）可进一步简化为：

$$i_j=\alpha_j+s_j\beta_j+u_j\text{，}\quad j=1,2,\cdots,N \tag{3.3}$$

其中，i_j 为 $T\times1$ 维总投资率向量，s_j 为 $T\times k$ 维储蓄率矩阵，i_j 和 s_j 的各分量为第 j 个国家（或地区）的投资率和储蓄率的时间序列；α_j 为 $T\times1$ 维截距项向量，β_j 为 $k\times1$ 维系数向量；u_j 为 $T\times1$ 维随机误差项向量，满足均值为0、方差为 σ_u^2 的假设。

式（3.3）写成矩阵的形式为：

$$\begin{bmatrix} i_1 \\ i_2 \\ \vdots \\ i_N \end{bmatrix}=\begin{bmatrix} \alpha_1 \\ \alpha_2 \\ \vdots \\ \alpha_N \end{bmatrix}+\begin{bmatrix} s_1 & 0 & \cdots & 0 \\ 0 & s_2 & \ddots & \vdots \\ \vdots & \ddots & \ddots & 0 \\ 0 & \cdots & 0 & s_N \end{bmatrix}\begin{bmatrix} \beta_1 \\ \beta_2 \\ \vdots \\ \beta_N \end{bmatrix}+\begin{bmatrix} u_1 \\ u_2 \\ \vdots \\ u_N \end{bmatrix} \tag{3.4}$$

式（3.2）、式（3.3）、式（3.4）为面板数据模型的基本形式。

2. EViews 估计结果的形式

不同计量软件在计算面板数据模型的个体影响时，给出的个体影响的形式是不同的。本书使用的 EViews 6.0 软件，给出的是总体均值和不含总体均值的个体影响，即 EViews 给出的个体影响表明个体成员对总体平均状态的偏离①。因此，EViews 对面板数据模型的估计结果的形式为：

$$i_j=\alpha+\alpha_j^*+s_j\beta_j+u_j\text{，}\quad j=1,2,\cdots,N \tag{3.5}$$

其中，i_j 为 $T\times1$ 维总投资率向量，α 为常数截距项向量，α_j^* 为横截面个体成员对常数截距项的偏离值向量，s_j 为 $T\times k$ 维储蓄率矩阵，β_j 为 $k\times1$ 维系数向量，u_j 为 $T\times1$ 维随机误差项向量且满足均值为 0、方差为 σ_u^2 的假设。

3. 确定个体影响形式的方法

面板数据模型根据个体影响的不同形式，分为固定影响面板数据模型和随机影响面板数据模型。当样本数据包含的个体成员是研究总体的所有成员时，个体成员间的差异反映为回归系数的变化，此时应选择固定影响模型。当样本数据包含的个体成员是随机从研究总体的所有单位中抽取时，如果仅仅对样本自身进行分析，则应选择固定影响模型；如果想通过样本对总体进行分析，则

① Quantitative Micro Software. EViews 6 User's Guide II [M]. CA: Quantitative Micro Software, 2007.

应选择随机影响模型,即将反映个体差异的特定项视为跨个体成员的随机分布。

在确定固定影响还是随机影响时，通常进行 Hausman 检验。该检验首先建立随机影响模型，其原假设为“随机影响模型中个体影响与解释变量不相关”；其次构造统计量 W 如下：

$$W=\left[b-\hat{\beta}\right]^{'}\hat{\Sigma}^{-1}\left[b-\hat{\beta}\right] \tag{3.6}$$

其中，b 为固定影响模型回归系数的估计结果，$\hat{\beta}$ 为随机影响模型回归系数的估计结果，$\hat{\Sigma}$ 为两类模型回归系数估计结果之差的方差；最后将统计量 W 与自由度为 k（模型中解释变量的个数）的 χ^2 分布的临界值进行比较，做出接受或者拒绝原假设的结论。

4. 确定个体影响形式

使用上述方法对阿根廷等 19 个国家 1980—2011 年总储蓄率和总投资率数据进行 Hausman 检验。首先，建立如下随机影响模型：

$$i_j=\alpha+\alpha_j^*+s_j\beta+u_j\,,\quad j=1,2,\cdots,N \tag{3.7}$$

对式（3.7）进行估计，结果为：

$$\hat{i}_j=\alpha+\hat{\alpha}_j+0.35s_j \tag{3.8}$$

$$t=\quad(12.67)$$

$$R^2=0.20\qquad D.W.=0.39$$

由 Hausman 检验结果可以看出，由式（3.7）构造的面板数据模型的 Hausman 检验统计量 W 的值为 32.66，p 值为 0，因此拒绝原假设而接受备择假设，即应选择固定影响面板数据模型。

5. 确定模型类型的方法

面板数据模型根据截距项向量 α 和系数向量 β 的不同，可分为不变系数模型、变截距模型及变系数模型等三种类型。

不变系数面板数据模型是指对于各个体成员方程，截距项向量 α 和系数向量 β 均相同，即不存在个体影响和结构变化，其回归方程为：

$$i_j=\alpha+s_j\beta+u_j\,,\quad j=1,2,\cdots,N \tag{3.9}$$

变截距面板数据模型是指对于各个体成员方程，截距项向量 α_j 不同，但

系数向量 β 相同，即存在个体影响但不存在结构变化，其回归方程为：

$$i_j = \alpha_j + s_j\beta + u_j \text{，} \quad j = 1, 2, \cdots, N \tag{3.10}$$

变系数面板数据模型，是指对于各个体成员方程，截距项向量 α_j 不同，且系数向量 β_j 随个体成员不同而变化，即既存在个体影响又存在结构变化，其回归方程为：

$$i_j = \alpha_j + s_j\beta_j + u_j \text{，} \quad j = 1, 2, \cdots, N \tag{3.11}$$

可以看出，在对面板数据模型进行估计前，要检验样本数据究竟符合上述哪种类型，以避免模型设定的不准确。本节使用高铁梅（2009）提出的建模方法进行模型设定检验，主要检验如下两个假设[①]：

$$H_1 : \beta_1 = \beta_2 = \cdots = \beta_N$$

$$H_2 : \alpha_1 = \alpha_2 = \cdots = \alpha_N$$

$$\beta_1 = \beta_2 = \cdots = \beta_N$$

如果接受假设 H_2，即不存在个体影响和结构变化，则选择不变系数模型。如果拒绝假设 H_2，则需进一步检验假设 H_1。如果接受假设 H_1，即存在个体影响但不存在结构变化，则选择变截距模型。如果拒绝假设 H_1，即存在个体影响和结构变化，则选择变系数模型。

假设检验通过计算 F 统计量进行。首先计算式（3.11）的残差平方和（Sum of Squared Residual）SSR_1。令：

$$W_{ss,j} = \sum_{t=1}^{T}(s_{jt} - \overline{s}_j)(s_{jt} - \overline{s}_j)' \tag{3.12}$$

$$W_{si,j} = \sum_{t=1}^{T}(s_{jt} - \overline{s}_j)'(i_{jt} - \overline{i}_j) \tag{3.13}$$

$$W_{ii,j} = \sum_{t=1}^{T}(i_{jt} - \overline{i}_j)^2 \tag{3.14}$$

其中，$s_{jt} = (s_{1,jt}, s_{2,jt}, \cdots, s_{k,jt})'$，$\overline{s}_j = \frac{1}{T}\sum_{t=1}^{T} s_{jt}$，$\overline{i}_j = \frac{1}{T}\sum_{t=1}^{T} i_{jt}$。则：

① 高铁梅. 计量经济分析方法与建模：EViews 应用及实例（第二版）[M]. 北京：清华大学出版社，2009.

$$SSR_1=\sum_{j=1}^{N}(W_{ii,j}-W'_{si,j}W_{ss,j}^{-1}W_{si,j}) \tag{3.15}$$

其次计算式（3.10）的残差平方和SSR_2。令：

$$W_{ss}=\sum_{j=1}^{N}W_{ss,j} \tag{3.16}$$

$$W_{si}=\sum_{j=1}^{N}W_{si,j} \tag{3.17}$$

$$W_{ii}=\sum_{j=1}^{N}W_{ii,j} \tag{3.18}$$

则 $SSR_2=W_{ii}-W'_{si}W_{ss}^{-1}W_{si}$ （3.19）

然后计算式（3.9）的残差平方和SSR_3。令：

$$T_{ss}=\sum_{j=1}^{N}\sum_{t=1}^{T}(s_{jt}-\overline{s})(s_{jt}-\overline{s})' \tag{3.20}$$

$$T_{si}=\sum_{j=1}^{N}\sum_{t=1}^{T}(s_{jt}-\overline{s})(i_{jt}-\overline{i}) \tag{3.21}$$

$$T_{ii}=\sum_{j=1}^{N}\sum_{t=1}^{T}(i_{jt}-\overline{i})^2 \tag{3.22}$$

其中，$\overline{s}=\frac{1}{NT}\sum_{j=1}^{N}\sum_{t=1}^{T}s_{jt}$，$\overline{i}=\frac{1}{NT}\sum_{j=1}^{N}\sum_{t=1}^{T}i_{jt}$。则：

$$SSR_3=T_{ii}-T'_{si}T_{ss}^{-1}T_{si} \tag{3.23}$$

由此可以得到如下结论：

①$SSR_1/\sigma_u^2\sim\chi^2[N(T-k-1)]$；

②在H_2下，$SSR_3/\sigma_u^2\sim\chi^2[NT-(k+1)]$，$(SSR_3-SSR_1)/\sigma_u^2\sim\chi^2[(N-1)(k+1)]$；

③$(SSR_3-SSR_1)/\sigma_u^2$与SSR_1/σ_u^2独立；

④在H_1下，$SSR_2/\sigma_u^2\sim\chi^2[N(T-1)-k]$，$(SSR_2-SSR_1)/\sigma_u^2\sim\chi^2[(N-1)k]$；

⑤$(SSR_2-SSR_1)/\sigma_u^2$与SSR_1/σ_u^2独立。

令检验统计量 $F_2=\frac{(SSR_3-SSR_1)/[(N-1)(k+1)]}{SSR_1/[NT-N(k+1)]}$ （3.24）

则在假设H_2下，F_2服从相应自由度下的F分布，即：

$$F_2 \sim F[(N-1)(k+1), N(T-k-1)] \tag{3.25}$$

若计算得到的统计量F_2的值不小于给定置信度下的相应临界值，则拒绝假设H_2，继续检验假设H_1；反之，则接受H_2，即样本数据符合不变系数面板数据模型式（3.9）。

令检验统计量 $$F_1 = \frac{(SSR_2 - SSR_1)/[(N-1)k]}{SSR_1/[NT - N(k+1)]} \tag{3.26}$$

则在假设H_1下，F_1服从相应自由度下的F分布，即：

$$F_1 \sim F[(N-1)k, N(T-k-1)] \tag{3.27}$$

若计算得到的统计量F_1的值不小于给定置信度下的相应临界值，则拒绝假设H_1，采用变系数面板数据模型式（3.11）拟合样本；反之，采用变截距面板数据模型式（3.10）拟合样本。

6. 确定模型形式

本节利用19个国家1980—2011年总储蓄率和总投资率数据建立面板数据模型，则$N=19$，$k=1$，$T=32$。使用EViews 6.0计算得：$SSR_1=5263.57$，$SSR_2=6995.48$，$SSR_3=12790.45$。代入式（3.24）得：$F_2=22.64$。代入式（3.26）得：$F_1=10.42$。

查F分布表，在5%的显著性水平下，F_2相应临界值$F(36,570)=0.64$，即$F_2 > F(36,570)$，因此拒绝假设H_2，继续检验假设H_1。

在5%的显著性水平下，F_1相应临界值$F(18,570)=0.52$，即$F_1 > F(18,570)$，因此拒绝假设H_1。由此可见，变系数面板数据模型式（3.11）更符合本节数据结构特点，对样本的拟合程度更高。

至此，本节建立起针对EViews估计特点、适用于对19个特定国家储蓄—投资转化率进行长期静态分析的固定影响变系数面板数据模型，如式（3.5）所示。

3.1.2 估计和检验

1. 估计方法

在式（3.5）所表示的固定影响变系数模型中，常数项向量$\alpha+\alpha_j^*$和系数向量β_j都是随着横截面个体成员的变化而变化，因此可以将式（3.5）改写成如下形式：

$$i_{jt} = \tilde{s}'_{jt}\delta_j + u_{jt}, \quad j = 1, 2, \cdots, N, \quad t = 1, 2, \cdots, T \tag{3.28}$$

其中，$\tilde{s}_{jt} = (1, s'_{jt})'$，$\delta'_j = (\alpha + \alpha^*_j, \beta'_j)$。式（3.28）相应的矩阵形式为：

$$\mathbf{I} = \tilde{\mathbf{S}}\boldsymbol{\Delta} + \mathbf{u} \tag{3.29}$$

其中，$\mathbf{I} = \begin{bmatrix} \mathbf{i_1} \\ \mathbf{i_2} \\ \vdots \\ \mathbf{i_N} \end{bmatrix}_{NT\times 1}$，$\mathbf{i_j} = \begin{bmatrix} \mathrm{i_{j1}} \\ \mathrm{i_{j2}} \\ \vdots \\ \mathrm{i_{jT}} \end{bmatrix}_{T\times 1}$，$\tilde{\mathbf{S}} = \begin{bmatrix} \tilde{\mathbf{S}}_1 & 0 & \cdots & 0 \\ 0 & \tilde{\mathbf{S}}_2 & \cdots & 0 \\ \vdots & \vdots & \ddots & \vdots \\ 0 & 0 & \cdots & \tilde{\mathbf{S}}_\mathbf{N} \end{bmatrix}_{NT\times N(k+1)}$，

$\tilde{\mathbf{S}}_\mathbf{j} = \begin{bmatrix} \tilde{\mathrm{s}}_{\mathrm{j,11}} & \tilde{\mathrm{s}}_{\mathrm{j,12}} & \cdots & \tilde{\mathrm{s}}_{\mathrm{j,1(k+1)}} \\ \tilde{\mathrm{s}}_{\mathrm{j,21}} & \tilde{\mathrm{s}}_{\mathrm{j,22}} & \cdots & \tilde{\mathrm{s}}_{\mathrm{j,2(k+1)}} \\ \vdots & \vdots & & \vdots \\ \tilde{\mathrm{s}}_{\mathrm{j,T1}} & \tilde{\mathrm{s}}_{\mathrm{j,T2}} & \cdots & \tilde{\mathrm{s}}_{\mathrm{j,T(k+1)}} \end{bmatrix}_{T\times(k+1)}$，$\boldsymbol{\Delta} = \begin{bmatrix} \boldsymbol{\delta}_1 \\ \boldsymbol{\delta}_2 \\ \vdots \\ \boldsymbol{\delta}_\mathbf{N} \end{bmatrix}_{N(k+1)\times 1}$，$\mathbf{u} = \begin{bmatrix} \mathbf{u_1} \\ \mathbf{u_2} \\ \vdots \\ \mathbf{u_N} \end{bmatrix}_{NT\times 1}$，$\mathbf{u_j} = \begin{bmatrix} \mathrm{u_{j1}} \\ \mathrm{u_{j2}} \\ \vdots \\ \mathrm{u_{jT}} \end{bmatrix}_{T\times 1}$。

如果式（3.29）中不同横截面个体成员之间随机误差项不相关，则可以将该模型分解成与横截面个体成员相对应的 N 个单方程，采用单方程模型估计方法对各横截面个体成员的时间序列数据进行回归分析，分别估计各单方程中的参数。

如果式（3.29）中不同横截面个体成员之间随机误差项是相关的，即 $\mathrm{E}(\mathbf{u_j}\mathbf{u}'_\mathbf{m}) = \boldsymbol{\Omega}_{jm} \neq 0 (j \neq m)$，则各横截面上的单方程普通最小二乘（OLS）估计量是一致的、无偏的，但不是最有效的。因此，需要使用广义最小二乘法（GLS）对模型进行估计。此时，如果协方差矩阵 $\boldsymbol{\Omega}_{jm}$ 已知，令：

$$\mathbf{V} = \begin{bmatrix} \boldsymbol{\Omega}_{11} & \boldsymbol{\Omega}_{12} & \cdots & \boldsymbol{\Omega}_{1N} \\ \boldsymbol{\Omega}_{21} & \boldsymbol{\Omega}_{22} & \cdots & \boldsymbol{\Omega}_{2N} \\ \vdots & \vdots & & \vdots \\ \boldsymbol{\Omega}_{N1} & \boldsymbol{\Omega}_{N2} & \cdots & \boldsymbol{\Omega}_{NN} \end{bmatrix}_{NT\times NT} \tag{3.30}$$

则可以直接得到参数的 GLS 估计为：

$$\hat{\boldsymbol{\delta}}_{GLS} = (\tilde{\mathbf{S}}'\mathbf{V}^{-1}\tilde{\mathbf{S}})^{-1}\tilde{\mathbf{S}}'\mathbf{V}^{-1}\mathbf{I} \tag{3.31}$$

如果协方差矩阵 $\boldsymbol{\Omega}_{jm}$ 未知，则需要先进行横截面上的单方程 OLS 估计，再使用相应的残差估计值构造协方差矩阵的估计量，然后进行 GLS 估计。

2. 平稳性检验

在对面板数据模型进行估计之前，本节使用 EViews 6.0 提供的单位根检验对总储蓄率和总投资率序列进行平稳性检验。检验方法分为两类：一类是基于

横截面序列具有相同根情形下的 Levin-Lin-Chu 检验（LLC 检验）；另一类是基于横截面序列具有不同根情形下的 Fisher-ADF 检验、Fisher-PP 检验及 Im-Pesaran-Skin 检验（IPS 检验）。

由总投资率序列水平值的单位根检验结果可以看出，在相同根情形下，原假设为面板数据的各截面序列均具有一个相同的单位根，备择假设为各截面序列没有相同的单位根。LLC 检验的统计量为 – 2.85，因此在 5%的显著性水平下拒绝原假设而接受备择假设，即总投资率序列水平值不含相同单位根。在不同根情形下，原假设为面板数据的各截面序列分别具有单位根，备择假设为面板序列没有不同单位根。Fisher-ADF 检验和 Fisher-PP 检验的统计量分别为 38.50 和 44.17，在 5%的显著性水平下无法拒绝原假设，即总投资率序列水平值含有不同单位根，是非平稳的。

由总投资率序列一阶差分值的单位根检验结果可以看出，在相同根情形下，LLC 检验的统计量为 – 22.67，因此在 5%的显著性水平下拒绝原假设而接受备择假设，即总投资率序列一阶差分值不含相同单位根；在不同根情形下，Fisher-ADF 检验和 Fisher-PP 检验的统计量分别为 478.44 和 582.89，在 5%的显著性水平下拒绝原假设而接受备择假设，即总投资率序列一阶差分值不含不同单位根，是平稳的。

由总储蓄率序列水平值的单位根检验结果可以看出，在相同根情形下，LLC 检验的统计量为 – 2.27，因此在 5%的显著性水平下拒绝原假设而接受备择假设，即总储蓄率序列水平值不含相同单位根。在不同根情形下，Fisher-ADF 检验和 Fisher-PP 检验的统计量分别为 38.64 和 43.83，在 5%的显著性水平下无法拒绝原假设，即总储蓄率序列水平值含有不同单位根，是非平稳的。

由总储蓄率序列一阶差分值的单位根检验结果可以看出，在相同根情形下，LLC 检验的统计量为 – 22.87，因此在 5%的显著性水平下拒绝原假设而接受备择假设，即总储蓄率序列一阶差分值不含相同单位根；在不同根情形下，Fisher-ADF 检验和 Fisher-PP 检验的统计量分别为 490.85 和 515.89，在 5%的显著性水平下拒绝原假设而接受备择假设，即总储蓄率序列一阶差分值不含不同单位根，是平稳的。

综上可以得出，总投资率和总储蓄率序列均是 1 阶单整的，即 I（1）过程，因此接下来进行协整检验。

3. 协整检验

面板数据协整检验方法可分为两类：一类是基于 Engle 与 Granger 二步法的 Pedroni 检验和 Kao 检验；另一类是基于 Johansen 协整检验的 Johansen 面板数据协整检验。

Pedroni 检验的原假设为所检验的面板数据之间不存在协整关系，备择假设为存在协整关系。由检验结果可以看出，其构造的 7 个统计量中有 4 个统计量（即 Panel PP-Statistic、Panel ADF-Statistic、Group PP-Statistic、Group ADF-Statistic）在 5%的显著性水平下拒绝原假设而接受备择假设；另外有 3 个统计量（即 Panel v-Statistic、Panel rho-Statistic、Group rho-Statistic）在 5%的显著性水平下无法拒绝原假设。因此，Pedroni 检验不能完全判定面板数据之间是否存在协整关系，还需要考虑其他两种检验方法。

Kao 检验的原假设为所检验的面板数据之间不存在协整关系，备择假设为存在协整关系。检验统计量 ADF 值为−5.03，在 5%的显著性水平下拒绝原假设而接受备择假设，即面板数据之间存在协整关系。

Johansen 检验的原假设为“存在相应个数的协整向量”。第一行检验的原假设为“存在 0 个协整向量”，检验统计量的值为 59.84，在 5%的显著性水平下拒绝原假设，接受“协整向量个数大于 0”的备择假设。第二行检验的原假设为“存在至多 1 个协整向量”，检验统计量的值为 19.85，在 5%的显著性水平下无法拒绝原假设。

综上可以得出，在本节建立的面板数据模型中，总投资率与总储蓄率面板数据存在协整关系。

4. 估计结果

对式（3.5）表示的固定影响变系数面板数据模型进行估计，结果为：

$$\hat{i}_j = \hat{\alpha} + \hat{\alpha}_j^* + \hat{\beta}_j s_j \tag{3.32}$$

$$R^2 = 0.81 \quad D.W. = 0.45$$

其中，$\hat{\alpha}_j^*$ 和 $\hat{\beta}_j$ 的估计结果见表 3.1。

表 3.1 相关国家储蓄—投资转化率估计结果

序号	国别	$\hat{\alpha}_j^*$	t 统计量	$\hat{\beta}_j$	t 统计量
1	阿根廷	-0.48	3.84	0.49	3.51
2	澳大利亚	3.04	2.51	0.58	2.25

续表

序号	国别	$\hat{\alpha}_j^*$	t统计量	$\hat{\beta}_j$	t统计量
3	巴西	−0.10	3.45	0.44	2.51
4	加拿大	1.60	3.17	0.43	2.20
5	中国	−0.54	2.78	0.71	8.34
6	法国	−5.91	0.59	0.75	1.80
7	德国	9.26	3.04	0.07	0.25
8	印度	−9.64	0.40	1.01	9.19
9	印度尼西亚	10.90	6.46	0.40	3.14
10	意大利	3.91	2.07	0.34	0.97
11	日本	−17.23	−1.32	1.14	6.80
12	韩国	7.07	3.65	0.43	2.90
13	墨西哥	−2.54	1.92	0.72	3.86
14	俄罗斯	−3.45	1.71	0.53	3.59
15	沙特阿拉伯	9.64	20.68	0.00	0.12
16	南非	−1.62	3.87	0.49	3.97
17	土耳其	0.00	3.63	0.55	3.65
18	英国	−3.24	1.36	0.62	1.81
19	美国	−1.95	2.21	0.64	2.63
	平　均	−0.07	3.47	0.54	3.34

5. 残差检验

对残差序列进行平稳性检验。从残差序列水平值单位根检验结果可以看出，残差序列既不含相同根，也不含不同根。因此，残差序列是平稳的。

对残差序列进行相关性检验。式（3.32）估计结果的 $D.W.$统计量的值为 0.45，表明残差序列很可能存在强的正一阶序列相关（高铁梅，2009）[①]。由各截面残差序列相关图可以看出，除土耳其外，其余 18 个国家残差序列是一阶序列相关的。因此，接下来需要对原静态模型进行调整，建立动态模型。

① 高铁梅. 计量经济分析方法与建模：EViews 应用及实例（第二版）[M]. 北京：清华大学出版社，2009.

6. 序列相关的修正

由于式（3.5）建立的面板数据模型的扰动项存在一阶序列相关，其估计结果可能是失真的。因此，使用一阶自回归 AR（1）模型将式（3.5）修正为：

$$i_{jt}=\alpha+\alpha_j^*+s'_{jt}\beta_j+u_{jt}\,,\quad j=1,2,\cdots,N\,,\quad t=1,2,\cdots,T \tag{3.33}$$

$$u_{jt}=\rho_j u_{jt-1}+\varepsilon_{jt}\,,\quad j=1,2,\cdots,N\,,\quad t=1,2,\cdots,T \tag{3.34}$$

其中，ε_{jt} 为均值为 0、方差为常数的白噪声。

由于式（3.33）和式（3.34）构成的动态模型含有 AR（1）项，因此需要进行适当变换，将其转换为基本的固定影响变系数模型再进行估计。将式(3.34）代入式（3.33）得：

$$i_{jt}=\alpha+\alpha_j^*+s'_{jt}\beta_j+\rho_j u_{jt-1}+\varepsilon_{jt} \tag{3.35}$$

由式（3.33）可得：

$$u_{jt-1}=i_{jt-1}-\left(\alpha+\alpha_j^*\right)-s'_{jt-1}\beta_j \tag{3.36}$$

将式（3.36）代入式（3.35）并整理得：

$$i_{jt}=\rho_j i_{jt-1}+(\alpha+\alpha_j^*)(1-\rho_j)+(s_{jt}-\rho_j s_{jt-1})'\beta_j+\varepsilon_{jt} \tag{3.37}$$

再利用上述固定影响变系数模型的估计方法对式（3.37）进行估计即可得到修正序列相关后的估计结果。

7. 修正后的估计结果

对式（3.33）和式（3.34）表示的含有 AR（1）的固定影响变系数面板数据模型进行估计，结果为：

$$\hat{i}_{jt}=13.43+\hat{\alpha}_j^*+s'_{jt}\hat{\beta}_j+\hat{u}_{jt} \tag{3.38}$$

$$t=(13.40)$$

$$\hat{u}_{jt}=\hat{\rho}_j\hat{u}_{jt-1}+\varepsilon_{jt} \tag{3.39}$$

$$R^2=0.94\quad D.W.=1.75$$

其中，$\hat{\alpha}_j^*$、$\hat{\beta}_j$ 和 $\hat{\rho}_j$ 的估计结果见表 3.2。

表 3.2　修正后相关国家储蓄—投资转化率估计结果

序号	国别	$\hat{\alpha}_j^*$	t 统计量	$\hat{\beta}_j$	t 统计量	$\hat{\rho}_j$	t 统计量
1	阿根廷	7.53	6.13	−0.08	−0.52	0.82	9.39
2	澳大利亚	−1.31	2.93	0.65	3.48	0.65	3.01
3	巴西	−6.83	2.05	0.66	3.90	0.72	3.22

续表

序号	国别	$\hat{\alpha}_j^*$	t统计量	$\hat{\beta}_j$	t统计量	$\hat{\rho}_j$	t统计量
4	加拿大	−3.70	2.32	0.56	2.71	0.73	2.95
5	中国	−9.20	1.16	0.84	10.26	0.62	5.31
6	法国	−11.15	0.34	0.89	2.63	0.89	3.32
7	德国	−8.34	0.53	0.57	2.10	0.91	8.46
8	印度	−11.78	0.41	0.98	5.38	0.80	2.40
9	印度尼西亚	−8.72	0.85	0.91	10.89	0.93	26.35
10	意大利	2.29	2.30	0.26	0.78	0.62	3.22
11	日本	−13.63	−0.03	0.91	3.76	0.72	2.88
12	韩国	20.51	5.45	−0.07	−0.40	0.76	9.08
13	墨西哥	−2.90	3.49	0.60	4.78	0.67	4.40
14	俄罗斯	−1.51	3.35	0.31	2.70	0.61	5.93
15	沙特阿拉伯	7.36	23.31	−0.01	−0.41	0.42	3.26
16	南非	11.14	7.04	−0.47	−2.46	0.79	14.48
17	土耳其	−2.34	5.03	0.53	4.70	0.27	1.49
18	英国	−7.68	1.06	0.74	2.16	0.73	3.03
19	美国	−5.61	1.87	0.70	2.71	0.71	2.30
平　均		−2.41	3.66	0.50	3.11	0.70	6.03

8. 修正后估计的残差检验

对修正后估计的残差序列进行平稳性检验。从单位根检验结果可以看出，残差序列既不含相同根，也不含不同根。因此，修正后估计的残差序列是平稳的。

对修正后估计的残差序列进行相关性检验。由各截面残差序列相关图可以看出，修正后估计的残差序列不存在序列相关。

因此，使用 AR（1）模型修正后的估计结果式（3.38）和式（3.39）是有效的。

3.1.3 结果分析

1. 总储蓄率分析

样本国家1980—2011年总储蓄率算术平均值见表3.3。可以看出，19个国家的总储蓄率数据差别很大，但也存在规律性。首先，亚洲国家总储蓄率处于较高水平。东亚的中、日、韩，东南亚的印尼，南亚的印度，西亚的沙特等国内总储蓄率处于27%至45%之间，均高于19个国家的平均水平23.44%。其次，欧美发达国家总储蓄率普遍偏低。美、英、法、德、意、加等六国总储蓄率均低于19个国家的平均水平，特别是美、英两国总储蓄率仅15%左右，低于19个国家平均水平约8个百分点。最后，高储蓄率国家的总储蓄率波动性较大，低储蓄率国家总储蓄率的波动性较小。沙特阿拉伯的总储蓄率最高达到50.56%，最低仅9.40%，二者相差5倍多。南非的总储蓄率一直在14%至17%的狭窄区间内波动。法、英、澳、意、德、美等国的总储蓄率波动性也较小。

表3.3 相关国家1980—2011年总储蓄率[1]

序号	国别	总储蓄率	最大值	最小值	标准差
1	阿根廷	19.14	26.71	12.84	4.75
2	澳大利亚	21.83	24.93	19.35	1.40
3	巴西	16.83	21.84	12.00	2.76
4	加拿大	20.10	24.43	13.20	3.21
5	中国	44.79	53.47	36.83	5.74
6	法国	19.53	21.95	17.52	1.33
7	德国	22.04	26.71	19.74	1.90
8	印度	27.76	36.66	22.34	4.78
9	印度尼西亚	27.45	33.30	15.09	4.17
10	意大利	20.15	22.76	16.40	1.86
11	日本	27.43	33.20	21.90	3.02
12	韩国	33.27	36.98	30.21	2.18
13	墨西哥	23.75	27.68	15.06	2.79
14	俄罗斯	28.61	37.64	17.21	4.78
15	沙特阿拉伯	28.73	50.56	9.40	13.76
16	南非	15.68	16.83	14.27	0.78
17	土耳其	17.78	22.91	12.76	3.32
18	英国	15.13	17.90	12.51	1.36
19	美国	15.32	18.81	11.13	2.18
	平 均	23.44	53.47	9.40	3.48

资料来源：作者根据附录中附表1相关数据计算得出。

注：总储蓄率是指1980—2011年国内总储蓄率的算术平均值。

与其他国家相比，中国总储蓄率具有鲜明的特点。第一，明显高于其他国家。绝大多数国家 31 年间总储蓄率的平均值维持在 15%至 30%之间，仅有中国的总储蓄率达到 44.79%，是 19 个国家中最高的，几乎是 19 个国家平均水平的两倍。第二，波动性较大。中国 31 年总储蓄率数据的标准差为 5.74，波动性排名第二，同期大部分国家的总储蓄率和总投资率的标准差维持在 1 至 3 之间。第三，随着中国经济金融改革不断发展变化。1981 年以前，储蓄—投资转化以财政计划机制为主，总储蓄率惯性维持在 50%高位。1982—1992 年，储蓄—投资转化机制向金融转化机制转变，但由于金融机构和金融市场发育尚不成熟，总储蓄率下滑至 30%～40%的区间波动。1992 年邓小平南方谈话后，随着金融改革逐步深化，总储蓄率逐步回升至 40%～50%的区间，但由于受 1997 年亚洲金融危机影响，1998—2001 年总储蓄率又滑落至 40%以下，之后才逐步回升。2007 年 10 月党的十七大召开，提出“人均国内生产总值到 2020 年比 2000 年翻两番”的奋斗目标，从而刺激经济增长，带动总储蓄率上升至 50%以上。

2. 总投资率分析

样本国家 1980—2011 年总投资率数据见表 3.4。可以看出，19 个国家的总投资率差别也很大，也存在规律性。首先，亚洲国家总投资率较高。中、日、韩、印度、印尼等国总投资率均高于 19 个国家的平均水平。其次，欧美发达国家总投资率水平普遍低于平均水平。英、美、法、德、意、加等国总投资率在 16%至 21%之间，低于 19 国平均水平 23.25%约 2 至 7 个百分点。最后，新兴市场国家、转型国家总投资率的波动性较大，欧美发达国家总投资率波动性较小。如印尼和俄罗斯 31 年间总投资率最小值仅分别为最大值的 24%和 36%，而美、英、法、意、加等国 31 年间总投资率波动幅度仅 4 至 7 个百分点。

表 3.4 相关国家 1980—2011 年总投资率

序号	国别	总投资率	最大值	最小值	标准差
1	阿根廷	19.27	26.10	10.78	3.98
2	澳大利亚	25.78	29.06	22.46	1.86
3	巴西	18.02	22.15	15.77	1.64
4	加拿大	20.43	23.24	17.80	1.75
5	中国	40.92	48.58	35.12	4.18
6	法国	19.29	21.96	16.82	1.58
7	德国	20.40	25.64	16.46	2.55
8	印度	28.40	37.36	22.61	5.23

续表

序号	国别	总投资率	最大值	最小值	标准差
9	印度尼西亚	28.80	46.91	11.37	8.52
10	意大利	20.67	22.61	18.85	1.11
11	日本	25.24	32.53	19.67	3.92
12	韩国	32.10	40.06	25.04	4.28
13	墨西哥	25.33	30.57	21.12	2.72
14	俄罗斯	23.61	38.29	14.83	6.17
15	沙特阿拉伯	20.32	25.55	15.07	2.38
16	南非	16.90	22.68	12.29	2.73
17	土耳其	20.82	25.64	14.94	2.74
18	英国	16.95	20.07	14.12	1.28
19	美国	18.57	20.87	14.72	1.73
	平 均	23.25	29.47	17.89	3.18

资料来源：作者根据附录中附表 1 相关数据计算得出。

注：总投资率是指 1980—2011 年国内总投资率的算术平均值。

与其他国家相比，中国总投资率也具有鲜明的特点。第一，明显高于其他国家。31 年间，中国的总投资率平均达到 40.92%，是 19 个国家中最高的，约是 19 国平均水平的 1.8 倍。第二，波动性较大。中国总投资率标准差为 4.18，波动性排名第 5，同期大部分国家的总投资率的标准差维持在 1 至 3 之间。第三，中国的总投资率同样随着经济金融发展变化而变化。

3. 总储蓄—总投资转化率分析

由表 3.2 可以看出，有 5 个国家的储蓄—投资转化率估计结果与本书计量分析理论和假设不一致。其中，阿根廷、意大利、韩国、沙特阿拉伯等 4 个国家的储蓄—投资转化率估计结果不显著；南非的储蓄—投资转化率估计结果为负数，与式（2.27）的理论假设 $0 \leqslant \varphi \leqslant 1$ 不符。

剔除以上 5 个国家，其余 14 个国家的储蓄—投资转化率估计结果具有以下 4 个特点。第一，亚洲国家储蓄—投资转化率处于较高水平。印度、印度尼西亚及日本的储蓄—投资转化率分别为 0.98、0.91 及 0.91，位于前三位，高于 14 国平均水平（0.70）20 多个百分点。第二，发达国家储蓄—投资转化率处于中游水平。发达国家中，法国储蓄—投资转化率为 0.89，排名第 4，高于平均水平近 20 个百分点；英国储蓄—投资转化率为 0.74，略高于平均水平；美国储蓄—投资转化率与平均水平持平；澳大利亚储蓄—投资转化率为 0.65，略低于平均水平；德国和加拿大储蓄—投资转化率排在发达国家最后，低于平均水平 10 多个百分点。第三，新兴市场国家储蓄—投资转化率接近平均水平。巴西和墨西哥储蓄—投资转化率分别为 0.66 和 0.60，与澳大利亚、德国、加拿大的储蓄—投资转化率水平相当。第四，经济波动较大国家的储蓄—投资转化率较低。经历数次"经济繁荣—泡沫破裂"的土耳其的储蓄—投资转化率为 0.53，低于平均水平近 20 个百分点。俄罗斯储蓄—投资转化率更是不到平均水平的一半，仅为 0.31，排名垫底。

与其他国家相比，中国总储蓄—总投资转化率具有以下特点。第一，与世界主要经济体相比处于中等偏上水平。中国 1980—2011 年间总储蓄—总投资转化率达到 0.84，在 14 个世界主要经济体中排名第 5，高于美国 14 个百分点，是同为经济转型国家——俄罗斯的 2.7 倍。这说明符合中国国情的储蓄—投资转化机制逐步建立，并日臻完善。第二，与亚洲主要经济体相比是最低的。在亚洲国家中，中国储蓄—投资转化率不仅低于日本 7 个百分点，甚至分别低于同属于发展中国家的印度和印度尼西亚 14 个和 7 个百分点。

中国相对较高的储蓄率和投资率与相对较低的储蓄—投资转化率的鲜明对比说明，中国储蓄—投资转化过程还存在一些问题。中国经济要保持较高的增长速度，就必须保持较高的投资率，于是就必须保持较高的储蓄率，而较高的储蓄率会降低消费率，减少总需求，阻碍经济增长，使原先保持较高投资率的政策效果大打折扣。因此，在中国经济发展进入"新常态"背景下，亟须完善储蓄—投资转化机制，提高储蓄—投资转化率。

3.2 分部门储蓄—投资转化率实证分析

3.2.1 模型的建立

1. 基本形式

Feldstein 和 Horioka（1980）在对 21 个经济合作与发展组织国家总储蓄率与总投资率分析的基础上，进一步选取其中的 9 个国家进行分部门储蓄—投资转化率分析，具体模型如下：

$$\left(\frac{I}{Y}\right)_i = \alpha + \beta_H\left(\frac{SH}{Y}\right)_i + \beta_C\left(\frac{SC}{Y}\right)_i + \beta_G\left(\frac{SG}{Y}\right)_i \quad (3.40)$$

其中，SH 为居民储蓄，SC 为企业储蓄，SG 为政府储蓄，β_H 为居民部门储蓄—投资转化率，β_C 为企业部门储蓄—投资转化率，β_G 为政府部门储蓄—投资转化率。

本节对式（3.40）做进一步扩展，在式（3.5）的基础上，建立如下用于分部门储蓄—投资转化率分析的面板数据模型：

$$i_{jt} = \alpha + \alpha_j^* + \beta h_j sh_{jt} + \beta c_j sc_{jt} + \beta g_j sg_{jt} + u_{jt},$$

$$j = 1, 2, \cdots, N,\ t = 1, 2, \cdots, T \quad (3.41)$$

其中，i_{jt} 为第 j 个国家第 t 期的总投资率，α 为常数截距项，α_j^* 为第 j 个国家对常数截距项的偏离值，βh_j 为第 j 个国家居民部门储蓄—投资转化率，sh_{jt} 为第 j 个国家第 t 期居民储蓄率，βc 为企业部门储蓄—投资转化率，sc 为企业储蓄率，βg 为政府部门储蓄—投资转化率，sg 为政府储蓄率，u 为随机误差项。

2. 确定个体影响形式

使用 3.1 节方法对巴西、中国、日本、韩国、英国、美国 6 个国家不同时期总投资率与居民、企业、政府三部门储蓄率数据进行 Hausman 检验。

首先，建立如下随机影响模型：

$$i_{jt} = \alpha + \alpha_j^* + \beta h \cdot sh_{jt} + \beta c \cdot sc_{jt} + \beta g \cdot sg_{jt} + u_{jt}$$

$$j = 1, 2, \cdots, N,\ t = 1, 2, \cdots, T \quad (3.42)$$

对式（3.42）进行估计，结果为：

$$\hat{i}_{jt} = 7.06 + \hat{\alpha}_j^* + 0.85 sh_{jt} + 0.62 sc_{jt} + 0.81 sg_{jt} \quad (3.43)$$

$$t = (8.28) \quad (22.36) \quad (11.66) \quad (16.91)$$

$$R^2 = 0.86 \qquad D.W. = 0.84$$

由 Hausman 检验结果可以看出，由式（3.42）构造的面板数据模型的 Hausman 检验统计量 W 的值为 9.44，p 值为 0.02，因此在 5%的显著性水平下，拒绝原假设而接受备择假设，即应选择固定影响面板数据模型。

3. 确定模型类型

本节利用 6 个国家 1946—2011 年总投资率和居民、企业、政府三部门储蓄率数据建立面板数据模型，则 $N = 6$，$k = 3$，$T = 66$。使用 3.1 节方法计算得：$SSR_1 = 673.80$，$SSR_2 = 992.40$，$SSR_3 = 1068.35$。代入式（3.24）得：$F_2 = 10.89$。

代入式（3.26）得：$F_1 = 11.73$。

在 5%的显著性水平下，F_2 相应临界值 $F(20,372) = 0.54$，即 $F_2 > F(20,372)$，因此拒绝假设 H_2，继续检验假设 H_1。在 5%的显著性水平下，F_1 相应临界值 $F(15,372) = 0.48$，即 $F_1 > F(15,372)$，因此拒绝假设 H_1。由此可见，变系数面板数据模型更符合本节数据结构特点，对样本的拟合程度更高。

综合以上分析，固定影响变系数面板数据模型式（3.41）适用于分部门储蓄—投资转化率分析。

3.2.2 估计和检验

1. 平稳性检验

使用单位根检验方法对 6 个样本国家的总投资率序列和居民、企业、政府三部门储蓄率序列进行平稳性检验。结果表明，上述 4 个序列的水平值含有单位根，一阶差分值不含单位根。因此，上述 4 个序列均是一阶单整的，即 I（1）过程。

2. 协整检验

综合 Pedroni 检验、Kao 检验及 Johansen 检验结果可以看出，在本节建立的面板数据模型中，样本国家总投资率与居民、企业、政府储蓄率之间存在协整关系。

3. 估计结果

对式（3.41）进行估计，结果为：

$$\hat{i}_{jt} = 8.66 + \hat{\alpha}_j^* + \hat{\beta} h_j sh_{jt} + \hat{\beta} c_j sc_{jt} + \hat{\beta} g_j sg_{jt} \quad (3.44)$$

$$t = (4.78)$$

$$R^2 = 0.95 \quad D.W. = 1.18$$

4. 残差检验

对残差序列进行平稳性检验。从残差序列水平值单位根检验结果可以看出，残差序列既不含相同根，也不含不同根。因此，残差序列是平稳的。对残差序列进行相关性检验。式（3.44）估计结果的 D.W.统计量的值为 1.18，表明残差序列很可能存在强的正一阶序列相关（高铁梅，2009）[①]。由各截面残差序列相关图可以看出，除巴西、中国外，日本、韩国、英国、美国 4 个国家的截面

① 高铁梅. 计量经济分析方法与建模：EViews 应用及实例（第二版）[M]. 北京：清华大学出版社，2009.

残差序列是一阶序列相关的。因此，接下来需要对原静态模型进行调整，建立动态模型。

5. 序列相关的修正

使用一阶自回归 AR（1）模型将式（3.41）修正为：

$$i_{jt}=\alpha+\alpha_j^*+\beta h_j sh_{jt}+\beta c_j sc_{jt}+\beta g_j sg_{jt}+u_{jt}$$

$$j=1,2,\cdots,N\text{ ，}\quad t=1,2,\cdots,T \tag{3.45}$$

$$u_{jt}=\rho_j u_{jt-1}+\varepsilon_{jt}\text{ ，}\quad j=1,2,\cdots,N\text{ ，}\quad t=1,2,\cdots,T \tag{3.46}$$

其中，ε_{jt} 为均值为 0、方差为常数的白噪声。

6. 修正后的估计结果

对式（3.45）和式（3.46）进行估计，结果为：

$$\hat{i}_{jt}=-85.56+\hat{\alpha}_j^*+\hat{\beta}h_j sh_{jt}+\hat{\beta}c_j sc_{jt}+\hat{\beta}g_j sg_{jt}+\hat{u}_{jt} \tag{3.47}$$

$$t=(-34.33)$$

$$\hat{u}_{jt}=\hat{\rho}_j\hat{u}_{jt-1}+\varepsilon_{jt} \tag{3.48}$$

$$R^2=0.97\qquad D.W.=1.77$$

其中，$\hat{\alpha}_j^*$、$\hat{\beta}h_j$、$\hat{\beta}c_j$、$\hat{\beta}g_j$ 和 $\hat{\rho}_j$ 的估计结果见表 3.5。

表 3.5 修正后分部门储蓄—投资转化率估计结果

序号	国别	$\hat{\alpha}_j^*$	t 值	$\hat{\beta}h_j$	t 值	$\hat{\beta}c_j$	t 值	$\hat{\beta}g_j$	t 值	$\hat{\rho}_j$	t 值
1	巴西	99.71	1.82	0.12	0.09	1.12	2.50	0.95	2.70	0.99	5.80
2	中国	94.65	2.25	0.90	5.45	0.52	3.50	0.84	2.62	−0.64	−2.77
3	日本	84.88	−0.07	1.07	4.51	0.98	4.51	1.12	7.08	0.74	4.78
4	韩国	104.03	9.66	−0.05	−0.41	0.43	1.68	1.25	3.99	0.90	17.03
5	英国	101.46	1.54	0.03	0.04	0.30	0.71	0.62	1.47	0.75	1.77
6	美国	96.28	1.35	0.68	2.73	0.61	1.82	0.78	5.21	0.82	6.14
	平 均	96.84	2.76	0.46	2.07	0.66	2.45	0.93	3.85	0.59	5.46

7. 修正后估计的残差检验

对修正后估计的残差序列进行平稳性检验。从单位根检验结果可以看出，残差序列既不含相同根，也不含不同根。因此，修正后估计的残差序列是平稳的。

对修正后估计的残差序列进行相关性检验。由各截面残差序列相关图可以看出，修正后估计的残差序列不存在序列相关。因此，使用 AR（1）模型修正后的估计结果式（3.47）和式（3.48）是有效的。

3.2.3 结果分析

1. 分部门储蓄率分析

表 3.6 将巴西等 6 个国家不同时期的储蓄率按照每 10 年一个时间跨度进行了整理。可以看出，样本国家分部门储蓄率具有如下特点。第一，企业部门储蓄率高，政府部门储蓄率低。样本国家历年企业储蓄率基本都在 10%以上，分别高于居民储蓄率和政府储蓄率约 10 个和 15 个百分点。近十年来，巴西、日本、英国、美国的政府储蓄率持续为负，并且呈逐年下滑态势。第二，多数国家居民储蓄率维持在个位数水平。巴西、英国、美国观测期的居民储蓄率相对稳定，维持在 3%～8%之间。日本、韩国居民储蓄率自 2000 年以来由 10%～20%下降至 4%～8%。第三，亚洲国家与欧美国家的分部门储蓄率水平及其波动性不同。中国、日本、韩国的分部门储蓄率水平相对较高，但波动性大；英国、美国、巴西的分部门储蓄率水平相对较低，但波动性小。

表 3.6 样本国家分部门储蓄率

	总储蓄率	居民储蓄率	企业储蓄率	政府储蓄率
巴西				
2000—2009	16.43	5.15	14.03	-2.75
中国				
1992—1999	38.69	19.32	14.12	5.26
2000—2008	43.45	18.83	17.58	7.03
日本				
1955—1959	27.19	12.80	9.95	4.44
1960—1969	34.30	13.20	15.28	5.82
1970—1979	35.23	17.89	12.84	4.50
1980—1989	32.15	14.82	13.12	4.22
1990—1999	31.16	12.63	14.43	4.10

续表

	总储蓄率	居民储蓄率	企业储蓄率	政府储蓄率
2000—2010	25.40	6.36	20.82	-1.79
韩国				
1975—1979	26.58	12.26	9.52	4.79
1980—1989	31.54	13.03	12.55	5.96
1990—1999	36.20	16.10	11.88	8.22
2000—2010	31.52	5.76	15.89	9.87
英国				
1987—1989	17.37	3.02	12.70	1.65
1990—1999	16.01	5.83	11.33	-1.15
2000—2011	14.60	2.99	13.18	-1.56
美国				
1946—1949	18.77	5.67	8.73	4.37
1950—1959	20.84	6.74	9.59	4.50
1960—1969	21.08	6.99	10.18	3.91
1970—1979	19.55	8.25	10.20	1.10
1980—1989	17.99	7.88	10.97	-0.86
1990—1999	16.52	5.67	10.74	0.11
2000—2011	14.41	4.56	11.52	-1.67

与其他国家相比，中国分部门储蓄率还具有如下特点。其一，中国居民、企业、政府三部门储蓄率均处于较高水平。中国居民储蓄率是6个国家中最高的，企业储蓄率、政府储蓄率在大多数情况下高于其他国家水平，仅在个别时期略低于个别国家。其二，从部门间结构看，中国居民部门的储蓄率最高，企业部门略低，政府部门最低。其他5个国家同期数据均是企业储蓄率最高。

2. 分部门投资率分析

表3.7将巴西等6个国家不同时期的投资率按照每10年一个时间跨度进行了整理。可以看出，样本国家分部门投资率也具有一定规律性。首先，企业部

门投资率最高，6 个样本国家历年企业投资率均维持在 10%左右或者更高。其次，政府部门投资率最低，6 个样本国家历年政府投资率基本处于 2%～6%之间，特别是近年来，政府投资率大约维持在 3%左右。再次，多数国家居民投资率长期处于 3%～8%之间。巴西、英国、美国居民投资率一直稳定在 3%～4%左右，日本、韩国居民投资率近十年来经历了由 5%～10%的高位向 3%～5%的低位下滑的过程，只有中国居民投资率呈现稳步上升的趋势。最后，亚洲国家分部门投资率水平均高于欧美国家，但近年来差距逐步缩小。中国、日本、韩国的企业投资率高于巴西、英国、美国约 5 至 15 个百分点。近年来，日本、韩国的居民投资率和政府投资率已下降至与巴西、英国、美国相近的水平。

表 3.7　样本国家分部门投资率

	总投资率	居民投资率	企业投资率	政府投资率
巴西				
2000—2009	17.52	4.37	11.15	2.00
中国				
1992—1999	37.56	5.30	29.48	2.78
2000—2008	40.82	8.77	27.71	4.34
日本				
1955—1959	27.34	5.12	18.24	3.97
1960—1969	34.63	5.74	24.10	4.79
1970—1979	34.45	7.89	20.37	6.19
1980—1989	29.91	7.66	17.07	5.18
1990—1999	29.26	6.56	17.00	5.69
2000—2010	22.58	4.22	14.49	3.87
韩国				
1975—1979	30.96	5.77	21.16	4.03
1980—1989	31.48	6.54	20.61	4.33
1990—1999	35.22	7.96	22.13	5.13
2000—2010	29.50	5.12	19.01	5.38
英国				
1987—1989	20.75	5.12	13.67	1.95
1990—1999	17.29	3.80	11.62	1.87

续表

	总投资率	居民 投资率	企业 投资率	政府 投资率
2000—2011	16.69	4.98	9.91	1.80
美国				
1946—1949	17.43	4.90	10.11	2.42
1950—1959	21.20	5.27	10.53	5.40
1960—1969	20.67	4.21	11.28	5.18
1970—1979	20.39	4.38	12.40	3.61
1980—1989	20.52	4.10	12.79	3.63
1990—1999	18.70	4.10	11.33	3.27
2000—2011	18.47	4.51	10.70	3.26

与其他国家相比，中国分部门投资率还具有如下特点。其一，中国居民、企业、政府三部门投资率均处于较高水平。中国企业投资率是6个国家中最高的，居民投资率及政府投资率在大多数情况下高于其他国家水平，仅在个别时期略低于其他国家。其二，从资金流向看，中国明显是由居民部门流向企业部门，而巴西、日本、英国、美国则是由企业部门流向政府部门。中国居民储蓄率高于投资率10多个百分点，而企业投资率高于储蓄率10多个百分点，即平均每年有GDP的10%以上的资金由居民部门流向企业部门。与此不同，巴西、日本、英国、美国自21世纪以来，由于政府储蓄持续为负，资金流向呈现出由企业部门流入政府部门的现象。

另外，从历史数据看，中国1992年至2008年的情形与日本1960年至1989年和韩国1975年至1999年的情形相似。三国分部门储蓄率和投资率均维持在较高水平，三部门之间储蓄率和投资率的比例大致相同。在此期间，三国经济都经历了快速增长。

3. 分部门储蓄—投资转化率分析

由表3.5可以看出，英国居民、企业、政府三部门储蓄—投资转化率的估计结果均不显著，巴西、韩国居民部门储蓄—投资转化率的估计结果也不显著。剔除以上3个国家，重点研究中国、日本、美国3个样本国家的估计结果，可以发现如下特点。首先，企业部门的储蓄—投资转化率最低。其次，政府部门的储蓄—投资转化率最高。日本、美国政府部门的储蓄—投资转化率均高于居民部门和企业部门，中国政府部门的储蓄—投资转化率大大高于企业部门，仅略低于居民部门。再次，日本三部门储蓄—投资转化率水平最高，中国次之，美国最低。美国仅企业部门储蓄—投资转化率高于中国 9 个百分点。最后，发达国家三部门储蓄—投资转化率较接近。日本和美国三部门储蓄—投资转化率相差 5～10 个百分点，而中国三部门储蓄—投资转化率相差近 40 个百分点。

进一步分析，中国分部门储蓄—投资转化率存在以下问题。首先，中国企业部门储蓄—投资转化率低，仅为美国的 85%，日本的 53%。由于近年来中国企业部门储蓄率已达到 GDP 的 20%以上，企业部门投资率达到 GDP 的 30%左右，因此，企业部门较低的储蓄—投资转化率将影响中国经济的资本积累和资源配置。其次，中国政府部门储蓄—投资转化率相对较低，仅为日本的四分之三。最后，中国三部门间储蓄—投资转化率差距较大，表明中国三部门间储蓄—投资转化的不平衡。

3.3 分地区储蓄—投资转化率实证分析

3.3.1 模型的建立

1. 基本形式

本节使用面板数据模型对中国 31 个省（自治区、直辖市）1980—2012 年储蓄率和投资率数据进行分析。首先建立如下基本模型：

$$i_{jt} = \alpha + \alpha_j^* + \beta_j s_{jt} + u_{jt}$$

$$j = 1, 2, \cdots, N, \quad t = 1, 2, \cdots, T \qquad (3.49)$$

其中，i_{jt} 为第 j 个省第 t 期的投资率，α 为常数截距项，α_j^* 为第 j 个省对常数截距项的偏离值，β_j 为第 j 个省储蓄—投资转化率，s_{jt} 为第 j 个省第 t 期储蓄率，u_{jt} 为随机误差项。

2. 确定个体影响形式

建立如下随机影响模型：

$$i_{jt} = \alpha + \alpha_j^* + \beta \cdot s_{jt} + u_{jt}, \quad j = 1, 2, \cdots, N, \quad t = 1, 2, \cdots, T \qquad (3.50)$$

对式（3.50）进行估计，结果为：

$$\hat{i}_{jt} = 10.68 + \hat{\alpha}_j^* + 0.85 s_{jt} \quad (3.51)$$

$$t = (5.78) \qquad (27.96)$$

$$R^2 = 0.43 \qquad D.W. = 0.13$$

进行 Hausman 检验，统计量W的值为 34.68，p值为 0.00，因此在 5%的显著性水平下，拒绝原假设而接受备择假设，即应选择固定影响面板数据模型。

3. 确定模型类型

使用 3.1 节方法，将$N=31$，$k=1$，$T=33$代入计算得：$SSR_1 = 54091.80$，$SSR_2 = 69661.80$，$SSR_3 = 155774.10$，$F_2 = 30.11$，$F_1 = 9.22$。

在 5%的显著性水平下，F_2相应临界值$F(60,961)=0.71$，即$F_2 > F(60,961)$，因此拒绝假设H_2，继续检验假设H_1。在 5%的显著性水平下，F_1相应临界值$F(30,961)=0.61$，即$F_1 > F(30,961)$，因此拒绝假设H_1。由此可见，变系数面板数据模型更符合本节数据结构特点，式（3.49）适用于中国分省储蓄—投资转化率分析。

3.3.2 估计和检验

1. 平稳性检验

使用单位根检验方法对中国 31 个省投资率序列和储蓄率序列进行平稳性检验。可以看出，这两个序列的水平值含有单位根，一阶差分值不含单位根，都是 I（1）过程，因此接下来进行协整检验。

2. 协整检验

综合 Pedroni 检验、Kao 检验及 Johansen 检验结果可以看出，在本节建立的面板数据模型中，中国分省投资率与储蓄率之间存在协整关系。

3. 估计结果

对式（3.49）进行估计，结果为：

$$\hat{i}_{jt} = 7.76 + \hat{\alpha}_j^* + \hat{\beta}_j s_{jt} \quad (3.52)$$

$$t = (5.10)$$

$$R^2 = 0.70 \qquad D.W. = 0.43$$

4. 残差检验

对残差序列进行平稳性检验。从残差序列水平值单位根检验结果可以看出，残差序列既不含相同根，也不含不同根。因此，残差序列是平稳的。

对残差序列进行相关性检验。式（3.52）估计结果的 $D.W.$统计量的值为 0.43，表明残差序列很可能存在强的正一阶序列相关。由各截面残差序列相关图可以看出，除辽宁、安徽、福建、海南、四川 5 省外，其余 26 个省残差序列是一阶或多阶序列相关的。因此，接下来需要对原静态模型进行调整，建立动态模型。

5. 序列相关的修正

使用一阶自回归 AR（1）模型将式（3.49）修正为：

$$i_{jt}=\alpha+\alpha_j^*+\beta_j s_{jt}+u_{jt}\text{，}\quad j=1,2,\cdots,N\text{，}\quad t=1,2,\cdots,T \tag{3.53}$$

$$u_{jt}=\rho_j u_{jt-1}+\varepsilon_{jt}\text{，}\quad j=1,2,\cdots,N\text{，}\quad t=1,2,\cdots,T \tag{3.54}$$

其中，ε_{jt} 为均值为 0、方差为常数的白噪声。

6. 修正后的估计结果

对式（3.53）和式（3.54）进行估计，结果为：

$$\hat{i}_{jt}=20.55+\hat{\alpha}_j^*+\hat{\beta}_j s_{jt}+\hat{u}_{jt} \tag{3.55}$$

$$t=(5.76)$$

$$\hat{u}_{jt}=\hat{\rho}_j\hat{u}_{jt-1}+\varepsilon_{jt} \tag{3.56}$$

$$R^2=0.91\qquad D.W.=1.96$$

其中，$\hat{\alpha}_j^*$、$\hat{\beta}_j$ 和 $\hat{\rho}_j$ 的估计结果见表 3.8。

表 3.8　修正后中国分省储蓄—投资转化率估计结果

序号	地区	$\hat{\alpha}_j^*$	t 值	$\hat{\beta}_j$	t 值	$\hat{\rho}_j$	t 值
1	北京	0.52	1.42	0.71	2.51	0.83	15.17
2	天津	70.66	3.41	−0.41	−1.22	0.92	14.62
3	河北	−11.53	0.41	0.75	2.11	0.87	4.85
4	山西	8.95	1.73	0.55	1.84	0.87	8.58
5	内蒙古	33.29	0.74	0.56	2.79	0.96	10.75

续表

序号	地区	α_j^*	t 值	$\hat{\beta}_j$	t 值	$\hat{\rho}_j$	t 值
6	辽宁	−17.39	0.09	1.02	3.66	0.94	8.16
7	吉林	37.15	1.09	0.32	1.24	0.96	15.32
8	黑龙江	49.94	0.99	−0.09	−0.31	0.96	9.97
9	上海	26.77	2.19	0.00	0.00	0.83	12.01
10	江苏	−14.88	0.29	0.76	2.10	0.58	1.95
11	浙江	−22.54	−0.21	0.89	4.68	0.56	2.51
12	安徽	−18.98	0.50	0.96	11.82	−0.10	−0.25
13	福建	−13.28	2.02	0.84	10.24	0.24	0.64
14	江西	−11.70	1.33	0.83	5.00	0.56	1.42
15	山东	12.81	1.24	0.34	0.92	0.93	6.05
16	河南	−12.32	0.64	0.58	2.27	1.11	10.56
17	湖北	−22.39	−0.13	1.00	3.37	0.68	5.05
18	湖南	−20.99	−0.06	1.03	4.96	0.54	1.38
19	广东	4.56	2.22	0.29	1.14	0.58	2.62
20	广西	−9.23	0.53	0.16	0.61	1.07	19.94
21	海南	27.27	3.95	0.16	0.78	0.84	9.79
22	重庆	40.05	1.63	0.00	−0.01	0.85	6.42
23	四川	−141.78	−0.03	0.06	0.50	1.00	9.55
24	贵州	64.72	0.28	0.24	1.33	0.99	12.68
25	云南	−1.94	0.92	0.15	0.70	1.07	17.86
26	西藏	87.51	5.38	−0.13	−1.42	0.89	19.31
27	陕西	3.17	5.41	0.72	6.81	0.47	3.02
28	甘肃	34.49	1.61	0.07	0.26	0.95	8.68
29	青海	12.44	4.00	0.88	4.27	0.78	8.68
30	宁夏	52.16	3.70	0.17	0.77	0.92	15.22
31	新疆	18.97	6.87	0.46	3.20	0.53	3.83
	平　均	8.60	1.75	0.45	2.48	0.78	8.59

7. 修正后估计的残差检验

对修正后估计的残差序列进行平稳性检验。从单位根检验结果可以看出，残差序列既不含相同根，也不含不同根。因此，修正后估计的残差序列是平稳的。

对修正后估计的残差序列进行相关性检验。由各截面残差序列相关图可以看出，修正后估计的残差序列不存在序列相关。因此，使用 AR（1）模型修正后的估计结果式（3.55）和式（3.56）是有效的。

3.3.3 结果分析

1. 分省储蓄率分析

中国 31 个省（自治区、直辖市）1980—2012 年储蓄率的平均值、最大值、最小值、标准差见表 3.9。可以看出，中国分省储蓄率具有如下特点。第一，东部地区储蓄率水平最高，中部次之，西部最低。东部地区 11 个省平均储蓄率接近 50%，高于中部地区平均水平约 10 个百分点，高于西部地区平均水平约 15 个百分点。分省年度储蓄率的最大值为东部地区上海 1980 的 74%，最小值为西部地区内蒙古 1981 年的 1.8%。第二，各省 30 多年来储蓄率的波动幅度均较大。绝大多数省份 33 年间储蓄率的标准差都超过 5，特别是内蒙古自治区储蓄率从 1981 年全国最低的 1.8%，逐步上升至 2012 的 60.7%，增长近 33 倍。第三，直辖市的储蓄率水平明显高于省和自治区。上海、天津、北京年均储蓄率均超过 53%，分列全国前 3 名。重庆尽管设立直辖市时间不长、经济基础较薄弱、农业人口比重较大，但储蓄率仍高于全国平均水平，全国排名第 13 位。第四，环渤海经济圈、长三角经济圈储蓄率水平高于珠三角及泛珠三角经济圈。除北京、天津、上海外，辽宁、河北、山东、江苏、浙江的储蓄率均接近或超过 50%，高于广东及其周边省份约 10 个百分点。

表 3.9　中国分省储蓄率

	平均值	最大值	最小值	标准差
全国	**41.47**	**74.00**	**1.80**	**12.01**
东部	**49.76**	**74.00**	**14.00**	**9.22**
北京	53.35	64.10	40.40	7.14
天津	56.39	65.90	49.50	4.20

续表

	平均值	最大值	最小值	标准差
河北	50.60	60.70	38.10	7.29
辽宁	49.10	65.50	38.50	6.35
上海	57.68	74.00	42.90	8.05
江苏	53.01	59.80	40.50	5.80
浙江	49.07	58.10	35.20	7.58
福建	41.25	60.00	22.00	12.20
山东	50.17	60.90	35.00	6.82
广东	42.41	53.30	27.90	7.10
海南	44.31	58.90	14.00	10.06
中部	**40.53**	**61.10**	**15.50**	**8.92**
山西	44.80	57.10	37.70	6.44
吉林	38.89	61.10	22.00	11.45
黑龙江	42.23	52.20	34.60	4.38
安徽	36.83	51.00	15.50	9.10
江西	37.34	53.70	22.60	9.70
河南	46.09	58.00	30.50	6.53
湖北	43.48	55.90	33.30	6.24
湖南	34.56	54.10	24.10	8.80
西部	**33.91**	**62.40**	**1.80**	**11.14**
四川	37.68	50.40	13.60	7.66
重庆	43.26	53.60	37.30	5.69
贵州	24.38	42.30	12.40	7.31
云南	33.96	42.90	23.30	5.80
西藏	34.14	48.50	8.90	10.72
陕西	37.80	58.90	20.80	13.01
甘肃	33.47	42.50	19.30	7.01
青海	31.79	48.50	17.70	8.10
宁夏	29.63	51.80	8.10	12.20
新疆	36.59	51.40	14.20	11.49
广西	31.02	52.20	15.60	10.70
内蒙古	37.86	62.40	1.80	16.82

资料来源：作者根据历年《中国统计年鉴》相关数据计算得出。

将中国分省储蓄率与19个样本国家的平均水平进行比较，可以看出，中国各省储蓄率均高于全球主要经济体的平均水平，且具有较大的波动性。自1980年以来，中国各省储蓄率平均值均高于19个样本国家的平均值。其中，储蓄率最高的上海市比19个国家平均水平高出近1.5倍，储蓄率最低的贵州省也比19个国家平均水平高1个百分点。同时，中国各省储蓄率标准差为12.01，约是19个国家平均水平的3.5倍。标准差最小的天津市也比19个国家平均水平高20%。

2. 分省投资率分析

中国31个省（自治区、直辖市）1980—2012年投资率的平均值、最大值、最小值、标准差见表3.10。可以看出，中国分省投资率具有如下特点。首先，西部地区投资率水平最高，东部次之，中部最低。西部地区12个省平均投资率接近50%，高于东部地区平均水平约5个百分点，高于中部地区平均水平约10个百分点。特别是西藏、宁夏、青海、新疆四省年均投资率均超过55%，分列全国前4名。其次，各省30多年来投资率的波动幅度均较大。绝大多数省份33年间投资率的标准差都超过6，特别是西藏的投资率标准差达到24.23。再次，直辖市的投资率仍处于较高水平。北京、重庆、天津年均投资率处于52%至55%之间，仅次于西藏、宁夏、青海、新疆四省。上海年均投资率也超过44%，处于中游水平。最后，珠三角及泛珠三角经济圈投资率仍较低。广东年均投资率仅36.73%，全国排名倒数第二。福建、江西、广西、湖南等省的年均投资率在全国也处于下游水平，分别低于环渤海和长三角经济圈约14个和6个百分点。

表3.10 中国分省投资率

	平均值	最大值	最小值	标准差
全国	**45.45**	**111.40**	**14.00**	**13.55**
东部	**44.42**	**83.60**	**14.00**	**11.18**
北京	54.54	83.60	22.20	14.93
天津	52.14	76.40	23.20	12.36
河北	42.12	57.40	22.80	8.29
辽宁	39.90	65.00	18.60	13.01
上海	44.09	66.40	20.40	10.93
江苏	45.02	53.00	27.70	6.38

续表

	平均值	最大值	最小值	标准差
浙江	41.00	51.10	23.20	8.27
福建	42.15	57.40	27.00	10.18
山东	44.85	55.10	29.00	7.14
广东	36.73	45.20	24.50	4.33
海南	46.08	70.40	14.00	11.07
中部	**40.70**	**79.80**	**15.20**	**11.21**
山西	46.93	68.90	27.10	10.24
吉林	45.38	79.80	25.20	15.73
黑龙江	37.91	59.50	21.70	8.47
安徽	37.10	51.50	15.20	8.69
江西	39.91	54.40	28.00	7.86
河南	44.61	74.50	27.00	11.71
湖北	39.28	55.40	20.00	9.31
湖南	34.47	56.40	19.60	10.25
西部	**49.91**	**111.40**	**23.70**	**15.74**
四川	39.30	54.40	29.10	7.71
重庆	52.16	62.30	35.30	9.18
贵州	41.97	60.80	26.30	10.94
云南	44.78	83.20	28.80	14.56
西藏	65.86	111.40	35.90	24.23
陕西	50.04	68.60	29.20	11.19
甘肃	43.83	61.70	31.50	7.61
青海	58.89	90.80	40.90	13.53
宁夏	64.56	96.70	39.10	15.01
新疆	55.37	77.20	43.00	8.56
广西	40.54	85.20	23.70	17.13
内蒙古	49.96	84.60	24.10	17.19

资料来源：作者根据历年《中国统计年鉴》相关数据计算得出。

将中国分省投资率与19个样本国家的平均水平进行比较，可以看出，中国各省投资率均高于全球主要经济体的平均水平，且具有较大的波动性。自1980年以来，中国各省投资率平均值均高于19个样本国家的平均值。其中，北京、天津、山西、重庆、西藏、陕西、青海、宁夏、新疆、内蒙古10个省的投资率是19个国家平均水平的两倍多，投资率最低的广东省也比19个国家平均水平高出一半以上。同时，中国各省投资率标准差为13.55，约是19个国家平均水平的4.2倍，标准差最小的广东省也比19个国家平均水平高三分之一。

3. 分省储蓄—投资转化率分析

由表3.8可以看出，北京等16省市储蓄—投资转化率估计结果在10%水平下是显著的，天津等15省市储蓄—投资转化率估计结果在10%水平下是不显著的。表3.11重点对估计结果显著的16个省市储蓄—投资转化率进行研究。可以看出，中国分省储蓄—投资转化率具有如下特点。首先，东部地区和中部地区储蓄—投资转化率基本相当，均明显高于西部地区。东部6省与中部6省储蓄—投资转化率的平均值同为0.83，高于全国平均水平5个百分点，西部地区4省储蓄—投资转化率平均值为0.66，低于全国平均水平12个百分点，低于东部、中部地区平均水平17个百分点。东部地区最高的辽宁省和中部地区最高的湖南省的储蓄—投资转化率是西部地区最低的新疆维吾尔自治区的2.2倍。其次，直辖市的储蓄—投资转化率水平不高。储蓄率和投资率均排在全国前列的北京市的储蓄—投资转化率仅为0.71，低于全国平均水平7个百分点，在16省中仅排在第12位。最后，华中和华东地区的储蓄—投资转化率较高，华北和西北地区的储蓄—投资转化率较低。华中地区的湖南、湖北、江西3省和华东地区的安徽、浙江、福建3省的储蓄—投资转化率排在全国前列，分别高于全国平均水平5～25个百分点。华北地区的河北、北京、内蒙古、山西4省（市）和西北地区的陕西、新疆两省的储蓄—投资转化率全国排名均靠后，分别低于全国平均水平3～32个百分点。

表3.11　中国分省储蓄—投资转化率

	$\hat{\beta}_j$	排名
全国	**0.78**	
东部	**0.83**	
北京	0.71	12

续表

	$\hat{\beta}_j$	排名
河北	0.75	10
辽宁	1.02	2
江苏	0.76	9
浙江	0.89	5
福建	0.84	7
中部	**0.83**	
山西	0.55	15
安徽	0.96	4
江西	0.83	8
河南	0.58	13
湖北	1.00	3
湖南	1.03	1
西部	**0.66**	
陕西	0.72	11
青海	0.88	6
新疆	0.46	16
内蒙古	0.56	14

将表 3.11 与表 3.2 进行比较，可以发现中国分省储蓄—投资转化率与世界主要经济体相比具有如下特点。首先，中国分省储蓄—投资转化率总体上处于中等水平。中国 16 省储蓄—投资转化率的平均值为 0.78，高于 14 个国家储蓄—投资转化率的平均值 0.70，也高于英国、美国、德国、加拿大等发达国家水平。其次，与亚洲主要经济体相比，中国分省储蓄—投资转化率水平仍较低。中国 16 个省中，辽宁、湖北、湖南等 3 个省的储蓄—投资转化率高于印度、印度尼西亚及日本的水平，浙江、安徽、青海等 3 个省的储蓄—投资转化率与上述三国基本持平或略低，其余 10 个省的储蓄—投资转化率均低于上述亚洲三国的水平。最后，中国分省储蓄—投资转化率呈现出东部高、中部次之、西部低的特点。与 14 个国家储蓄—投资转化率平均值 0.70 相比，东部地区 6 个省的

储蓄—投资转化率全部高于 14 个国家的平均水平，中部地区 6 个省中有 4 个省的储蓄—投资转化率高于 14 个国家的平均水平，西部地区 4 个省中仅有两个省的储蓄—投资转化率高于 14 个国家的平均水平。另外，中部地区的山西、河南和西部地区的新疆、内蒙古等 4 个省的储蓄—投资转化率均低于 14 个国家的平均水平，而且差距较大。

3.4 小结

本章在 Feldstein 和 Horioka（1980）研究模型基础上做进一步扩展，建立固定影响变系数面板数据模型，首先，本章对 20 国集团中除欧盟以外的 19 个全球主要经济体 1980—2011 年储蓄—投资转化率进行总量分析。分析结果表明，19 个样本国家中有 14 个国家储蓄—投资转化率的估计结果在统计意义上是显著的，平均值为 0.70。其中，亚洲国家储蓄—投资转化率较高，印度、印度尼西亚、日本的储蓄—投资转化率均超过 90%，排在前 3 位；发达经济体普遍处于中游水平；俄罗斯储蓄—投资转化率最低，不足平均水平的一半。

其次，本章对巴西、中国、日本、韩国、英国、美国 6 个国家 1946—2011 年居民、企业、政府三部门储蓄—投资转化率进行了分部门分析。分析结果表明，中国、美国、日本 3 个国家政府部门的储蓄—投资转化率最高，居民部门次之，企业部门最低；发达国家三个部门之间储蓄—投资转化率较接近，而发展中国家部门之间储蓄—投资转化率差距较大。

最后，本章对中国 31 个省、自治区、直辖市 1980—2012 年储蓄—投资转化率进行了分地区分析。分析结果表明，中国分省储蓄—投资转化率总体上处于中等水平，高于世界主要国家的平均水平，但低于亚洲主要经济体，且呈现出东部高、中部次之、西部低的特点。

综上所述，我们可以得出如下结论：中国储蓄—投资转化率无论从总量看，还是从分部门、分地区看，均处于中等水平，虽然高于欧美发达国家，但低于亚洲主要国家，并且存在部门间、地区间发展不平衡等问题，与中国储蓄率和投资率明显高于其他国家形成鲜明对比。因此，我们有必要针对以上问题分析影响中国储蓄—投资转化率的主要因素，研究制定相应对策措施。

第4章　中国储蓄—投资转化率金融影响因素的实证分析

4.1　格兰杰因果检验方法概述

如第2章所述，诸多金融因素可能影响储蓄—投资转化率的发展变化。决策者和研究人员通常希望找到影响一国储蓄—投资转化率的主要金融因素，从而有针对性地研究制定金融制度和措施，以提高本国储蓄—投资转化率，实现经济长期增长。

在计量经济模型中广泛使用的回归分析工具通常无法识别变量间的因果关系及其方向。为此，诺贝尔经济学奖得主格兰杰（Granger，1969）提出了分析经济变量之间因果关系的检验方法——“格兰杰因果检验”（Granger Causality Tests）[①]。

本章使用格兰杰因果检验方法来判断第2章列出的金融发展、金融结构、金融效率、金融制度等4大类25项指标与储蓄—投资转化率之间是否存在因果关系；如果存在因果关系，那么其方向和程度如何。

4.1.1　格兰杰因果关系的定义

格兰杰提出，判断x是否引起y，先看当期y值在多大程度上可以由y的过去值来解释，然后看加入x的滞后值是否会提高解释程度。如果x有助于预测y，换言之，如果x滞后期的系数在统计上显著时，则可以说“y是由x格兰杰引起的”。计量分析中经常出现双向因果关系，即x格兰杰引起y，同时y格兰杰引起x。

① Granger, C. W. J. Investigating Causal Relations by Econometric Models and Cross-Spectral Methods [J]. Econometrica, 1969(37): 424–438.

格兰杰因果关系用数学语言描述为：在对 y_t 进行 s 期预测时，如果关于所有的 $s>0$，基于 $(y_t, y_{t-1}, \cdots)$ 预测得到的均方误差（MSE）大于基于 $(y_t, y_{t-1}, \cdots)$ 和 $(x_t, x_{t-1}, \cdots)$ 预测得到的均方误差，即：

$$MSE[\hat{E}(y_{t+s}|y_t, y_{t-1}, \cdots)] > MSE[\hat{E}(y_{t+s}|y_t, y_{t-1}, \cdots, x_t, x_{t-1}, \cdots)] \tag{4.1}$$

其中 $MSE = \frac{1}{s}\sum_{i=1}^{s}(\hat{y}_{t+i} - y_{t+i})^2$ （4.2）

则称 x 格兰杰引起 y。

4.1.2 格兰杰因果关系检验计算方法

格兰杰因果关系检验估计以下 2 个回归方程：

$$y_t = \sum_{i=1}^{q}\alpha_i x_{t-i} + \sum_{j=1}^{q}\beta_j y_{t-j} + u_{1t} \tag{4.3}$$

$$x_t = \sum_{i=1}^{s}\lambda_i x_{t-i} + \sum_{j=1}^{s}\delta_j y_{t-j} + u_{2t} \tag{4.4}$$

其中，u_{1t} 和 u_{2t} 为白噪声且相互独立。

式（4.3）的零假设为 $H_0: \alpha_1 = \alpha_2 = \cdots = \alpha_q = 0$，式（4.4）的零假设为 $H_0: \delta_1 = \delta_2 = \cdots = \delta_s = 0$。估计结果有如下 4 种情形：

① 若式（4.3）中变量 x 各滞后期系数的估计值在统计上显著不为 0，且式（4.4）中变量 y 各滞后期系数的估计值在统计上显著为 0，则称 x 格兰杰引起 y。

② 若式（4.3）中变量 x 各滞后期系数的估计值在统计上显著为 0，且式（4.4）中变量 y 各滞后期系数的估计值在统计上显著不为 0，则称 y 格兰杰引起 x。

③ 若式（4.3）中变量 x 各滞后期系数的估计值在统计上显著不为 0，且式（4.4）中变量 y 各滞后期系数的估计值在统计上显著不为 0，则称 x 与 y 互为格兰杰因果关系。

④ 若式（4.3）中变量 x 各滞后期系数的估计值在统计上显著为 0，且式（4.4）中变量 y 各滞后期系数的估计值在统计上显著为 0，则称 x 与 y 之间不存在格兰杰因果关系。

4.1.3 格兰杰因果关系检验的注意事项

需要指出，格兰杰因果关系只是统计意义上的因果关系，不一定是真正的因果关系。因此，格兰杰因果关系检验只能作为真正因果关系的支持依据，不能作为肯定或否定因果关系的最终依据。尽管如此，格兰杰因果关系仍是分析时间序列数据模型不可或缺的工具，对经济计量分析具有重要的参考价值。

格兰杰因果关系检验的前提条件是被检验的时间序列必须是平稳的，否则可能出现虚假回归或伪回归问题。因此，在进行格兰杰因果关系检验前应对各经济指标时间序列进行单位根检验。

格兰杰因果关系检验对变量滞后期长度的选择有时很敏感，选择不同的滞后期长度可能会得到完全不同的检验结果。因此，在进行格兰杰因果关系检验时，应按照检验模型中随机干扰项不存在序列相关的原则，确定滞后期长度。通常情况下，选择较长滞后期比选择较短滞后期的检验结果更准确。

4.2 格兰杰因果关系检验

本节使用格兰杰因果检验方法来判断第 2 章列出的金融发展、金融结构、金融效率、金融制度等 4 大类 25 项指标与储蓄—投资转化率之间是否存在因果关系；如果存在因果关系，其方向和程度如何。

4.2.1 平稳性检验

对中国 1993—2010 年储蓄—投资转化率及可能对其有影响的 25 项金融指标的时间序列数据进行单位根检验。结果表明，除私人部门债券指标的时间序列为多阶单整外，储蓄—投资转化率及其他 24 项金融指标的时间序列均为一阶单整，即 I（1）过程。因此，接下来对一阶单整的储蓄—投资转化率与 24 项金融指标进行格兰杰因果关系检验。

4.2.2 格兰杰因果关系检验结果

本节对中国 1993—2010 年储蓄—投资转化率与货币供应量等 24 项金融指标（不含私人部门债券指标）之间是否具有格兰杰因果关系进行检验，检验结果见表 4.1。可以看出，在 10%显著性水平下，有 7 个指标格兰杰引起储蓄—

投资转化率的变化，具体包括存款、涉农贷款占比、不良贷款率、金融业工资总额、存贷款利率差、存贷比、股价波动等。为确定以上 7 个因素对储蓄—投资转化率的影响方向和程度，接下来进行回归分析。

表 4.1　中国储蓄—投资转化率影响因素格兰杰因果关系检验结果

零假设	观测值	F 统计量	Prob.
M2 没有格兰杰引起 PHI	16	1.15492	0.3505
PHI 没有格兰杰引起 M2		1.6919	0.2287
PRIVATE_CREDIT 没有格兰杰引起 PHI	16	1.85771	0.2018
PHI 没有格兰杰引起 PRIVATE_CREDIT		2.74588	0.1078
DEPOSIT 没有格兰杰引起 PHI	16	2.84643	0.1009
PHI 没有格兰杰引起 DEPOSIT		4.89259	0.0302
STOCK_CAPITALIZATION 没有格兰杰引起 PHI	16	1.18729	0.3413
PHI 没有格兰杰引起 STOCK_CAPITALIZATION		5.18802	0.0259
STOCK_TRADED 没有格兰杰引起 PHI	16	1.7934	0.2118
PHI 没有格兰杰引起 STOCK_TRADED		4.46052	0.0381
DIRECT_FINANCING 没有格兰杰引起 PHI	7	0.41109	0.7087
PHI 没有格兰杰引起 DIRECT_FINANCING		0.01931	0.9811
BANK_CONCENTRATION 没有格兰杰引起 PHI	12	2.58586	0.1442
PHI 没有格兰杰引起 BANK_CONCENTRATION		3.28969	0.0983
HOUSEHOLD_DEPOSIT 没有格兰杰引起 PHI	16	0.78726	0.4791
PHI 没有格兰杰引起 HOUSEHOLD_DEPOSIT		2.09917	0.169
ENTERPRISE_DEPOSIT 没有格兰杰引起 PHI	16	0.03063	0.9699
PHI 没有格兰杰引起 ENTERPRISE_DEPOSIT		0.56887	0.582
PRIVATE_LOAN 没有格兰杰引起 PHI	14	1.86675	0.2098
PHI 没有格兰杰引起 PRIVATE_LOAN		1.03168	0.395
AGRICULTURE_LOAN 没有格兰杰引起 PHI	14	3.4255	0.0783
PHI 没有格兰杰引起 AGRICULTURE_LOAN		2.01249	0.1895
TOP_10_TRADED_COM 没有格兰杰引起 PHI	8	2.67922	0.215
PHI 没有格兰杰引起 TOP_10_TRADED_COM		1.78837	0.3081
COST_INCOME_RATIO 没有格兰杰引起 PHI	16	0.40172	0.6786

续表

零假设	观测值	F 统计量	Prob.
PHI 没有格兰杰引起 COST_INCOME_RATIO		1.76457	0.2164
RETURN_ON_ASSSETS 没有格兰杰引起 PHI	12	2.13728	0.1886
PHI 没有格兰杰引起 RETURN_ON_ASSSETS		1.58855	0.2699
RETURN_ON_EQUITY 没有格兰杰引起 PHI	12	0.05744	0.9446
PHI 没有格兰杰引起 RETURN_ON_EQUITY		1.22798	0.349
NONPERFORMING_LOAN 没有格兰杰引起 PHI	9	7.59544	0.0434
PHI 没有格兰杰引起 NONPERFORMING_LOAN		0.57553	0.603
STOCK_TURNOVER_RATI 没有格兰杰引起 PHI	16	1.87839	0.1987
PHI 没有格兰杰引起 STOCK_TURNOVER_RATI		1.23144	0.3292
TOTAL_WAGES 没有格兰杰引起 PHI	16	10.2524	0.0031
PHI 没有格兰杰引起 TOTAL_WAGES		0.45832	0.6439
M2_GROWTH 没有格兰杰引起 PHI	16	2.00191	0.1814
PHI 没有格兰杰引起 M2_GROWTH		0.86786	0.4467
CPI 没有格兰杰引起 PHI	16	1.09933	0.3671
PHI 没有格兰杰引起 CPI		0.02339	0.9769
LENDING_DEPOSIT_SPR 没有格兰杰引起 PHI	16	5.07439	0.0275
PHI 没有格兰杰引起 LENDING_DEPOSIT_SPR		1.78138	0.2137
REAL_EXCHANGE_RATE 没有格兰杰引起 PHI	16	0.62845	0.5515
PHI 没有格兰杰引起 REAL_EXCHANGE_RATE		0.78546	0.4799
CREDIT_DEPOSIT_RATIO 没有格兰杰引起 PHI	16	3.2753	0.0766
PHI 没有格兰杰引起 CREDIT_DEPOSIT_RATIO		0.36629	0.7014
VOLATILITY_OF_STOCK 没有格兰杰引起 PHI	15	3.42355	0.0737
PHI 没有格兰杰引起 VOLATILITY_OF_STOCK		0.87677	0.4458

4.2.3 回归分析结果

1. 估计结果

由于储蓄—投资转化率与其影响因素都是一阶单整的，因此建立如下对数形式回归分析模型：

$$\begin{aligned}\ln(phi_t) = & c_0 + c_1\ln(deposit_t) + c_2\ln(agriculture\_loan_t) \\ & +c_3\ln(nonperforming\_loan_t) + c_4\ln(total\_wages_t) \\ & +c_5\ln(lending\_deposit\_spread_t) + c_6\ln(credit\_deposit\_ratio_t) \\ & +c_7\ln(volatility\_of\_stock\_price_t) + u_t\text{，}\ t = 1,2,\cdots,T \qquad (4.5)\end{aligned}$$

对式（4.5）进行估计，结果为：

$$\begin{aligned}\ln(\hat{phi}_t) = & -2.23 + 0.47\ln(deposit_t) + 0.30\ln(agriculture\_loan_t) \\ t = & (-1.72) \quad (1.33) \qquad (1.11) \\ & -0.02\ln(nonperforming\_loan_t) + 0.09\ln(total\_wages_t) \\ & (-0.64) \qquad (0.52) \\ & +0.45\ln(lending\_deposit\_spread_t) + 0.75\ln(credit\_deposit\_ratio_t) \\ & (1.90) \qquad (2.16) \\ & +0.11\ln(volatility\_of\_stock\_price_t) \qquad (4.6) \\ & (2.37)\end{aligned}$$

$R^2 = 0.98 \quad D.W. = 2.92$

2. 残差检验

对残差进行平稳性检验。从单位根检验结果可以看出，估计残差不含单位根，是平稳的。

对残差进行相关性检验。由残差序列相关图可以看出，残差序列不存在序列相关。

高铁梅（2009）指出，对于一组非平稳时间序列的线性组合，如果其回归方程的残差是平稳的，则一方面说明回归方程的被解释变量与解释变量之间存在稳定的均衡关系（即协整关系），另一方面说明回归方程的设定是合理的①。因此，上述残差检验结果表明，式（4.6）较为准确地刻画了影响中国储蓄—投资转化率的主要因素及其影响方向和程度。

4.3 检验结果分析

如前所述，本书研究的储蓄—投资转化过程包括储蓄形成、储蓄者与投资

① 高铁梅. 计量经济分析方法与建模：EViews 应用及实例（第二版）[M]. 北京：清华大学出版社，2009.

者交易及投资3个环节。本节就从这3个环节入手，对可能影响储蓄—投资转化率的金融发展、金融结构、金融效率、金融制度4个方面共24项指标的格兰杰因果检验结果进行分析。

4.3.1 金融发展类指标检验结果分析

1. 存款

存款指标，定义为金融机构各项存款余额与GDP的比值，是金融发展5个二级指标中唯一一个格兰杰引起储蓄—投资转化率变化的指标。存款影响储蓄—投资转化率的途径主要有3个。

第一，存款具有增加储蓄供给的作用。储蓄是投资的源泉，没有储蓄就没有投资，储蓄—投资转化也无从谈起。在现代金融制度下，金融机构可以向资金盈余方提供存款这一最基础、最重要的金融产品。资金盈余方可选择放弃一部分当期消费或预期收益低于存款利息的实物投资，转而购买存款并在以后取得利息收入。从这个意义上说，存款具有动员储蓄的作用。

第二，存款实现了资金从盈余方向金融中介的转移，为资金向亏绌方转移奠定了基础。由于储蓄者与投资者面对面直接交易时间长、成本高、效率低、风险大，银行应运而生。银行一方面通过向储蓄者出售存款等金融产品吸收资金盈余方的资金，另一方面通过向投资者提供贷款等金融服务，将吸收来的资金转移给亏绌方用于投资，从而在储蓄者与投资者之间架起了桥梁。银行将储蓄者与投资者之间低效的直接交易转化为效率更高的储蓄者先与银行交易、银行再与投资者交易的两步间接交易。存款标志着第一步储蓄者与银行交易的顺利完成，同时也是进行第二步银行与投资者交易的基础。因此，存款是提升储蓄者与投资者交易效率的重要途径。

第三，存款有助于提高投资效率。一方面，如第一条所述，资金盈余方通过比较存款利率与预期投资收益率，做出是购买存款还是进行投资的决策，避免了低效率的投资。另一方面，银行在使用吸收来的存款进行放贷的过程中，会发挥自身具有的专业和信息优势，对投资项目进行分析和筛选，确保投资收益能够覆盖各项成本，银行能够收回全部本息。在这一过程中，全社会投资的效率得到提高。

目前，存款是中国金融资产最主要的形式之一。在中国，由于金融机构和资本市场起步较晚，发展不成熟，提供的金融产品和服务相对有限，居民、企业、政府储蓄的绝大部分是以银行存款的形式存在。如表 4.2 所示，从中国2004—2011 年资金流量表资金运用构成来看，存款占各类金融资产的比重最高，达到 30%左右；贷款次之，占 20%左右；证券类资产居第三位，占 10%左右；其他资产占比均较小。这也是部分文献使用城乡居民储蓄存款数据研究中国储蓄问题的重要原因。

表 4.2　中国金融资产构成统计表(%)

	2011	2010	2009	2008	2007	2006	2005	2004
通货	1.62	1.51	1.22	1.75	1.43	1.74	1.92	1.56
存款	30.54	30.36	39.91	33.91	23.64	29.11	32.36	29.18
贷款	25.44	22.59	32.42	23.00	17.80	19.17	18.09	22.88
证券	5.65	9.19	8.95	12.75	17.13	15.02	17.17	13.49
证券投资基金份额	0.60	−0.36	−0.36	1.42	2.36	0.68		
证券公司客户保证金	−1.71	−0.55	1.89	−2.27	3.90	1.96		
保险准备金	1.93	1.46	2.64	3.64	2.85	2.64	3.28	3.31
未贴现银行承兑汇票	5.39	10.85						
金融机构往来	2.22	0.77	0.54	−1.67	−0.95	−1.32	2.53	0.52
准备金	9.48	7.73	3.46	8.97	9.00	6.43	1.86	3.95
库存现金	0.28	0.17	0.13	0.02	0.17	0.06	0.28	0.07
中央银行贷款	−0.19	0.11	−0.48	−0.21	−3.79	−0.93	−1.18	−1.06
其他（净）	7.02	4.51	−0.19	0.65	2.28	2.31	1.76	2.66
直接投资	4.57	3.86	2.51	5.94	4.77	4.38	5.54	4.26
其他对外债权债务	1.18	1.34	0.10	0.49	4.51	7.09	4.93	1.87
国际储备资产	6.57	7.42	8.18	12.37	14.17	11.28	12.67	15.48
国际收支错误与遗漏	−0.59	−0.94	−0.89	−0.77	0.71	0.38	−1.20	1.84
合计	100	100	100	100	100	100	100	100

资料来源：作者根据《中国统计年鉴》资金流量表编制。

中国储蓄—投资转化率影响因素的双对数模型式（4.6）中，存款指标的系数为 0.47。这意味着，在其他条件不变的情形下，存款余额与 GDP 的比值每增长 1 个百分点，储蓄—投资转化率就会增长 0.47 个百分点；存款余额与 GDP

的比值每降低 1 个百分点，储蓄—投资转化率就会降低 0.47 个百分点。由此可见，存款与储蓄—投资转化率同方向变化，对储蓄—投资转化率具有较大影响。

2. 货币供应量

货币供应量指标，定义为 M2 与 GDP 的比值。格兰杰因果检验结果表明，在中国，货币供应量不是影响储蓄—投资转化率的格兰杰原因。分析其原因，主要有如下两方面。

一方面，从理论上讲，货币供应不会影响储蓄、投资及储蓄向投资的转化。古典经济学和新古典经济学都认为，货币是罩在实物经济上的一层面纱，对经济（或实际产出）不产生影响，货币供应变化除了对名义价格产生影响外，并不会引起诸如储蓄、投资、经济增长等实际经济部门的变动。尽管短期内，增加货币供给可能具有增加实际产出的作用；但从长期看，货币的增加在实际购买力不变的情况下，会引起货币贬值，当价格增长到一定水平时，名义购买力增加的部分会消失，人们因货币增加而增加的需求会消失，生产供给水平仍保持不变。

另一方面，从目前中国货币供应量水平看，货币供应量长期维持较高水平意味着其边际效应递减，甚至为零。如表 4.3 所示，中国货币供应量自 1993 年超过 GDP 总量以来，基本维持逐年攀升的趋势。2010 年至 2011 年，中国货币供应量达到 GDP 的 1.8 倍，约是同期美国（实施量化宽松政策后）的 2 倍，韩国的 4.5 倍，接近日本 20 世纪 80 年代末、90 年代初泡沫经济崩溃时的水平。与国际水平比较，中国货币供应量已处于超发状态，货币供应的边际效应很小，进一步上升有可能引发经济危机。

表 4.3　相关国家货币供应量与 GDP 之比统计表

年份	中国	美国	日本	韩国
1963		68.72	74.61	
1964		69.77	73.13	
1965		69.91	77.56	
1966		66.77	77.64	
1967		69.68	76.52	
1968		69.37	74.19	
1969		64.86	74.84	

续表

年份	中国	美国	日本	韩国
1970		68.50	103.19	
1971		71.86	116.47	
1972		74.17	127.13	
1973		73.11	124.21	
1974		72.66	118.73	
1975		73.28	125.69	
1976		72.47	129.27	
1977	26.81	72.94	131.93	
1978	24.41	71.81	137.07	
1979	32.68	70.55	140.57	
1980	36.76	71.76	142.18	
1981	40.43	71.71	147.82	
1982	42.56	75.87	153.89	
1983	45.50	75.61	160.52	
1984	49.92	76.50	162.91	
1985	54.07	77.21	164.95	
1986	61.79	79.87	172.08	
1987	65.99	78.27	181.06	
1988	63.83	77.59	183.72	
1989	67.05	76.04	189.31	
1990	78.65	73.85	187.36	
1991	85.39	72.69	186.54	
1992	90.36	68.74	188.12	
1993	100.98	65.78	195.25	
1994	97.35	62.17	201.45	
1995	99.92	63.31	207.16	
1996	106.91	64.66	210.75	
1997	116.33	65.56	218.19	

续表

年份	中国	美国	日本	韩国
1998	125.07	67.87	229.76	
1999	134.98	69.85	239.72	
2000	137.04	70.95	240.56	
2001	142.64	73.75	201.04	17.65
2002	147.06	74.40	205.45	15.33
2003	155.36	74.23	206.64	17.75
2004	151.63	73.76	205.93	24.58
2005	153.03	74.91	206.85	28.80
2006	159.77	77.07	204.25	29.27
2007	151.78	82.13	203.17	33.01
2008	151.31	87.24	209.51	36.03
2009	179.00	88.62	227.39	39.31
2010	180.78	83.69	226.64	41.42
2011	180.09	86.63	239.99	40.93

资料来源：作者根据 WDI 数据编制。

3. 私人部门信贷

私人部门信贷指标，定义为私人部门信贷余额与 GDP 的比值。理论上，私人部门信贷至少可以通过提高投资效率来影响储蓄—投资转化率，因为通常情况下私人部门投资决策比公共部门、国有企业更科学，从而具有更高的投资效率。

格兰杰因果检验结果表明，中国私人部门信贷不是影响储蓄—投资转化率的格兰杰原因。分析其原因，可能主要是数据统计方面的原因。中国国有企业比私有企业、民营经济规模大，在国民经济中的比重高，占有的信贷资源多。但是由于统计方面的原因，私人部门获得银行信贷的数据一直比较难以找到。通过将本书使用的世界银行 GFDD（全球金融发展数据库）私人部门信贷数据与《中国统计年鉴》公布的各项贷款数据进行比较（见表 4.4）可以发现，二者历年数据非常接近。因此可以断定，GFDD 关于中国私人部门信贷的数据是不准确的，由此造成该项指标的估计结果不显著。

表 4.4　私人部门信贷余额与 GDP 之比统计表

年度	GFDD	统计年鉴	差额
1993	80.35	93.27	−12.92
1994	79.57	82.94	−3.37
1995	77.08	83.14	−6.06
1996	81.92	85.92	−4.00
1997	90.05	94.86	−4.81
1998	99.31	102.51	−3.20
1999	105.94	104.52	1.42
2000	107.18	100.16	7.02
2001	107.87	102.43	5.44
2002	111.35	109.11	2.24
2003	116.82	117.06	−0.24
2004	115.98	110.94	5.04
2005	110.29	105.27	5.02
2006	104.54	104.15	0.39
2007	99.65	98.45	1.20
2008	100.57	96.61	3.96
2009	112.5	117.24	−4.74
2010	120.26	119.35	0.91

资料来源：作者根据世界银行 GFDD 数据和《中国统计年鉴》数据计算编制。

4. 股票市值

股票市值指标，定义为股票市值与 GDP 的比值，反映了一个国家或地区资本市场的发展规模。

理论上，资本市场的发展可以通过提高投资效率来影响储蓄—投资转化率。首先，资本市场中的股价波动和信息披露，使投资者可以更好地评估企业的经营状况和发展前景，从而完善投资决策，提高投资成功率。其次，资本市场具有分散投资者流动性风险，增强投资者对低流动性、高产出项目的投资意愿。

最后，资本市场资金分配方式使众多的投资项目公开竞争，投资者既可以选择单一项目，又可以选择合意的投资组合。由此，资本市场的发展会提高资源配置效率，从而提高储蓄—投资转化率。

格兰杰因果检验结果表明，中国股票市值不是影响储蓄—投资转化率的格兰杰原因。分析其原因，主要是中国股票市场发展历史较短，还很不成熟。首先，中国股票市场设立的初衷主要还是为国有企业融资服务，非国有企业融资比例仍偏低。其次，政府行政干预仍较多，"政策市"明显。最后，近年来股票市值变化与经济增长经常背离。由于股票市值增长率不能准确反映中国金融的发展程度和速度，导致该指标的估计结果不显著。

5. 股市交易量

股市交易量指标，定义为境内股票市场年成交量与 GDP 的比值，反映了一个国家或地区资本市场的活跃程度。

理论上，活跃的资本市场可以通过提高储蓄者与投资者的交易效率来影响储蓄—投资转化率。资本市场打破了银行对金融市场的垄断，向储蓄者提供不同风险和收益水平、不同流动性特征的证券产品，更好地满足储蓄者多样化投资需求，使储蓄者与投资者不必经过金融机构而直接在市场上顺利完成交易，减少了储蓄资源的漏损，提高了交易效率，进而提高了储蓄—投资转化率。

格兰杰因果检验结果表明，中国股市交易量不是影响储蓄—投资转化率的格兰杰原因。分析其原因，主要是中国股市法制环境尚不完善，抑制了投资者的参与意愿。由于市场透明度不高，发行制度、退市制度、信息披露、并购重组、中小投资者保护等方面的制度安排仍有不足之处，致使投资者信心下降，交易量萎缩，由此造成该指标的估计结果不显著。

4.3.2 金融结构类指标检验结果分析

1. 涉农贷款占比

涉农贷款占比指标，定义为涉农贷款余额与各项贷款余额的比值，是金融结构 7 个二级指标中唯一一个格兰杰引起储蓄—投资转化率变化的指标。

涉农贷款主要通过提高投资效率来影响储蓄—投资转化率。第一，涉农贷款解决了部分具有较高收益率的农业项目的信贷约束（credit constraint）问题，提高了资本的边际产出。中国长期存在的城乡二元经济结构使绝大部分储蓄资源被分配到城市国有企业和工业项目，许多收益率高的农业项目由于得不到贷款而被迫放弃。涉农贷款占比的增加，意味着更多的储蓄资源被配置到原来信贷供给严重不足的农村地区，资金使用的边际收益率会随之上升。

第二，银行对涉农贷款的管理有助于提高农业投资的成功率。银行在发放涉农贷款前，会发挥自身优势广泛收集相关信息，对贷款备选项目进行分析比选；在发放涉农贷款后，会对贷款项目进行贷后监管，及时监督和协助贷款人用好资金，尽快取得效益，按时归还贷款本息。

第三，涉农贷款有助于分散农业投资风险。农业是典型的风险产业，易受自然灾害、价格波动、技术更新、政策调整等因素影响。对单个投资者而言，农业投资风险较大，甚至有可能血本无归。与个人投资者不同，银行发放涉农贷款时，可凭借其大规模投资组合更好地分散区域性、季节性、散发性、个体性风险，从而增强投资者对高风险、高产出的农业项目的投资意愿。

目前，中国涉农贷款比例仍偏低，并且呈逐年下滑的趋势。如图 4.1 所示，自 1993 年以来，中国涉农贷款大约占全部贷款的 10%左右。其中，1997 年以前，涉农贷款占比维持在 8%左右；1997 年涉农贷款占比突破 10%，并于 1999 年达到峰值 11.69%；随后逐年下降，2005 年跌破 10%，并逐步下降至 8%左右。1997 年至 2004 年涉农贷款高位运行的原因，主要是 1997 年中央农村工作会议明确提出“提高信贷资金用于农业的比重”的工作要求，政府通过行政化手段和金融监管政策引导金融机构增加对农业、农村、农民的资源投入。

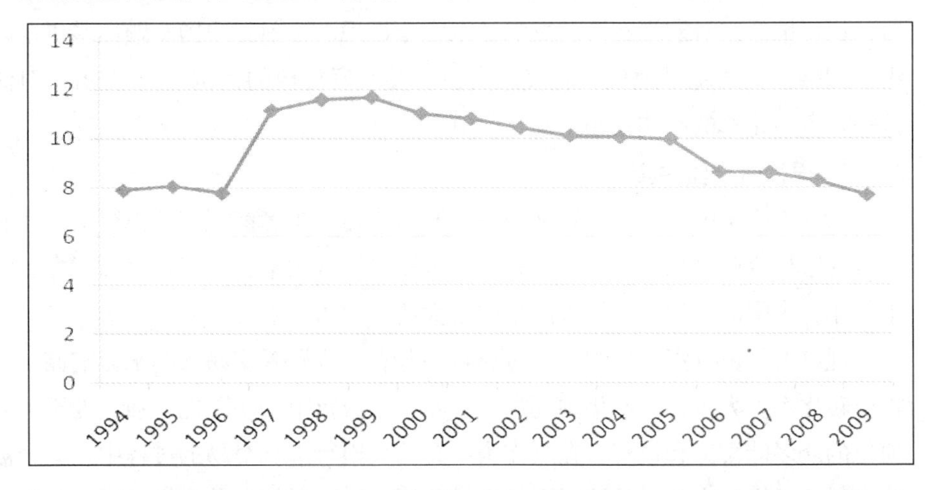

图 4.1　涉农贷款占比趋势图

格兰杰因果检验结果表明，涉农贷款占比与储蓄—投资转化率同方向变化，后者对前者的弹性为0.3。也就是说，在其他条件不变的情形下，涉农贷款占比每增长1个百分点，储蓄—投资转化率就会增长0.3个百分点；涉农贷款占比每下降1个百分点，储蓄—投资转化率就会下降0.3个百分点。由此可见，涉农贷款占比对储蓄—投资转化率的影响还是比较大的。

2. 直接融资比例

直接融资比例指标，定义为直接融资额与社会融资规模的比值，反映一个国家或地区的融资结构。

理论上，直接融资可以通过提高储蓄者与投资者的交易效率来影响储蓄—投资转化率。首先，直接融资使资金供求双方直接联系，双方可以根据各自情况灵活安排融资条件。其次，直接融资通过发行股票、债券等方式便于筹集长期稳定的投资资金，避免储蓄者与投资者之间频繁交易。最后，直接融资为储蓄者与投资者提供了不同于银行间接融资的另一条交易渠道，与间接融资之间既存在替代关系，又存在互补关系，从而通过金融市场与金融机构的竞争与合作，降低代理成本，提高资源配置效率。

格兰杰因果检验结果表明，中国直接融资比例不是影响储蓄—投资转化率的格兰杰原因。分析其原因，一方面，相关统计数据时间跨度较短，计量分析效果受到影响。中国人民银行2011年才正式统计和公布社会融资规模数据，相关直接融资数据最早只能追溯到2002年。另一方面，中国直接融资发展历史较短，比例偏低，对宏观经济的影响尚未完全显现。目前，中国金融体系仍是以银行间接融资居主导地位，直接融资占社会融资规模的比例不到15%，对储蓄—投资转化率的影响较小。

3. 银行资产集中度

银行资产集中度指标，定义为一个国家或地区排名前五位的银行资产之和与全部银行资产之和的比值，反映这个国家或地区大银行的市场垄断能力。近十几年，中国前五位大银行资产集中度大约在70%左右。

理论上，银行资产集中度通过影响储蓄者与投资者交易效率来影响储蓄—投资转化率。大银行资产集中度高，意味着大银行市场垄断能力强。处于劣势地位的众多储蓄者和投资者在与作为中介的大银行进行交易的过程中，就会被迫支付高于银行充分竞争情形下的交易费用，从而增加储蓄—投资转化过程中的漏损，降低储蓄者与投资者的交易效率，也就降低了储蓄—投资转化率。反之，则有利于形成银行竞争，减少储蓄—投资转化过程中的漏损，提高储蓄者与投资者交易效率，从而提高储蓄—投资转化率。

格兰杰因果检验结果表明，中国银行资产集中度不是影响储蓄—投资转化率的格兰杰原因。分析其原因，主要是中国银行业服务同质化，致使收费项目和标准基本一致。目前，中国各类银行提供的服务与产品基本相同，仍以利差收入作为主要收入来源，中间业务收入比重较低，创新意识和创新能力不足。同时，银行收费项目大多是基于贷款、汇款、账户管理等传统业务，收费标准也是沿用多年。因此，中国银行资产集中度对整个银行业服务水平和服务效率的影响有限，进而对储蓄—投资转化率没有显著影响。

4. 居民储蓄存款占比

居民储蓄存款占比指标，定义为城乡居民人民币存款余额与各项存款余额的比值，反映一个国家或地区居民存款在总存款中的比重。

理论上，居民储蓄存款占比对储蓄—投资转化率的影响是正反两方面的。一方面，居民储蓄存款占比的提高，反映了金融机构动员居民储蓄的能力的提高，有利于增加储蓄供给，提高储蓄—投资转化率；另一方面，储蓄供给的增加意味着储蓄—投资转化率的分母增加，如果储蓄者与投资者交易、投资两个环节的效率没有相应提高，则储蓄—投资转化率就会下降。

格兰杰因果检验结果表明，中国居民储蓄存款占比不是影响储蓄—投资转化率的格兰杰原因。分析其原因，一方面，中国居民储蓄存款占比长期维持在40%～55%的较高水平，对储蓄—投资转化率的边际影响有限。另一方面，中国居民储蓄存款占比对储蓄—投资转化率的影响有可能因正、负两方面效应大体相同而抵消。

5. 企业存款占比

企业存款占比指标，定义为企业存款余额与各项存款余额的比值，反映一个国家或地区企业储蓄在总储蓄中的比重。

理论上，企业存款占比对储蓄—投资转化率的影响也是正反两方面的。从正向影响分析，第一，企业存款占比高，反映了企业储蓄水平高，有利于增加储蓄供给；第二，企业存款占比高，相应减少了企业与居民储蓄者进行交易的环节，减少了储蓄者与投资者交易环节的漏损；第三，企业存款占比高，意味着企业进行投资时会更谨慎，以防止自身利益受到损失，从而提高了投资效率。从反向影响分析，企业存款占比高，在增加储蓄供给的同时也扩大了储蓄—投资转化率的分母，如果储蓄者与投资者交易、投资两个环节的效率没有相应提高，则储蓄—投资转化率就会下降。

格兰杰因果检验结果表明，中国企业存款占比不是影响储蓄—投资转化率的格兰杰原因。分析其原因，一方面，中国企业存款占比一直维持在35%左右小幅波动，因此对储蓄—投资转化率的边际影响有限。另一方面，中国企业存款占比对储蓄—投资转化率的正反两方面影响有可能相互抵消。

6. 私营企业及个人贷款占比

私营企业及个人贷款占比指标，定义为私营企业及个人贷款余额与各项贷款余额的比值，反映一个国家或地区私人部门获得贷款的难易程度。

理论上，私营企业及个人贷款占比通过影响投资效率来影响储蓄—投资转化率。通常情况下，私营企业及个人比国有企业及政府具有更高的投资效率。因此，私营企业及个人贷款占比高，则会提高投资效率，进而提高储蓄—投资转化率；反之，如果私营企业及个人贷款占比低，则大部分信贷资源被投资效率较低的国有企业及政府占用，会降低整个社会的投资效率，进而降低储蓄—投资转化率。

格兰杰因果检验结果表明，中国私营企业及个人贷款占比不是影响储蓄—投资转化率的格兰杰原因。分析其原因，主要是目前中国私营企业及个人贷款占比极低，很难对提升投资效率发挥较大作用，也很难对储蓄—投资转化率产生影响。

7. 十大上市公司市值占比

十大上市公司市值占比指标，定义为一个国家或地区排名前十位上市公司市值之和与全部上市公司市值之和的比值，反映这个国家或地区股票市场的融资结构。

理论上，十大上市公司市值占比可以通过影响投资效率来影响储蓄—投资转化率。十大上市公司市值占比高，意味着股市中大型企业特别是大型国有企业相对集中，吸收了大量资金，中小企业特别是私营企业融资难度加大。由于通常情况下，大型国有企业投资效率低于中小企业和私营企业，因此十大上市公司市值占比高会降低投资效率，进而降低储蓄—投资转化率。反之，如果十大上市公司市值占比低，则中小企业和私营企业会获得更多融资，投资效率会提高，储蓄—投资转化率也会提高。

格兰杰因果检验结果表明，中国十大上市公司市值占比不是影响储蓄—投资转化率的格兰杰原因。分析其原因，其一是相关统计数据时间跨度较短。在世界银行全球金融发展数据库中，中国十大上市公司市值占比数据最早只能追溯到 2001 年，导致计量分析效果受到影响。其二是中国特有的非流通国有股问题。在中国特定的经济转型期，资本市场上市公司内部普遍形成了不可以上市流通的国有股和可以上市流通的社会普通股两种不同性质的股票，二者不同价、不同权、不同利，且可流通股票仅占全部股票市值的三分之一，严重影响股市的健康发展。2004 年启动的股权分置改革才使这一问题得到逐步解决。因此，中国十大上市公司市值占比并不能准确反映中国股市融资结构，也就不能对储蓄—投资转化率产生显著影响。

4.3.3 金融效率类指标检验结果分析

1. 不良贷款率

不良贷款率指标，定义为银行不良贷款余额与全部贷款余额的比值，反映银行资产质量和风险管理水平。

理论上，不良贷款率可以通过影响投资效率来影响储蓄—投资转化率。如果不良贷款率高企，则意味着获得银行贷款的投资者进行投资的失败率高，也就是投资效率低，进而导致储蓄—投资转化率低。反之，如果不良贷款率低，则意味着获得银行贷款的投资者进行投资的失败率低，也就是投资效率高，进而导致储蓄—投资转化率高。在银行对不良贷款率进行管控的过程中，银行利用自身在收集信息和分散风险等方面的优势，选择最佳投资组合，防范和化解投资失败风险，从而有效提高了全社会的投资效率，进而提高了储蓄—投资转化率。

近十几年来，中国不良贷款率直线下降，由 2001 年 29.8%的峰值，逐年下降至 2010 年的 1.1%。中国不良贷款率大幅下降的原因，其一是中国人民银行《贷款风险分类指导原则》（银发〔2001〕416 号）、中国银行业监督管理委员会《关于推进和完善贷款风险分类工作的通知》（银监发〔2003〕22 号）等一系列加强不良贷款监管的政策规定的制定实施；其二是银行贷款规模快速增长，稀释了原有的不良贷款；其三是随着商业银行各项改革的深入，现代银行治理结构和体制机制逐步建立完善，银行对不良贷款管理的制度流程更加规范、有效，原有的不良贷款逐年消化，新增不良贷款保持在合理、可控的范围内。

格兰杰因果检验结果表明，储蓄—投资转化率对不良贷款率的弹性为 -0.02，说明中国不良贷款率对储蓄—投资转化率具有负向影响，这与上述理论分析的结果是一致的。在其他条件不变的情况下，不良贷款率每上升 1 个百分点，储蓄—投资转化率就会下降 0.02 个百分点；不良贷款率每下降 1 个百分点，储蓄—投资转化率就会上升 0.02 个百分点。由此可见，中国不良贷款率对储蓄—投资转化率的影响相对较小。

2. 金融业工资总额

金融业工资总额指标，定义为各类金融机构工资总额之和与金融业增加值的比值，反映金融业从业人员的工资水平。

理论上，金融业工资总额对储蓄—投资转化率的影响是双向的，最终影响方向是不确定的。如果金融业工资总额高，则金融业可吸引更多的优秀人才，提高人力资本和服务水平，使储蓄形成、储蓄者与投资者交易及投资等三个环节的效率都得到提高，从而提高储蓄—投资转化率。但同时，高水平的工资总额会增加金融业对储蓄资源的消耗，增加储蓄—投资转化过程中的漏损，从而降低储蓄—投资转化率。反之，如果金融业工资总额低，则金融业会流失很多优秀人才，服务水平会降低，储蓄—投资转化三个环节的效率会下降，从而降低储蓄—投资转化率。但同时，低水平的工资总额会减少金融业对储蓄资源的消耗，减少储蓄—投资转化过程中的漏损，从而提高储蓄—投资转化率。金融业工资总额对储蓄—投资转化率的上述正反两方面影响的最终结果是不确定的，可能是正向的，也可能是负向的。

近十几年来，中国金融业工资总额稳步增长。金融业工资总额占金融业增加值的比重由 1993 年仅为 5.1%，逐年上升至 2005 年的峰值 17.21%，之后在 15%左右上下波动。金融业工资总额占比的提高，意味着金融业吸引了越来越多的高端人才，从而为提高金融业服务水平和效率奠定了坚实基础。

格兰杰因果检验结果表明，中国金融业工资总额对储蓄—投资转化率具有正向影响，后者对前者的弹性为 0.09。在其他条件不变的情况下，金融业工资总额每上升 1 个百分点，储蓄—投资转化率就上升 0.09 个百分点；金融业工资总额每下降 1 个百分点，储蓄—投资转化率就下降 0.09 个百分点。由此可见，金融业工资总额对储蓄—投资转化率的影响相对较小。

3. 银行成本收入比

银行成本收入比指标，定义为银行营运成本与各项收入（包括净利息收入及其他收入）的比值，反映银行经营成本控制水平。

理论上，银行成本收入比反映了银行的效率，对储蓄—投资转化率的影响机制、方向、程度目前在文献中还鲜有论述。一般情况下，银行成本收入比高，有可能是银行本身效率低造成的，这样不利于储蓄形成，并会增加储蓄者与投资者交易过程中储蓄资源的漏损，从而降低储蓄—投资转化率；但也有可能是由于政府对银行收费进行管制（如存款和贷款利率管制）造成的，此时银行收入水平低于市场化条件下的收入水平，这样会减少储蓄者与投资者交易过程中储蓄资源的漏损，从而提高储蓄—投资转化率。反之，银行成本收入比低，有可能是银行本身效率高，这样有利于储蓄形成，并会减少储蓄者与投资者交易过程中储蓄资源的漏损，从而提高储蓄—投资转化率；但也有可能是银行凭借其垄断地位提高收费水平造成的，这样会增加储蓄者与投资者交易过程中储蓄资源的漏损，从而降低储蓄—投资转化率。

格兰杰因果检验结果表明，中国银行成本收入比不是影响储蓄—投资转化率的格兰杰原因。分析其原因，主要是样本区间内（1993—2010 年）中国银行业市场化程度仍然不高，同质化竞争严重，银行收入受中央银行制定的基准利率影响较大，支出又具有较强的黏性，致使银行成本收入比不能准确反映银行效率的变化，从而对储蓄—投资转化率没有显著影响。

4. 银行资产收益率

银行资产收益率指标，定义为银行净收入与平均年化资产总额的比值，反映银行每单位资产创造利润的能力和水平。

理论上，银行资产收益率可以通过影响储蓄资源的漏损来影响储蓄—投资转化率。银行资产收益率高，说明银行盈利能力强，即在储蓄者与投资者交易环节银行吸收了较多的储蓄资源，也就是增加了储蓄资源的漏损，进而降低了储蓄—投资转化率。反之，银行资产收益率低，说明银行盈利能力弱，即在储蓄者与投资者交易环节银行消耗的储蓄资源较少，也就是减少了储蓄资源的漏损，进而提高了储蓄—投资转化率。

格兰杰因果检验结果表明，中国银行资产收益率不是影响储蓄—投资转化率的格兰杰原因。分析其原因，主要是中国银行业改革仍处于初期，银行仍以息差收入为主要收入来源，受政府利率管制影响较大，致使银行资产收益率未能准确反映银行盈利能力，因此对储蓄—投资转化率没有显著影响。

5. 银行净资产收益率

银行净资产收益率指标，定义为银行净收入与平均年化股东收益的比值，反映银行运用自有资本的效率。

理论上，银行净资产收益率与资产收益率相似，可以通过影响储蓄资源的漏损来影响储蓄—投资转化率。银行净资产收益率高，则银行在储蓄—投资转化过程中消耗的储蓄资源就多，就会降低储蓄—投资转化率。反之，银行净资产收益率低，则银行消耗的储蓄资源就少，就会提高储蓄—投资转化率。

格兰杰因果检验结果表明，中国银行净资产收益率不是影响储蓄—投资转化率的格兰杰原因。分析其原因，也与资产收益率相似，主要是市场化改革不到位，致使净资产收益率受政府利率管制影响较大，未能准确反映银行盈利能力，因此对储蓄—投资转化率没有显著影响。

6. 股票市场周转率

股票市场周转率指标，定义为股票交易量与股票市值的比值，反映一个国家或地区股票市场流动性的强弱。

理论上，股票市场周转率可以通过提高储蓄者与投资者交易效率和投资效率来影响储蓄—投资转化率。股票市场周转率高，则股市交易活跃，储蓄者与投资者参与意愿强，容易达成交易，从而提高储蓄者与投资者交易的效率。同时，股票市场周转率高，说明股市流动性强，投资者就会愿意增加对低流动性但高产出项目的投资，从而提高投资效率。二者相加，股票市场周转率高对储蓄—投资转化率具有正向影响。反之，股票市场周转率低，则意味着股市交易活跃度低、流动性差，储蓄者与投资者参与交易的意愿不强，致使储蓄者与投资者交易的效率降低；同时，投资者由于担心自身受到流动性制约，不愿意增加对低流动性项目的投资，即使该项目具有较高的产出，从而使投资效率降低。二者相加，股票市场周转率低对储蓄—投资转化率具有负向影响。

格兰杰因果检验结果表明，中国股票市场周转率不是影响储蓄—投资转化率的格兰杰原因。分析其原因，主要是中国股票市场投机气氛浓厚，操纵股价、恶意炒作事件时有发生，股市参与者大多通过频繁买卖获取短期收益，对长期投资和上市公司发展前景并不关心，造成股市与实体经济相脱离，进而导致股票市场周转率对储蓄—投资转化率没有显著影响。

4.3.4 金融制度类指标检验结果分析

1. 存贷款基准利率

存贷款基准利率指标，定义为一年期存款与贷款基准利率的差额，反映中央银行对利率的干预程度。

理论上，存贷款基准利率差对储蓄—投资转化率的影响是双向的，最终影响方向是不确定的。其一，存贷款基准利率差直接影响储蓄者与投资者交易环节银行吸收的储蓄资源，即储蓄资源的漏损。如果存贷款基准利率差大，则作为储蓄者与投资者交易中介的银行吸收的储蓄资源就多，储蓄资源的漏损就多，就会降低储蓄—投资转化率。反之，如果存贷款基准利率差小，则银行吸收的储蓄资源就少，储蓄资源的漏损就少，就会提高储蓄—投资转化率。其二，存贷款基准利率差还可以通过影响投资效率来影响储蓄—投资转化率。如果存贷款基准利率差大，则贷款利率水平相对较高，就要求银行在筛选贷款项目时提高对项目产出和收益率的审核标准，以使项目收益能够覆盖贷款利息，这样有利于提高投资效率，进而提高储蓄—投资转化率。反之，如果存贷款基准利率差小，则贷款利率水平相对较低，银行更愿意选择相对低产出、低收益的国有企业或政府的投资项目，这样就会降低投资效率，进而降低储蓄—投资转化率。

因此，存贷款基准利率差既可以通过影响储蓄—投资转化过程中储蓄资源的漏损对储蓄—投资转化率产生负向影响，又可以通过影响投资效率对储蓄—投资转化率产生正向影响，最终影响方向由二者共同确定。

自 1993 年以来，中国存贷款基准利率差由零转正，尔后大致维持在 3 个百分点左右。1993 年至 1994 年，中国存贷款基准利率差为零，表明存在比较严重的金融压抑，政府通过压低贷款利率，使国有企业能够获得低成本资金，银行并不是真正意义上的经营主体，在储蓄—投资转化过程中的作用没有充分发挥。1995 年至 2000 年，中国存贷款基准利率差逐年攀升至峰值 3.6 个百分点，表明随着中国金融改革的深化，政府逐步放松利率管制，利率作为资金价格信号的作用逐步增强，银行开始成为市场经营主体，在储蓄—投资转化过程中发挥越来越重要的作用。2001 年至 2010 年，中国存贷款基准利率差由 3.6 个百分点回落至 3.33 个百分点，再进一步回落至 3.06 个百分点，表明存贷款基准利率差由单边上升转为双向变化，金融与实体经济相互作用、相互影响、共同发展。

格兰杰因果检验结果表明，中国存贷款基准利率差对储蓄—投资转化率具有正向影响，后者对前者的弹性为 0.45。在其他条件不变的情况下，存贷款基准利率差每上升 1 个百分点，储蓄—投资转化率就上升 0.45 个百分点；存贷款基准利率差每下降 1 个百分点，储蓄—投资转化率就下降 0.45 个百分点。由此可见，中国存贷款基准利率差对储蓄—投资转化率的正向影响大于负向影响；在一定区间内，存贷款基准利率差的扩大，有利于投资效率的提高，从而有利于储蓄—投资转化率的提高。

2. 存贷比

存贷比指标，定义为各项贷款余额与各项存款余额的比值，反映监管部门对银行贷款规模的限制。

理论上，存贷比可以通过影响储蓄者与投资者交易环节来影响储蓄—投资转化率。如果存贷比高，则意味着银行将从储蓄者手中吸收来的存款的大部分转化为投资者手中的贷款，从而提高了储蓄者与投资者交易环节的效率，进而提高了储蓄—投资转化率。反之，如果存贷比低，则意味着由于政府管制，银行从储蓄者手中吸收来的存款的一部分没有转化为投资者手中的贷款，从而降低了储蓄者与投资者交易环节的效率，进而降低了储蓄—投资转化率。因此，存贷比对储蓄—投资转化率具有正向影响。

自 1993 年以来，中国银行业存贷比逐年下滑至 66%左右。1993 年，中国银行业存贷比高达 113.91%，之后逐年回落。1995 年 7 月 1 日施行的《商业银行法》规定，商业银行贷款余额与存款余额的比例不得超过 75%；在此之前设立的商业银行存贷比不符合规定的，应当在一定期限内符合规定。2004 年 2 月 1 日施行的修订后的《商业银行法》仍规定商业银行存贷比不得超过 75%，当年银行业存贷比首次下降至 75%以下。之后，存贷比又逐年回落直至 66%左右，并维持稳定。

格兰杰因果检验结果表明，中国存贷比对储蓄—投资转化率具有正向影响，后者对前者的弹性为 0.75。在其他条件不变的情况下，存贷比每上升 1 个百分点，储蓄—投资转化率就上升 0.75 个百分点；存贷比每下降 1 个百分点，储蓄—投资转化率就下降 0.75 个百分点。由此可见，中国银行业存贷比对储蓄—投资转化率的影响是较大的。

3. 股市波动

股市波动指标，定义为境内股票市场指数收益率的 360 日标准差，反映一个国家或地区股票市场的波动性。

在现有文献中，直接论述股市波动对储蓄—投资转化率影响的还很少。从理论角度分析，股市波动可以通过影响储蓄形成和储蓄者与投资者交易来影响储蓄—投资转化率，但其影响方向是不确定的。

第一，股市波动对储蓄形成有影响。如果股市参与者（包括潜在参与者）是风险喜好型的，则股市相对较大幅度的波动产生的赚钱效应会提高参与者意愿，从而会减少当期消费，以增加在股市的投资，这样就增加了储蓄形成，提高了储蓄—投资转化率。反之，如果股市参与者是风险厌恶型的，则股市相对较大幅度波动产生的赔钱效应会降低参与者意愿，从而可能会增加当期消费，这样就减少了储蓄形成，降低了储蓄—投资转化率。

第二，股市波动可能会对储蓄者与投资者交易产生影响。如果股市参与者是风险喜好型的，则股市波动带来的赚钱效应会提高储蓄者参与股票一级市场（首次公共募股 IPO）和二级市场再融资的意愿，从而促进储蓄者与投资者之间的交易，提高储蓄—投资转化率。反之，如果股市参与者是风险厌恶型的，则股市波动带来的赔钱效应会降低储蓄者参与股票发行和增发的意愿，从而不利于储蓄者与投资者的交易，降低储蓄—投资转化率。

中国股市波动性与世界其他国家相比，既有相同之处，也有不同之处。如图 4.2 所示，自 1994 年以来，中国与美国、日本、韩国等三国股市波动的趋势大致相同。四国股市均在 1998 年亚洲金融危机期间经历了较大幅度的波动，波动率达到峰值；之后逐步趋于稳定，2006 年波动率降至最低；2009 年四国股市又因全球金融危机再次经历了一次较大幅度的波动，波动率达到另一个峰值；之后又迅速恢复稳定。

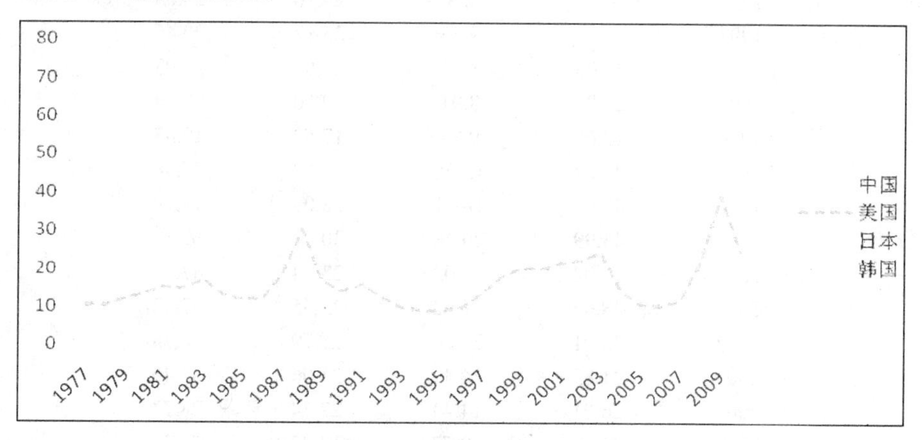

图 4.2　相关国家股市波动图

资料来源：作者根据世界银行 GFDD 数据计算绘制。

由表 4.5 可以看出，中国股市波动性大大高于美国和日本，但低于韩国。美国股市波动性最低，1977 年至 2010 年股市指数收益率的 360 日标准差均值为 16.16；日本次之，为 21.05；中国为 31.42，约是美国的 2 倍、日本的 1.5 倍；韩国最高，为 33.87。

表 4.5　相关国家股市波动表

	中国	美国	日本	韩国
1977		10.41	9.32	
1978		10.43	11.25	
1979		12.11	13.99	
1980		13.54	13.22	
1981		15.17	15.21	
1982		14.82	19.54	
1983		17.10	18.58	
1984		13.22	15.03	
1985		11.81	15.08	
1986		12.23	17.78	
1987		18.50	24.12	
1988		30.37	28.36	
1989		16.55	17.56	20.03
1990		14.03	22.82	22.49
1991		15.79	29.55	28.62
1992		12.36	24.96	28.65
1993		9.55	25.12	29.46
1994	27.03	8.91	21.64	22.03
1995	21.81	8.91	19.60	19.87
1996	19.68	9.85	17.52	19.37
1997	27.67	13.56	17.60	27.98
1998	48.01	18.01	28.08	74.18
1999	43.99	20.40	30.00	62.42
2000	37.02	20.02	23.74	47.36
2001	38.66	21.62	22.95	47.42
2002	33.91	22.30	25.79	38.78
2003	21.83	24.41	23.06	34.40
2004	26.01	14.44	22.34	28.73
2005	21.77	10.77	18.22	24.28
2006	18.43	10.32	18.64	20.98
2007	24.34	11.57	19.05	21.67
2008	42.32	22.05	25.63	33.89
2009	51.45	39.43	36.62	57.24
2010	30.18	24.91	23.70	35.38
平均	31.42	16.16	21.05	33.87

资料来源：作者根据世界银行 GFDD 数据计算编制。

格兰杰因果检验结果表明，中国股市波动对储蓄—投资转化率具有正向影响，后者对前者的弹性为 0.11。在其他条件不变的情况下，股市波动每上升 1 个百分点，储蓄—投资转化率就上升 0.11 个百分点；股市波动每下降 1 个百分点，储蓄—投资转化率就下降 0.11 个百分点。由此可见，中国股市波动对储蓄—投资转化率的影响相对较小。

与通常大众认为的股市波动只会产生负面影响不同，中国股市波动对提高储蓄—投资转化率具有积极影响。分析其原因，首先，中国股市参与者可能大部分都是风险喜好型投资者，对股市快速上涨带来的赚钱效应较敏感，而对股市快速下跌带来的赔钱效应较不敏感，更愿意进行高风险、高收益投资；其次，中国股市尚处于发展初期，随着中国经济持续快速发展，中国股市尽管会有一些短期下跌行情，但从长期看，会呈现上升趋势，因此中国股市总体上赚钱效应较明显，从而刺激资金盈余者减少当期消费，增加股市投资；最后，中国股市波动水平目前仍低于韩国，处于正常区间范围内，因此股市波动不会对宏观经济产生较大负面影响。

4. 货币供应量增长率

货币供应量增长率指标，定义为广义货币供应量 M2 的年增长率，反映中央银行货币政策的松紧程度。

理论上，货币供应量不会对储蓄—投资转化率产生影响。如前所述，货币供应量变化只对名义价格产生影响，并不会引起储蓄、投资及储蓄—投资转化的变动。也就是说，如果货币供应量增长率高，则短期内名义价格变化大，实际产出可能增加；但从长期看，在实际购买力不变的情况下，货币快速贬值会导致价格快速上升，名义购买力增加的部分很快消失，人们因货币增加而增加的需求也会很快消失，实际产出水平仍保持不变。因此，货币供应量增长的快慢只会影响名义价格和实际产出调整时间的长短，不会对储蓄—投资转化率产生影响。

格兰杰因果检验结果表明，中国货币供应量增长率不是影响储蓄—投资转化率的格兰杰原因，这与理论分析的结果相一致。

5. 通货膨胀率

通货膨胀率指标，定义为消费物价指数年增长率，反映一个国家或地区物价水平的变化情况。

理论上，通货膨胀率可以通过影响储蓄形成和投资来影响储蓄—投资转化率。其一，通货膨胀率影响储蓄形成。如果通货膨胀率高，则意味着资金盈余方持有的货币的贬值速度快。为避免实际购买力损失，资金盈余方会选择增加当期消费，将手中的货币转换为商品，这样就减少了储蓄形成，进而降低了储蓄—投资转化率。反之，如果通货膨胀率低，则资金盈余方愿意持有货币，并将货币存入银行或进行金融投资，以期未来获取收益，这样就增加了储蓄形成，进而提高了储蓄—投资转化率。其二，通货膨胀率影响投资行为。很多国家经济发展历史证明，通货膨胀率在较长时期内保持1%至3%的低速、稳定增长，一方面不会严重扭曲相对价格和收入分配，不会影响人们对货币的信心，不会引起社会大的动乱；另一方面会因物价水平的小幅提高，增加了厂商的利润水平，从而刺激厂商增加投资，推动经济平稳增长。因此，从这个意义上说，一定幅度内的温和通货膨胀率有利于增加投资，进而提高储蓄—投资转化率。反之，如果发生严重的通货膨胀，则经济动荡会抑制投资，进而降低储蓄—投资转化率。

格兰杰因果检验结果表明，中国通货膨胀率不是影响储蓄—投资转化率的格兰杰原因。分析其原因，主要是中国通货膨胀率波动较大，对储蓄—投资转化率既有正向影响，又有负向影响，二者影响可能相互抵消。如图 4.3 所示，1993 年至 2010 年，中国仅有 4 年为 1%～3%的温和通货膨胀；1993 年至 1996 年，中国经历了比较严重的通货膨胀，最高的 1994 年通货膨胀率超过 24%；受1997年亚洲金融危机影响，1998 年至 2002 年中国又发生了轻微的通货紧缩；2003 年至 2006 年，中国经历了温和通货膨胀；为应对 2007 年美国次贷危机引发的全球金融危机，中国实施了 4 万亿刺激计划，导致通货膨胀率上升，2008 年接近 6%，之后才逐年回落。由此可见，由于中国通货膨胀率 18 年间“严重通胀—通缩—温和通胀—通胀”的发展变化，致使总体上通货膨胀率对储蓄—投资转化率没有产生显著影响。

6. 实际有效汇率

实际有效汇率指标，定义为剔除通货膨胀对各国货币购买力影响后的名义有效汇率，反映一个国家或地区贸易商品的国际竞争力，用来衡量中央银行外汇政策对储蓄—投资转化率的影响。

理论上，实际有效汇率可以通过影响储蓄形成和投资来影响储蓄—投资转化率。实际有效汇率上升，意味着本币对外币实际贬值，国内商品变得便宜，国外对本国贸易商品的需求增加，厂商会增加投资，产出随之增加，居民收入也会随之增加。从短期看，在居民边际消费倾向不变的情况下，居民储蓄会增加；从长期看，居民边际消费倾向可能发生变化，居民储蓄可能增加，也可能减少。反之，实际有效汇率下降，意味着本币对外币实际升值，国内商品变得昂贵，国外对本国贸易商品的需求下降，厂商会减少投资，产出随之下降，居民收入也会下降。从短期看，在居民边际消费倾向不变的情况下，居民储蓄会减少；从长期看，居民边际消费倾向可能发生变化，居民储蓄可能减少，也可能增加。综上，实际有效汇率对投资有正向影响，对储蓄的影响方向不确定，因此对储蓄—投资转化率的影响也是不确定的。

图 4.3　中国 1993—2010 年通货膨胀率

资料来源：作者根据世界银行 WDI 数据库相关数据计算编制。

格兰杰因果检验结果表明，中国实际有效汇率不是影响储蓄—投资转化率的格兰杰原因。分析其原因，可能是由于自 1993 年以来，中国实际有效汇率围绕 105 左右上下波动，导致其对储蓄和投资的正向和负向影响相互抵消，因此致使其对储蓄—投资转化率没有显著影响。

4.4 小结

本章使用格兰杰因果检验方法对中国储蓄—投资转化率与金融发展、金融结构、金融效率、金融制度等 4 方面 25 项指标进行了因果关系检验。结果表明，7 项指标是储蓄—投资转化率的格兰杰原因，具体情况见表 4.6。

表 4.6 影响中国储蓄—投资转化率的金融因素

排名	一级指标	二级指标	弹性
1	金融制度	存贷比	0.75
2	金融发展	存款	0.47
3	金融制度	存贷款利率差	0.45
4	金融结构	涉农贷款占比	0.30
5	金融制度	股市波动	0.11
6	金融效率	金融业工资总额	0.09
7	金融效率	不良贷款率	−0.02

表 4.6 揭示了储蓄—投资转化率影响因素具有的三方面特点。首先，本书选定的 4 个一级指标均对储蓄—投资转化率产生影响，但影响程度不同。金融发展、金融结构、金融效率、金融制度 4 个一级指标中各有 1 个、1 个、2 个、3 个二级指标影响储蓄—投资转化率，金融制度对储蓄—投资转化率的影响最大，金融发展、金融结构次之，金融效率的影响最小。其次，以商业银行为主导的间接融资对储蓄—投资转化率影响最大。7 个二级指标中，直接与商业银行有关的 5 个，其中存贷比对储蓄—投资转化率的影响高达 75%，存款和存贷款利率差对储蓄—投资转化率的影响接近 50%，涉农贷款占比的影响近三分之一，不良贷款率的影响最小。最后，资本市场直接融资对储蓄—投资转化率影响较小。在本章检验的 24 个金融指标中，与资本市场有关的共 6 个，包括股票市值、股市交易量、直接融资比例、十大上市公司市值占比、股票市场周转率及股市波动。其中，仅股市波动对储蓄—投资转化率有影响，且影响仅为 11%，说明中国资本市场功能有待进一步增强。

在结束本章之前，就储蓄—投资转化率影响因素格兰杰因果检验结果的应用，我们还需要强调以下三点。

第一，要注意国情特点。格兰杰因果检验结果反映的是在中国国情下影响储蓄—投资转化率的金融因素。如前所述，理论上影响一个国家或地区储蓄—投资转化率的因素很多，但实践中每个因素能否真正发挥作用还需要看这个国家或地区的经济、政治、文化、社会等诸多方面的具体情况。例如，理论上资本市场直接融资应是与商业银行间接融资同等重要的储蓄—投资转化机制，但由于中国资本市场发展历史较短、法律制度不完善、参与者不成熟等原因，中国储蓄—投资转化仍是以商业银行为绝对主导，资本市场作用尚未完全发挥。

第二，要注意全面准确把握指标含义。本书力求对可能影响储蓄—投资转化率的全部金融因素逐一进行计量分析，但是由于经济理论、数据统计、计量方法等方面的限制，只对 4 方面 24 项指标进行了格兰杰因果检验，而这些指标并不能涵盖全部金融因素。因此，在应用计量分析结果时，我们需要格外慎重，既要准确把握每项指标的具体定义，又要具有一定的开放性思维，将那些由于多方面原因未纳入本书计量分析的金融要素考虑进来，从而全面、准确、客观地理解把握指标含义。

第三，要注意无影响指标蕴含的重要信息。除上述 7 个对储蓄—投资转化率有影响的指标外，其余 17 个指标同样蕴含着重要信息，需要在下一步研究制定对策建议时综合考虑。例如，理论分析和计量分析都证明货币供应量对储蓄—投资转化率没有影响，因此货币数量政策工具可以不考虑。对银行集中度和银行效率指标的分析，说明政府对银行业管制过多致使银行业竞争不充分，同质化严重。股票市场市值、交易量、周转率等指标理论上应对储蓄—投资转化率产生影响，但计量结果没有影响，反映出中国股市存在诸多问题，这正是研究制定对策建议的着眼点。

第5章 基于完善金融制度的中国储蓄—投资转化率提升路径

针对上文实证研究发现的中国储蓄—投资转化存在的问题和影响中国储蓄—投资转化率的金融因素，本章和第6章分别从政府和市场两个角度提出相关政策建议。就当前中国金融改革的主要任务而言，一方面我们应通过提高商业银行存贷比、加快利率市场化改革、推进商业银行转型发展、提高风险管理能力、改善人力资本管理等措施，提升总储蓄—总投资转化率；另一方面我们还应通过增强金融制度普惠性、加强资本市场制度建设、增强资本市场融资功能等措施，提升企业部门和农村地区的储蓄—投资转化率。

5.1 提高商业银行存贷比

实证研究表明，商业银行存贷比指标对中国储蓄—投资转化率具有较大的正向影响。但是由于历史原因，中国商业银行存贷比受到监管刚性约束，最高不得高于75%，从而在一定程度上限制了商业银行促进储蓄—投资转化作用的发挥。因此，为提升储蓄—投资转化率，我们就应当取消存贷比监管指标约束，逐步提高商业银行存贷比。

5.1.1 商业银行存贷比监管指标的实施情况

中国商业银行存贷比监管指标于1995年推出,主要目的是控制当时信贷规模的过快增长，进而抑制通货膨胀。如图5.1所示，中国曾于1994年经历了较为严重的通货膨胀，当年居民消费价格指数（CPI）环比增长24.1%，是36年间的最高值。造成此次恶性通货膨胀的原因之一，就是中国当时信贷规模的过快增长。1993年中国贷款增长率达到28.0%，是36年间贷款增长速度最快的三个时期之一。为抑制此次通货膨胀，中国政府实施了一系列紧缩政策，其中包括推出商业银行存贷比监管指标，作为控制银行贷款过快增长的主要措施之一，并在1995年7月1日起施行的《中华人民共和国商业银行法》（简称《商业银行法》）中明确规定商业银行存贷比不得超过75%。经过近10年的发展，中国银行业存贷比于2004年首次降至75%以下，达到73.7%，表明中国银行业整体上达到了《商业银行法》规定的存贷比要求。与此同时，除2009年应对国际金融危机期间中国贷款增长率一度高达31.7%以外，其余时间均维持比较平稳的增长，恶性通货膨胀也没有再次出现，说明存贷比监管指标的实行基本达到了推出时的政策目标。

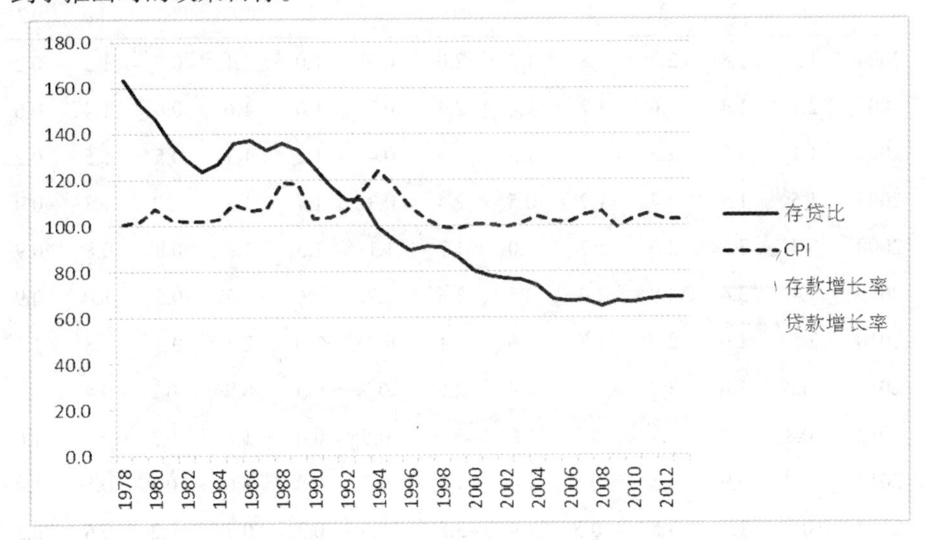

图5.1 中国1978—2013年商业银行存贷比等指标趋势图

资料来源：作者根据历年《中国统计年鉴》相关数据计算绘制。

5.1.2 存贷比监管指标存在的问题

随着中国金融业改革发展，存贷比监管指标也暴露出一些不容忽视的问题。

首先，存贷比监管指标导致银行过于重视存款，同质化竞争比较严重。由于利差收入是中国商业银行的主要收入来源，在存贷比刚性监管指标的压力下，绝大多数银行对存款都非常重视，甚至将存款作为“立行之本”，因为只有存款规模上去了，贷款规模才能随之增长，从而带来更多的利差收入。同时，为了在季度末、半年末、年末等重要时点满足存贷比监管指标要求，银行普遍采取

“冲时点”做法。从表5.1可以看出，2004—2014年间，每年3、6、9及12月末金融机构本外币各项存款余额普遍都高于甚至大大高于当季前2个月水平，而4、7、10及次年1月由于新增贷款大都呈现回落甚至出现负增长。这种周而复始的追求存款的行为，使银行将主要力量和资源都放在了与增加存款相关的业务之上，忽视了差异化经营和特色业务发展，形成了“重规模、轻效率”“重数量、轻质量”的经营文化，不利于整个银行业健康持续发展。

表5.1 中国2004—2014年金融机构本外币各项存款月度环比增长率（%）

	1	2	3	4	5	6	7	8	9	10	11	12
2004	1.1	1.8	2.7	0.8	1.2	2.0	0.3	1.0	1.1	0.7	1.2	0.2
2005	2.1	1.4	2.6	1.2	1.4	2.4	0.3	1.6	1.6	0.6	1.4	0.6
2006	1.1	2.2	2.5	1.4	1.3	1.3	0.4	1.2	1.1	0.5	1.5	0.2
2007	1.5	1.5	2.4	1.2	0.5	2.4	0.3	1.7	1.3	−1.1	1.8	0.9
2008	0.4	3.3	2.6	1.7	2.0	1.7	1.1	1.5	1.0	0.8	0.8	0.9
2009	3.4	3.4	4.8	2.0	2.5	3.6	0.7	0.6	1.7	0.5	1.0	0.9
2010	2.5	1.6	2.5	1.7	1.6	2.1	0.2	1.6	2.1	0.3	0.8	1.3
2011	−0.8	1.8	3.7	0.4	1.4	2.6	−0.9	0.9	0.9	−0.2	0.4	1.8
2012	−0.8	2.2	3.7	−0.4	1.5	3.4	−0.5	0.6	1.8	−0.3	0.5	1.6
2013	1.3	0.9	4.5	−0.1	1.4	1.6	−0.3	0.8	1.6	−0.4	0.5	1.0
2014	−0.6	1.9	3.5	−0.5	1.4	3.5	−1.6	0.2	0.7	−0.2	0.6	0.5

资料来源：作者根据中国人民银行公布的历年《金融机构本外币信贷收支表》计算得出。

其次，存贷比监管指标催生了以规避监管为主要目的的所谓金融创新，给中国金融体系安全运行带来了风险隐患。由于存贷比监管指标主要是对银行表内存款与贷款比例的约束，中国银行业普遍通过所谓的金融创新，将应受监管的表内业务转化为不受监管的表外业务。例如，近年来银行理财业务迅猛发展，商业银行通过设定大大高于银行储蓄存款利率的收益水平吸收存款，形成资金池，再由银行受托进行投资与管理。由于理财业务在表外核算，银行通过这种所谓的金融创新，既实现了信用扩张，又规避了资本监管。再如，近年来同样急剧膨胀的同业业务，由最初银行间资金拆借手段，发展成为部分银行重要的负债工具和利润来源，更有甚者通过同业业务转移表内贷款，或者向理财产品提供流动性。理财业务和同业业务使银行可以通过借入短期资金进行长期资产运营，由于缺乏有效监管，蕴含着巨大的风险隐患。其一，虽然在理财合同中，银行只是接受客户委托管理资金，投资收益与风险均由客户承担，但实际上银行仍承担着刚性兑付责任，存在着风险敞口。其二，同业业务主要集中于金融机构之间，一旦某一家金融机构出现流动性问题，会迅速传染至其他金融机构，随之而来的“多米诺骨牌效应”有可能引发系统性金融风险。其三，由于所谓的金融创新规模越来越大，牵涉的金融市场和金融机构越来越多，交易设立和投资组合越来越复杂，给金融监管带来新挑战，增加了进行金融宏观调控的难度。

最后，存贷比监管指标增加了银行资金成本，进而推高了企业融资成本。存贷比监管指标直接限制了银行放贷规模，但由于银行要对全部存款支付利息，为达到盈亏平衡，银行只能提高贷款利率，造成企业融资成本高企。以 2014 年末一年期人民币存款基准利率 2.75%为例，在 75%存贷比监管指标下，不考虑其他因素，银行要达到盈亏平衡需按 3.67%利率收取贷款利息，资金成本上升三分之一。由于存贷比压力，银行经常在发放贷款过程中要求企业“存贷挂钩”，即要求企业先存入一部分存款后银行再发放贷款，或者将贷款业务转变为票据业务，要求企业先存入一定比例保证金，银行再开具承兑汇票。银行这些做法造成企业资金占压，增加了企业融资成本。另外，在银行所谓金融创新将表内业务表外化的过程中，也需向充当通道的其他金融机构支付通道费，这些费用也被银行转嫁给实体企业，进一步推高了企业融资成本。

5.1.3 产生问题的原因分析

分析产生以上问题的原因，主要有如下三方面。

第一，理论误解。传统货币银行理论认为，存款创造贷款，银行有了存款才能发放贷款。据此，有观点认为，银行应该根据存款规模合理确定贷款规模，不能过度发放贷款，否则，存贷比过高容易导致银行在日常现金支取和客户结算过程中资金不足，引发流动性风险，甚至会影响其他金融机构，引发系统性金融风险。为了防止银行发生这种流动性风险，监管当局需要给银行设定存贷比监管指标。这种观点表面上似乎很有道理，但实际上是对传统货币银行理论的错误理解，根源在于忽略了理论适用的时代背景。上述传统货币银行理论适用于实物货币（commodity money）时代，实物货币作为货币用途的价值与作为非货币用途的价值相等。而当今是信用货币（credit money）时代，信用货币以信用作为保证，通过一定的信用程序发行、充当流通手段和支付工具，其本身的价值远远低于其货币价值。在信用货币时代，不是存款创造贷款，而是贷款创造存款，即银行在给企业发放贷款的同时，该企业在银行的存款也会相应增加。

第二，监管当局落后的行政性信贷管理理念。存贷比监管指标推出的主要目的是约束银行过度放贷行为，从当时中国经济处于转型初期的背景来看，存贷比指标是对原来计划经济体制下信贷指令管理的改革，具有一定进步性。但是，随着社会主义市场经济体制的确立和中国银行业市场化改革的推进，存贷比监管指标已与当今银行业发展和金融宏观调控要求不相适应。首先，存贷比监管指标仍然保留了部分计划经济色彩，对银行自主经营权进行了非必要的行政干预，不符合由市场配置资源的基本原则。其次，存贷比指标实际上是一种紧缩政策工具，写入《商业银行法》又增加了执行的刚性，不利于央行根据经济金融发展状况对信贷政策进行双向调整。再次，存贷比监管指标也不符合国际惯例。目前除中国外，几乎没有其他国家将存贷比作为银行监管指标。由表 5.2 可以看出，1991—2011 年，日本因经济停滞，银行存贷比（bank credit to bank deposits）从接近 100%下降至 50%以下；美国由于资本市场发达，银行存贷比保持在 70%左右；德国银行存贷比虽然经历了大幅下降，但仍高于 90%；英国、法国、韩国银行存贷比均长期处于 130% 左右的高位。与上述国家相比，中国银行业存贷比监管指标设定得似乎过于保守。

表 5.2　部分国家商业银行存贷比（%）

	美国	英国	法国	德国	日本	韩国
1991	74.52	128.55	170.09	162.24	96.03	150.01
1992	74.06	188.92	174.66	165.40	97.06	145.72
1993	75.56	186.76	162.06	161.66	94.37	144.25
1994	80.86	182.78	148.86	170.04	92.44	144.69
1995	81.64	168.06	136.89	171.42	90.32	144.87
1996	80.86	160.80	129.50	170.95	88.95	147.86
1997	80.02	135.89	122.73	176.74	90.56	156.54
1998	78.07	132.95	NA	178.80	89.93	130.47

续表

	美国	英国	法国	德国	日本	韩国
1999	76.57	119.95	127.30	125.41	86.19	123.85
2000	77.54	123.72	135.87	130.53	83.55	115.63
2001	76.34	124.15	135.99	125.94	59.65	116.05
2002	75.80	127.85	134.99	123.05	54.66	125.85
2003	77.99	127.79	130.87	119.14	52.04	128.26
2004	81.60	129.16	132.77	114.87	50.58	131.00
2005	83.26	125.07	134.25	111.91	52.23	136.61
2006	82.91	123.93	143.70	107.79	52.59	149.91
2007	80.21	124.59	149.70	100.60	52.13	168.51
2008	76.03	125.24	148.55	97.83	52.53	166.82
2009	64.19	125.85	140.25	95.91	50.25	152.72
2010	66.93	NA	139.64	92.10	48.83	138.83
2011	63.35	NA	131.63	90.04	47.13	134.14

资料来源：世界银行全球金融发展数据库。

第三，监管当局简单地将存贷比指标作为流动性监管的主要工具。在中国银行业发展初期，由于存贷比指标具有简单明了、便于执行的特点，监管当局将其作为商业银行流动性管理的主要监管指标，并写入1995年《商业银行法》。在当时商业银行数量较少、业务单一、流动性管理水平相对较弱情况下，存贷比监管指标在约束商业银行不审慎行为、维护中国金融体系安全运行等方面发挥了积极作用。但是，随着中国银行业迅猛发展，存贷比指标对银行流动性监管的效果逐渐弱化，有时甚至失效。对国有大型银行而言，由于网点众多、客户基础较好、业务种类丰富等原因，相对容易吸引存款，存贷比指标对其影响有限；但对中小型银行而言，由于网点少、客户少、业务单一等原因，相对较难获得充足、稳定的存款，存贷比指标对其业务发展影响很大。同时，由于在计算存贷比时，只是将各项存款和贷款直接加总相除，没有考虑客户对象、期限等方面存在的结构性差异，致使存贷比指标并不能全面、准确反映各家银行真实的流动性水平。例如2013年，在主要银行存贷比指标均符合监管要求的情况下，银行间市场发生了比较严重的钱荒，特别是2013年6月20日，银行间市场隔夜回购利率和7天回购利率分别创下历史最高值30%和28%，比正常水平上涨近10倍，反映出部分银行存在较大的流动性风险。由此可见，“一刀切”式的存贷比监管指标并不是管理银行流动性风险最有效的工具。

5.1.4 提高商业银行存贷比

2015年8月29日，全国人大常委会通过修改《商业银行法》的决定，删去对商业银行存贷比不得超过75%的规定，至此已实行20年的存贷比监管指标正式取消。中央银行和监管当局应以此为契机，转变管理理念，完善监管手段，引导商业银行扩大信贷资金投放，稳步提高存贷比。

第一，中央银行应转变信贷管理理念。存贷比监管指标是中央银行从计划经济时期沿袭下来的对商业银行信贷规模进行简单粗放管理的一种方式。与世界主要国家相比，中国银行业存贷比水平明显偏低，表明存贷比监管指标实际上已成为一种紧缩政策，不仅与社会主义市场经济发展和金融宏观调控的要求不相适应，而且容易导致商业银行规避监管行为，给整个金融体系安全运行带来风险隐患。为扭转这种不利局面，中央银行首先应转变行政性信贷管理理念，建立完善市场化信贷管理模式，发挥市场在资源配置中的基础性作用，同时强化商业银行的经营自主权，调动商业银行的积极性和主动性。

第二，监管当局应使用国际通用流动性监管指标替代存贷比指标。2007年全球金融危机爆发后，为改善银行流动性风险管理，巴塞尔委员会于2008年发布了《有效流动性风险管理与监管的原则》（Principles for Sound Liquidity Risk Management and Supervision）[①]，提出了两项国际通用的流动性监管指标——流动性覆盖率（Liquidity Coverage Ratio, LCR）和净稳定资金率（Net Stable Funding Ratio, NSFR）。其中，流动性覆盖率定义为高质量流动性资产储备与未来30日净现金流出总额的比值，用于衡量银行应对短期流动性冲击的能力，目的是确保银行拥有充足的高质量的流动性资产来应对持续1个月左右的严重危机；净稳定资金率定义为可使用稳定资金总额与所需稳定资金总额的比值，用于衡量银行应对长期（一年）流动性冲击的能力，目的是限制银行过分依赖短期批发资金，从而引导银行使用来源更加稳定的资金开展业务。上述两个指标互为补

① Bank for International Settlements. Principles for Sound Liquidity Risk Management and Supervision [EB/OL]. http://www.bis.org/publ/bcbs144.pdf: September, 2008.

充，银行通过计算在各种压力情景下这两个指标的值，可以发现潜在的期限、币种等错配，从而采取补救措施，增加流动性资产和稳定资金，避免发生流动性风险。鉴于以上情况，中国监管当局应将流动性覆盖率和净稳定资金率作为存贷比监管指标取消后银行流动性监管的主要指标。

第三，中央银行和监管当局应引导商业银行扩大信贷资金投放。一方面，中央银行应引导商业银行根据自身特点和所服务企业实际需求，进行金融产品和服务创新，拓宽业务领域，优化业务结构，突出经营特色，加大资金投放。另一方面，监管当局应引导商业银行牢固树立风险意识，主动适应流动性监管指标的调整变化，建立完善流动性风险计量模型，按照监管当局要求进行多期限、多币种、多情境的压力测试，对发现的潜在流动性风险隐患及时分析原因，采取有效措施，尽快予以消除。

5.2 加快利率市场化改革

实证研究表明，存贷款利率差对中国储蓄—投资转化率具有较大的正向影响。根据麦金农和肖的金融深化理论，发展中国家进行利率市场化改革，有利于消除金融压抑，提高实际利率水平，促进储蓄向投资的转化。应当看到，中国在经济转型过程中，还存在较强的金融压抑。因此，为提升储蓄—投资转化率，就应当加快利率市场化改革，减少政府对资金价格的不当干预，使市场主体能够根据真实利率水平科学做出储蓄与投资决策。

5.2.1 利率市场化的重要性

所谓利率市场化，是指中央银行不直接干预利率，而是由金融机构自主决定存贷款利率水平，形成由市场资金供求状况决定金融机构存贷款利率的利率形成机制和市场利率体系。利率市场化的重要意义主要体现在四个方面。

第一，推动金融改革创新，促进银行转型升级。利率市场化是金融改革的核心内容之一，与其他领域改革紧密相连，相互呼应，相互促进。随着利率市场化的逐步推进，其他领域金融改革创新会随之跟进。特别是商业银行在利率完全市场化后，就不能像以前那样简单执行中央银行确定的存贷款基准利率，而是需要或主动或被动地进行转型，自主确定存贷款利率水平，提高风险定价能力和风险管理水平，同时进行金融产品和服务模式创新，拓宽业务领域，提高综合服务能力和竞争力。

第二，增强动员储蓄能力，提高资源配置效率。利率市场化意味着银行存贷款利率的全面放开。通常情况下，随着存款利率的放开，部分银行会提高存款利率，银行体系外的社会闲置资金会流入银行体系，使银行动员储蓄的能力得到增强。同时，随着贷款利率的放开，银行可以更加主动地根据市场资金状况和投资项目预期风险收益水平决定是否发放贷款、贷款期限及利率水平，这样有利于纠正信贷偏向问题，使广大创新创业企业和中小微企业更容易获得贷款，从而提高全社会的资源配置效率。

第三，降低社会融资成本，实现金融更好地服务于实体经济的目的。实现利率市场化后，银行贷款总体利率水平通常会有所下降，整个实体经济通过银行贷款进行融资的成本会呈下降趋势。虽然银行的利润空间可能受到挤压，但实体经济会从中获得更大的好处。

第四，完善金融市场环境，推动与国际接轨。利率市场化改革离不开相关法律法规、宏观调控体系、金融运行机制、金融监管制度等方面的配套完善，实现利率市场化的同时，也是金融生态环境不断完善、不断优化的过程。另外，利率市场化也是国际金融市场发展的必然趋势，世界主要经济体基本上已于20世纪八九十年代完成利率市场化改革。

5.2.2 利率市场化的风险性

正是由于利率市场化在一国金融发展过程中的极端重要性，其可能引发的风险更值得重视。

首先，利率市场化容易引发银行业危机。利率市场化后，银行间竞争更加激烈，存贷款利率差必然收窄，银行盈利能力受到影响。同时，失去中央银行直接管制的利率市场波动性必然加大，商业银行经营过程中面临更大的利率风险。商业银行利率风险管理能力、手段和经验的缺乏，很可能给整个银行业带来危机。例如，台湾地区于1989年放开利率管制后，其银行业经历了三年大面积亏损。

其次，利率市场化容易导致金融危机。利率市场化不仅会对银行业产生直接影响，还会对整个金融体系产生影响，具有很强的风险外溢性。例如，阿根廷于1977年取消全部利率管制，不但没有促进国内金融市场的发展，反而使国内利率大幅上涨，资金需求者大量借入国外资金，导致外债高企，最终引发了债务危机。

最后，利率市场化容易造成宏观经济大幅波动。利率市场化扩大了银行的经营自主权，改变了银行的风险偏好。为实现高额利润，银行会增加对高风险行业和项目的投资，尤其是股市和房地产市场可能会吸收大量的银行资金，形成经济泡沫，最终随着泡沫的破灭，银行和实体经济也会遭受重创。例如，20世纪后20年，随着日本利率市场化的实施，日本股市经历了过山车式的大起大落。

5.2.3 中国利率市场化进程

中国利率市场化按照“先金融市场再金融机构，先外币再本币，先贷款再存款，先大额再小额，先长期再短期”的顺序逐步展开，主要从货币和债券市场、外币、贷款、存款等四个方面推进。

第一，货币和债券市场实现利率市场化。1996年6月，中国人民银行取消银行间同业拆借利率上限管理,银行间拆借利率由拆借双方自主协商确定。1997年6月，中国人民银行决定在同业拆借市场开办银行间债券回购业务，同时放开回购利率。1998年9月，中国人民银行放开政策性金融债发行利率，国家开发银行首次在银行间债券市场以公开招标方式成功发行政策性金融债。1999年10月,银行间市场国债发行利率放开,财政部首次采用利率招标方式发行国债。至此，中国银行间市场利率市场化形成机制初步形成，为推进其他方面利率市场化奠定了基础。

第二，外币存贷款利率基本实现市场化。2000年9月，中国人民银行放开外币贷款利率和大额外币（等值300万美元以上）存款利率，改由商业银行与客户协商确定相应利率。2003年7月，中国人民银行放开英镑、瑞士法郎、加拿大元等小额存款利率，仅保留对美元、欧元、港币、日元的小额存款利率管制。2000年11月，中国人民银行放开小额外币存款的利率下限，商业银行可以在中国人民银行公布的利率上限内自主确定美元等四币种小额存款利率。2004年11月，中国人民银行放开一年期以上小额外币存款利率，商业银行对外币利率定价权进一步扩大。2014年3月，中国人民银行决定在中国（上海）自由贸易试验区内放开小额外币存款利率上限，自贸试验区内居民等值300万美元以下的小额外币存款利率由商业银行自主确定。2015年4月，此项政策又扩大至天津、福建、广东三个自贸试验区。至此，中国外币存贷款利率市场化基本实现。

第三，贷款利率市场化顺利完成。1987 年 1 月，中国人民银行首次允许流动资金贷款利率在基准利率基础上最高上浮 20%。1996 年 5 月，中国人民银行对流动资金贷款利率上浮幅度由 20%调减为 10%。1998 年 10 月，中国人民银行将商业银行小企业贷款利率上浮幅度由 10%调增至 20%，将农村信用社贷款利率上浮幅度提高至 50%。1999 年 4 月，中国人民银行将县以下商业银行贷款利率上浮幅度提高至 30%。1999 年 9 月，中国人民银行又将商业银行对中小企业贷款利率上浮幅度扩大至 30%，同时规定贷款利率的最大下浮幅度为 10%。2003 年 8 月，中国人民银行允许农村信用社改革试点地区的农村信用社贷款利率上浮幅度扩大为贷款基准利率的 1 倍。2004 年 1 月，中国人民银行将商业银行和城市信用社的贷款利率上限提高至贷款基准利率 1.7 倍，将农村信用社贷款利率上限提高至贷款基准利率的 2 倍，对贷款利率下限仍保持为贷款基准利率的 0.9 倍。2004 年 10 月，中国人民银行放开商业银行贷款利率上限，对城市信用社和农村信用社贷款利率仍实行上限管理，上限提高至基准利率的 2.3 倍。2012 年 6 月，中国人民银行将贷款利率浮动下限调整为基准利率的 0.8 倍。2012 年 7 月，中国人民银行又将贷款利率浮动下限下调至基准利率的 0.7 倍。2013 年 7 月，中国人民银行全面放开贷款利率管制，金融机构根据市场情况自主确定贷款利率。至此，中国贷款利率实现市场化。

第四，存款利率市场化基本完成。改革开放初期，中国人民银行曾在信托投资公司和农村信用社试点存款利率浮动制，但效果不理想，引发一系列问题。为此，中国人民银行于 1990 年全部取消存款利率浮动。1999 年 10 月，存款利率市场化重启，中国人民银行允许中资商业银行对中资保险公司试办长期（五年以上）、大额（3000 万元以上）协议存款业务，存款利率由双方协商确定。2002 年 2 月，中国人民银行将全国社会保险基金理事会纳入协议存款试点范围。2002 年 12 月，中国人民银行又将省级社会保险经办机构纳入协议存款试点范围。2003 年 11 月，中国人民银行批准邮政储汇局与商业银行和农村信用社开办邮政储蓄协议存款，存款利率由双方协商确定。2004 年 10 月，中国人民银行放开人民币存款利率下限，允许金融机构在不超过中国人民银行公布的存款基准利率的前提下，自主确定存款利率。2012 年 6 月，中国人民银行将存款利率上限上调至基准利率的 1.1 倍。2014 年 11 月，中国人民银行将存款利率上限提高至基准利率的 1.2 倍。2015 年 3 月，存款利率上限又上调至基准利率的 1.3

倍；5月，存款利率上限再次上调至基准利率的1.5倍；8月，一年期以上定期存款利率上限取消；10月，存款利率上限完全取消。至此，中国存款利率市场化改革基本完成。

5.2.4 加快利率市场化改革的路径

利率市场化改革具有牵一发而动全身的极端重要性，是一个国家金融市场化、国际化进程中的关键一步。根据世界银行的统计，在全球44个进行利率市场化改革的国家中，仅有大约一半的国家取得了成功，其他国家则因引发各种危机而失败。因此，中国推进利率市场化改革，必须强化中央银行利率调控能力，强化监管当局金融监管能力，强化金融风险防范化解能力，在确保金融安全稳定运行的前提下，最终实现全面的利率市场化。

第一，提高中央银行间接调控能力。目前，利率政策仍是中国人民银行进行宏观调控的主要货币政策工具之一。利率市场化意味着中国人民银行不再直接调控利率，而是通过公开市场操作等政策工具进行间接调控。这就要求中国人民银行首先进行变革，转变宏观调控理念，丰富货币政策工具，减少对资金市场价格的直接干预，更多通过市场化手段间接调控利率水平，完善利率传导机制，充分发挥利率的价格信号功能，提高资金配置和使用效率。

同时，中央银行宏观调控能力的提高，离不开完善的市场利率体系。但在中国，无论是货币市场还是资本市场都存在发展不足、结构不合理等问题，并且两个市场还处于相互隔离的状态，难以形成真实、准确反映资金供求状况的市场利率体系。为此，中国人民银行一方面应当加大两个市场产品和工具创新力度，丰富市场交易品种和期限，优化市场利率期限结构，重点发展企业债券、大额存单、资产证券化等业务；另一方面，中国人民银行应当加快推动货币市场和资本市场互联互通，取消对两个市场间资金流动的限制，建立自由、通畅的资金流动渠道，实现两个市场资金和价格的协调联动，最终形成均衡、高效的市场利率体系。

第二，增强监管当局金融监管能力。利率市场化需要一个公平竞争、安全稳定的金融运行环境，这就对完善金融监管提出了更高要求。首先，强化宏观审慎监管。2008年全球金融危机爆发后，世界各国就加强金融宏观审慎监管达成共识。中国监管当局也应当转变“重微观监管、轻宏观监管”的固有理念，将监管资源更多向宏观审慎监管倾斜，加强对利率市场化金融体系整体稳定性的监测评估，加强与货币政策协调配合，强化逆周期监管，从而降低利率市场化可能引发的系统性金融风险。同时，强化对系统重要性金融机构的监管，督促引导大型国有商业银行加强利率风险管控，解决“大而不能倒”的问题。其次，加快由机构型监管向功能型监管转变。中国现行按照金融机构类型分别由中国人民银行、银监会、证监会、保监会进行专业化监管的机构型监管模式，已经暴露出部门间协调难度大、阻碍金融创新、存在监管空白等问题。利率市场化后，金融机构混业经营的趋势会更加明显，金融机构之间的边界会更加模糊，迫切需要按照功能型监管思路，整合一行三会监管职能，设立独立的金融监管部门，对不同金融业务进行分类、专业监管，同时加强对交叉性业务的风险监测。最后，形成有利于金融创新的监管制度。利率市场化赋予金融机构更多的经营自主权，使金融机构能够根据市场变化、客户需求、自身条件等情况，进行金融产品和业务创新，达到改善服务、分散风险、提高效益的目的。为此，监管当局应当转变以前过于重视事前审批的理念，制定完善既有利于激发金融机构创新积极性和主动性、又有利于加强事中事后监管的金融创新监管制度体系。

第三，加快建立完善存款保险制度。国务院于 2015 年 2 月颁布《存款保险条例》，就利率市场化进程中保护存款人利益、防范处置金融风险、维护金融体系稳定做出重要制度安排。目前，当务之急是在操作层面完善配套政策，细化目标任务，加快组织实施。首先，制定实施细则等配套政策制度。《存款保险条例》仅原则规定被保险存款为投保机构吸收的存款，但在实际执行中，很多具体项目，如结构性存款、大额可转让存单、应解汇款、汇出汇款、代发工资、代发农户粮食直补款等，是否纳入存款保险保护范围仍不明确，需要出台实施细则予以细化。其次，组建存款保险基金管理机构。尽快建立基金运行管理队伍，制定保费归集、管理、使用规则，建立健全与中国人民银行、银监会等金融管理部门的监管协调机制。最后，完善统计核算制度。严格按照《存款保险条例》规定的纳入存款保险和不纳入存款保险的存款计算口径，对现行中国人民银行和商业银行的统计核算系统进行升级，统一规范科目设置，建立标准化统计指标体系，增加按照存款人归集同一家投保机构存款等功能。

5.3 增强金融制度普惠性

实证研究表明，涉农贷款占比指标对储蓄—投资转化率具有正向影响。但是，由于存在城乡二元经济结构、金融结构不合理等原因，造成中国金融资源分配明显失衡，突出表现在农村地区和小微企业金融服务不足。因此，为提升农村地区和企业部门储蓄—投资转化率，就应当以发展农村金融、改善小微企业金融服务为重点，增强金融制度普惠性，从而引导金融机构树立社会责任意识，提高长期可持续发展能力。

5.3.1 中国金融资源分配失衡问题

近二十年来，伴随着总量迅速扩张，中国金融资源分配失衡问题日益突出，对宏观经济可持续发展产生不利影响。以社会融资结构中占绝对主导地位的银行贷款为例，从贷款分配地域看，如表 5.3 所示，北京、浙江、上海三地贷款余额全国占比明显高于其地区生产总值全国占比，表明三地银行贷款投放相对充裕；山东、湖南、河南、江苏、河北、湖北等农业大省贷款余额全国占比均明显低于其地区生产总值全国占比，表明这些地方银行贷款投放相对紧缺。

表 5.3 中国 2014 年分地区贷款余额与地区生产总值统计表

地区	贷款余额		地区生产总值		全国占比 1 与全国占比 2 之差
	绝对值（亿元）	全国占比 1（%）	绝对值（亿元）	全国占比 2（%）	
北京	53650.6	6.53	21330.8	3.13	3.40
天津	23223.4	2.82	15722.5	2.31	0.52
河北	27593.8	3.36	29421.2	4.32	−0.96
山西	16559.4	2.01	12759.4	1.87	0.14
内蒙古	14947.1	1.82	17769.5	2.61	−0.79
辽宁	33023.5	4.02	28626.6	4.20	−0.18
吉林	12695.3	1.54	13803.8	2.03	−0.48
黑龙江	13391.7	1.63	15039.4	2.21	−0.58
上海	47915.8	5.83	23560.9	3.46	2.37

续表

地区	贷款余额		地区生产总值		全国占比1
	绝对值（亿元）	全国占比1（%）	绝对值（亿元）	全国占比2（%）	与全国占比2之差
江苏	69572.7	8.46	65088.3	9.55	-1.09
浙江	71361.0	8.68	40154.0	5.89	2.79
安徽	22088.3	2.69	20848.8	3.06	-0.37
福建	30051.3	3.66	24055.8	3.53	0.13
江西	15466.1	1.88	15708.6	2.31	-0.42
山东	53662.2	6.53	59426.6	8.72	-2.19
河南	27228.3	3.31	32155.9	4.72	-1.41
湖北	25289.8	3.08	27367.0	4.02	-0.94
湖南	20783.1	2.53	27048.5	3.97	-1.44
广东	84921.8	10.33	67792.2	9.95	0.38
广西	16071.0	1.95	15673.0	2.30	-0.34
海南	5391.5	0.66	3500.7	0.51	0.14
重庆	20630.7	2.51	14265.4	2.09	0.42
四川	33884.1	4.12	28536.7	4.19	-0.07
贵州	12368.3	1.50	9251.0	1.36	0.15
云南	17978.7	2.19	12814.6	1.88	0.31
陕西	19174.1	2.33	17689.9	2.60	-0.26
甘肃	11075.8	1.35	6835.3	1.00	0.34
青海	4171.7	0.51	2301.1	0.34	0.17
宁夏	4608.3	0.56	2752.1	0.40	0.16
新疆	11671.4	1.42	9264.1	1.36	0.06
西藏	1619.5	0.20	920.8	0.14	0.06
合计	822070.3	100.00	681484.5	100.00	0.00

资料来源：作者根据中国各省、自治区、直辖市 2014 年国民经济和社会发展统计公报数据整理计算。

再从贷款分配行业看，如表 5.4 所示，金融机构贷款主要投向工业、房地产、基础设施等领域，这三个领域贷款占全部贷款的比例超过 50%；农业、信息技术、科学研究等领域获得贷款较少，贷款占比不足 3%。

表 5.4　2013 年金融机构贷款余额行业分布表

行业	余额（亿元）	占比（%）
农林牧渔业	9352.0	1.78
工业	197282.0	37.61
建筑业	25326.8	4.83
批发和零售业	73134.0	13.94
交通运输、仓储和邮政业	72570.5	13.83
住宿和餐饮业	5888.8	1.12
信息传输、软件和信息技术服务业	3046.2	0.58
科学研究和技术服务业	1534.4	0.29
房地产业	45420.9	8.66
水利、环境和公共设施管理业	41086.8	7.83
其他行业	49947.0	9.52
合计	524589.4	100.00

资料来源：作者根据《2014 中国金融年鉴》整理计算。

最后从贷款企业规模看，如表 5.5 所示，大中型企业获得的贷款占全部企业贷款的 70%以上；微型企业获得的贷款不足 3%。

表 5.5　2013 年金融机构企业贷款统计表

企业类型	贷款余额（亿元）	占比（%）
大型企业	154344.2	35.06
中型企业	157600.2	35.80
小型企业	116360.8	26.43
微型企业	11887.1	2.70
合计	440192.3	100.00

资料来源：作者根据《2014 中国金融年鉴》整理计算。

通过以上分析可以看出，中国银行信贷资金分配明显偏向大城市、大项目、大企业，农村地区和小微企业获得的金融资源明显不足。

5.3.2 中国金融资源分配失衡的原因分析

造成中国金融资源分配失衡的原因是多方面的，如金融结构不合理、金融基础设施不完善、城乡经济二元结构等，但其根本原因是中国金融制度缺乏普惠性，导致过度重视短期盈利，未能引导金融机构树立社会责任意识、提高长期可持续发展能力。例如，中国长期实行较为粗放的信贷总量配额管理政策，导致商业银行更愿意将有限的信贷资金投向规模大、短期回报高的项目。再如银行监管当局历来重视对银行不良贷款水平的监管，导致商业银行不愿意发放风险较高的涉农贷款和小微企业贷款。

因此，要增强中国金融制度的普惠性，首先要处理好公平与效率的关系。中国金融业改革发展过程中，政策导向主要是提高效率，即引导金融机构扩大业务规模、降低经营成本、严格控制风险、提高盈利能力，也就是以实现利润最大化为终极目标。这一政策导向对推动金融业市场化转型发挥了重要作用，但同时也对金融服务的公平性产生一定负面影响。建立完善普惠性的金融制度，就是在注重效率的同时兼顾公平，引导金融机构全面履行社会责任，提高金融服务的可获得性，既能够实现横向公平，即农村和城市相同状况的居民和企业均可获得相同的金融服务，又可以实现纵向公平，即小微企业、低收入者等弱势群体能够获得更多的金融支持。

5.3.3 发展农村金融

农村金融是中国金融体系最薄弱环节，虽受到政府和金融界的普遍重视，但至今发展仍较为滞后，成为制约农村经济发展的瓶颈之一。发展农村金融需要从机构、资金、产品、技术、知识等多方面入手，形成合力，取得突破。

第一，发展小型微型农村金融机构。由于农村地区经济规模小、基础设施不发达、运营成本高等原因，大中型金融机构一般不愿意到农村设立网点，农村地区特别是偏远地区的村民和各类经济组织往往连存取款、转账、汇款等基本金融服务都很不便。为解决此类问题，一是应支持和鼓励各类资本设立扎根农村、服务农村，特别是服务村级、乡镇级经济的小型、微型金融机构；二是应要求涉农金融机构真正落实社会责任和发展定位，下沉金融机构，在乡镇、行政村设立网点，实现所在地区的网点全覆盖；三是规范发展农村地区的民间借贷，引导非正规金融规范化、合法化经营，活跃农村金融市场。

第二，扩大农村资金供给。目前，中国农村存在较为明显的资金外流现象。金融机构在农村地区吸收富余资金后，将很大一部分逐级上缴总行统筹使用，或者通过同业业务将资金转移至其他机构和其他项目。这种“虹吸现象”使本来就缺乏资金的农村地区更加雪上加霜，影响了农村地区建设和农业投资，从而制约了农村经济发展。为此，监管当局应通过调整监管政策，引导涉农金融机构将吸收来的大部分资金再投向当地“三农”项目，支持当地经济发展。同时，中国人民银行应对金融机构涉农贷款进行单独考核，通过奖优罚劣引导金融机构加大农村地区资金投放。另外，我们还应强化国家开发银行和农业发展银行等政策性银行的作用，更好地支持农村地区基础设施建设和农业发展。

第三，创新农民财产抵押融资产品。目前，中国农民最主要的财产就是土地。根据现行法律规定，农村土地所有权归农民集体所有，农民通过家庭承包经营方式获得长期而稳定的农村土地使用权，在承包期内农民可有偿转让土地使用权。多年来，由于对农村土地承包经营权的确权登记、转让流转、抵押融资等制度缺失，农民不能将自身拥有的土地承包经营权、农民住房、农业设施等财产作为抵押物向银行申请贷款，农民融资能力和渠道受到很大限制。近期，国家从制度层面首次明确了农村土地承包经营权和农民住房的抵押、担保权，赋予农民更多的财产权利。为此，金融管理部门应尽快出台农民财产抵押融资政策，指导商业银行制定完善农村土地承包经营权、农民住房等抵押贷款办法和操作流程，创新涉农金融产品和服务模式，盘活农村土地资源，促进现代农业发展。

第四，推动传统金融业务互联网化改造。现代信息技术特别是互联网技术的发展，打破了时间和空间对传统金融业务的限制，使金融机构能够以更低的成本、更快的速度为地处偏远农村的居民和企业提供与中心城市基本相同的金融服务。金融管理部门应抓住机遇，引导金融机构针对农村地区金融服务需求，对传统涉农金融产品和服务模式进行互联网化改造，发展手机银行、电话银行、网上支付等业务，填补因暂时无法设立物理网点而造成的农村服务空白。同时，金融管理部门也要加强与互联网企业、基础电信运营商的合作，利用互联网技术对现有数据交换、安全认证、支付结算等信息管理系统进行升级，为金融机构发展互联网业务提供金融基础设施平台。

第五，强化农村金融消费者权益保护。中国农村地区教育水平和人口文化程度相对较低，大多数人对金融知识缺乏必要的了解，更不知道如何保护自身合法权益。为此，金融管理部门应加大对农村地区，特别是村一级居民和经济组织的金融教育和金融政策宣讲力度，提高广大村民金融意识，增强融资能力和风险防范能力。同时，金融管理部门应加大对涉农金融服务质量和收费行为的监管，提高监管透明度和有效性，严厉打击违规收费、搭车收费等侵害村民利益行为，保证农村金融消费者可以与城市居民一样享受公平、高效的金融服务。

5.3.4 改善小微企业金融服务

小微企业是国民经济运行的重要基础，在创造就业机会、增加居民收入、推动科技创新、维护社会稳定等方面发挥着不可替代的作用。由于规模小、抵质押品不足、抗风险能力弱等原因，小微企业融资已成为世界性难题，急需通过实施差异化金融政策、完善融资服务体系、推进金融创新等方式加以解决。

第一，实施差异化信贷政策。中国人民银行应在执行货币政策、盘活信贷存量、优化信贷增量的过程中，结合小微企业融资需求，制定实施专门性信贷支持政策。一是单独下达小微企业信贷计划，明确对商业银行小微企业贷款的增量和增速要求，并单独进行考核。二是对考核合格的商业银行适当调低存款准备金率，并给予再贷款、再贴现支持。三是允许金融机构发行专项用于支持小微企业融资的金融债券，支持商业银行开展信贷资产证券化业务，盘活资金重点用于增加小微企业融资规模。

第二，实施差异化金融监管政策。为缓解小微企业融资难、融资贵的问题，中国政府出台了一系列有针对性的差异化金融监管政策。金融监管部门应强化监管力度，引导金融机构全面落实各项政策措施。一是切实提高申贷获得率。金融监管部门应监督金融机构设立为小微企业服务的专营机构和专门团队，制定小微企业贷款审批专属流程，科学全面评估小微企业经营状况和信用风险，提高申请贷款成功率。二是努力提高金融服务覆盖率。金融监管部门应细化小微企业金融服务标准，引导金融机构通过“扫街”等方式拓宽范围，为小微企业提供存款、贷款、结算、投资咨询、财务顾问、资产管理等综合金融服务。三是合理控制不良贷款率。金融监管部门应根据小微企业贷款风险较大的实际情况，提高对小微企业不良贷款的监管容忍度，督促金融机构合理调整考核激励办法，完善尽职免责规定，防止一刀切式拒贷、抽贷，平衡好控制不良风险与支持小微企业的关系。四是有效降低融资成本。金融监管部门应加强对金融机构违规收费行为的监管，引导金融机构严格控制小微企业贷款上浮幅度，取消不必要的重复登记和第三方服务。

第三，完善融资担保体系。融资担保行业是小微企业增信的主要途径，在降低融资门槛、改善银企关系、强化信用管理等方面发挥着重要作用。因此，政府应通过政策扶持，促进融资担保行业发展，形成政策性担保、商业性担保、再担保三方面相互补充、共同推动小微企业融资的良好局面。一是大力发展政策性融资担保机构。为小微企业服务的融资担保具有准公共品性质，政府应加大财政投入，整合各类小微企业扶持资金，设立政策性融资担保机构，发挥财政资金的杠杆放大作用，引导金融机构扩大小微企业信贷投放。二是发展再担保机构。设立政府主导的再担保机构，发挥市场稳定器作用，有效分散融资担保行业风险。三是建立完善政府银行担保合作新模式。密切政府、银行、担保机构的三方合作，建立小微企业贷款风险三方分担机制，政府每年在财政预算中安排一定数额的风险补偿资金，银行对有总额担保的小微企业贷款实行优惠利率，取消政策性担保机构盈利要求，鼓励商业性担保机构拓展业务，形成结构合理、功能完善、安全有序的融资担保服务体系。

第四，完善社会信用体系。小微企业融资难主要体现在金融机构与小微企业之间的信息不对称。目前中国比较成熟的人民银行征信系统仅包括银行借贷信息，金融机构很难据此准确评估小微企业信用风险，进而做出是否贷款的决定。因此，加快建设覆盖全社会的征信体系是解决小微企业融资难的治本之策。一是加快社会信用体系立法。社会信用体系涉及全社会、各行业、全部自然人和法人，目前国务院公布实施的《征信业管理条例》还不能解决社会信用体系建设过程中遇到的各种问题。因此，我国有必要通过立法形式规范社会信用信息管理与使用的行为，平衡政府、自然人和法人、信用服务机构之间的权利义务关系，为社会信用体系建设提供法律保障。二是做好政府信用信息开放。政府部门及其所属公用事业单位在依法履职和提供公共服务的过程中积累了大量信用信息，对金融机构全面掌握小微企业生产经营状况具有极高价值。政府应在保护企业商业秘密和个人隐私的前提下，依法公开政务信用信息，为金融机构查询提供便利。三是培育信用服务市场。我国应支持各类征信机构和信用服务机构发展，鼓励金融机构使用信用报告、信用评级等信用服务产品，发展壮大信用服务生产。

第五，创新发展动产融资业务。缺少不动产抵押物是造成小微企业融资难的另一个重要原因。现实中，小微企业资产负债表往往存在大量应收账款、存货等动产，这部分动产因其价值与所属企业关联度低，因而成为理想的担保品。因此，政府应建立制度、搭建平台、政策引导等措施盘活小微企业动产资源，拓宽小微企业融资渠道。一是建立动产融资统一登记制度。政府应参照不动产统一登记办法，研究制定动产融资统一登记制度，建立全国统一的登记平台，办理应收账款质押、保证金质押、仓单质押等动产融资登记，并通过互联网进行公示，以防止权利冲突，保护交易安全。二是发展动产融资业务。金融管理部门应制定政策，鼓励商业银行基于动产融资统一登记平台，开展应收账款质押贷款等动产融资业务，并根据融资规模给予相应商业银行专项信贷规模指标支持。三是探索建立动产交易市场。在动产融资统一登记取得成功的基础上，探索建立动产交易统一登记制度和动产交易市场，推动小微企业应收账款等动产的挂牌转让，进一步拓宽小微企业融资渠道。

5.4 加强资本市场制度建设

实证研究表明，目前股市波动对中国储蓄—投资转化率没有通常想象中的负面影响，反而具有积极的正向影响。因此，为提升储蓄—投资转化率，应当抓住有利时机，通过加强制度建设，加快推进资本市场重大改革。

5.4.1 中国资本市场发展历程

伴随着中国特色社会主义市场经济的确立和发展，中国资本市场经历了从无到有、从小到大的快速发展，大致可以分为如下四个阶段。

1. 自发发展阶段（1981—1991 年）

改革开放初期，中国资本市场在一片争议和疑虑声中开始萌芽。在股票市场方面，1984 年，北京天桥百货有限公司率先进行股份制试点。1985 年，工商银行在上海设立靖安信托部。1986 年，上海和深圳开办股票上市转让业务。1990 年 12 月，上海证券交易所开业，8 只股票入场交易。1991 年 4 月，深圳证券交易所开业，5 只股票上市交易。在债券市场方面，1981 年，国库券恢复发行。1985 年，金融债券、企业债券获准发行。1988 年，沈阳等七个城市开办国库券转让市场。1990年，国债转让市场在全国范围放开。这一阶段，由于意识形态领域对资本市场认识的分歧较大，市场以自发发展为主，政府持观望或有限支持的态度。

2. 规范发展阶段（1992—2002年）

自1992年1月邓小平同志南方谈话后，中国资本市场明确了发展方向，实现了快速发展。1992年10月，国务院证券委员会和中国证券监督管理委员会成立。1993年12月，《公司法》审议通过。1998年12月，《证券法》审议通过。2000年10月，开放式证券投资基金开始试点。2002年11月，合格境外机构投资者试点开展境内证券投资业务。这一阶段，随着意识形态领域束缚的解除，中国资本市场发展进入快车道，突出表现在相关法律法规和政策制度逐步健全，中央集中监管体制基本形成，市场秩序逐步规范，市场规模迅速扩张。

3. 战略发展阶段（2003—2012年）

2003年10月，党的十六届三中全会通过《中共中央关于完善社会主义市场经济体制若干问题的决定》，将大力发展资本市场确定为战略任务之一。2004年1月，国务院发布《关于推进资本市场改革开放和稳定发展的若干意见》（"国九条"），对发展资本市场进行了全面部署。2004年5月，深圳证券交易所推出中小企业板。2005年5月，股权分置改革全面启动，长期困扰中国股市发展的同股不同权不同价问题得到解决。2005年10月，《证券法》和《合同法》进行全面修订。2009年10月，创业板推出。2010年3月，融资融券业务启动。2010年4月，沪深300股指期货合约上市交易。2012年8月，新三板扩容获国务院批准。这一阶段，发展资本市场的战略定位更加清晰，多层次资本市场体系初步形成，交易产品极大丰富，市场结构进一步优化。

4. 市场化、法治化发展阶段（2013年至今）

2013年11月，党的十八届三中全会通过《中共中央关于全面深化改革若干重大问题的决定》，强调经济体制改革核心问题是处理好政府和市场的关系，使市场在资源配置中起决定性作用并且更好地发挥政府作用，明确提出健全多层次资本市场体系的任务。2014年5月，国务院发布《关于进一步促进资本市场健康发展的若干意见》，强调坚持市场化和法治化取向，更好地发挥资本市场优化资源配置作用，提出到2020年，基本形成结构合理、功能完善、规范透明、稳健高效、开放包容的多层次资本市场体系。2014年10月，党的十八届四中全会通过《中共中央关于全面推进依法治国若干重大问题的决定》，提出建设中国特色社会主义法治体系和法治国家的总目标，强调加强市场法律制度建设，促进要素自由流动、公平交易、平等使用，做到重大改革于法有据、立法主动适应改革和经济社会发展需要。可以预见，中国资本市场在新的历史时期，必将沿着市场化、法治化发展道路阔步前进，取得新的更大的发展成绩。

5.4.2 中国资本市场存在的问题

目前，中国资本市场发展过程中主要存在三方面问题。

第一，市场结构不尽合理。中国股票市场发展相对较快，总市值已于 2015 年 6 月 12 日突破 10 万亿美元，成为全球仅次于美国的第二大股票市场。与此形成鲜明对比的是，中国债券市场、期货市场、金融衍生品市场发展相对滞后，交易产品少、规模小。同时，股票市场内部结构也不合理，主板占比过高，中小板、创业板、新三板企业数量少，场外市场建设亟待加强。

第二，市场主体发展不成熟。从整体角度而言，中国资本市场虽然规模大，但市场广度深度、质量效率、服务能力、抗冲击能力、国际影响力等方面还远远低于发达国家。从参与者角度而言，中国证券期货机构实力偏弱，国际竞争力不强；上市公司良莠不齐，违法违规事件屡有发生；投资者素质偏低，重投机、轻投资，自我保护意识和能力较弱；机构投资者仍显不足，对资本市场的投资引领和稳定支撑作用有待发挥。

第三，市场运行机制尚不完善。中国资本市场发展时间较短，政府对市场的干预仍很多，市场高效、安全运行所需的内生驱动机制尚未完全建立起来。中国资本市场一方面聚集了大量社会闲散资金，另一方面大量中小企业仍较难通过资本市场进行融资，表明中国资本市场优化资源配置，促进储蓄向投资转化的功能仍未有效发挥。同时，投资者保护制度仍是表面文章，尚未得到完全落实，不利于市场的可持续发展。另外，中国债券市场还存在明显的多头管理和市场分割，由于政府部门间利益之争，国家发改委负责中长期企业债审批，中国人民银行负责短期融资券、中期票据的审批，证监会负责公司债的审批；同为债券市场组成部分的银行间市场和沪深证券交易所，由于分别由中国人民银行和证监会监管，也完全分割，不能互联互通。

5.4.3 产生问题的原因

中国资本市场存在上述问题，既有客观原因，也有主观原因，其根源是对资本市场的认识有待深化。

客观原因方面，主要是中国资本市场发展时间较短，仅有二十多年的历史，与发达国家数百年发展历史相距甚远，资本市场建设、服务机构发展、投资者教育等客观上都需要一个相当长的时期，不可能一蹴而就。

主观原因方面，主要是中国决策者对资本市场的认识经过一个逐步清晰、深化的过程。首先是对要不要资本市场问题的争论，以邓小平同志南方谈话得以解决，中国资本市场进入规范发展阶段，各项法律法规和政策制度逐步建立。其次是对资本市场地位作用的认识，以十六届三中全会将发展资本市场提升至战略高度得以解决，中国资本市场进入战略发展阶段。最后是对政府宏观调控与资本市场之间关系的认识。以 2004 年 1 月国务院发布的《关于推进资本市场改革开放和稳定发展的若干意见》为代表，政府一方面希望通过改革开放大力推进资本市场发展，另一方面又担心资本市场涨跌波动引发社会稳定问题，由此导致政府政策左右摇摆，“政策市”明显，进入“政策一松就暴涨、政策一紧就暴跌”的循环往复。十八届三中全会和四中全会为解决这一问题指明了方向，深化市场化改革和强化依法治市成为今后中国资本市场健康发展的关键，以市场化和法治化为方向的资本市场制度建设成为迫切任务。

5.4.4 加强资本市场制度建设的路径

解决中国资本市场目前存在问题的根本途径是加强资本市场制度建设。为此，一方面要按照市场化原则厘清政府与资本市场的边界，把应该由资本市场决定的事项归还给市场主体，同时更好地发挥政府对资本市场的监管作用，促进市场创新和健康发展；另一方面要按照程序正义原则，健全资本市场制度建设程序，加紧完善影响市场效率和稳定的基本制度安排。

第一，厘清金融监管部门与资本市场的边界。理论上，政府对资本市场进行管制的目的主要有三个：更好地发挥资本市场功能，促进企业融资和社会资本形成；防范化解资本市场风险，防止个体性、局部性风险外溢引发系统性金融风险，甚至经济波动；维护资本市场正常秩序，打击各种侵害投资者和上市公司合法权益的行为。实践中，中国资本市场监管部门往往存在“重审批，轻监管”“重微观，轻宏观”的现象，既不利于发挥市场机制优化资源配置的作用，又不利于宏观金融风险的防范，还滋生了严重的腐败问题。例如，证监会对企业发行上市和上市公司再融资进行行政性、实质性审查，耗费了大量行政资源，降低了资本市场融资效率，但是上市公司通过虚假陈述等手段侵害投资人利益的案件仍多发频发，特别是随着中国政府加大反腐力度，证监会发行发审部门成为腐败重灾区。

为保证资本市场制度建设更有效率，首先应当科学界定政府监管职能及其边界，并通过立法使之制度化、固定化。凡是市场机制和自由竞争可以解决的问题，都应当交由市场决定，政府尽量减少行政性审批和限制性规定。政府监管的主要任务是克服市场失灵，保护市场参与者特别是这些投资者的合法权益，维护资本市场公平、透明、高效，防范和化解系统性金融风险。

第二，强化制度建设过程中的程序正义原则。程序正义原则是行政法的基本原则，其目的是通过正当程序控制行政权的行使，维护公民基本权益。在资本市场建设过程中，程序正义原则至少涉及两项基本要求。其一，避免偏私，即负责制度设计与实施的行政机关必须与资本市场没有利益牵连，没有部门偏见，不受政治压力影响，独立于资本市场参与各方。其二，公平听证，即行政机关必须全面、准确、及时告知利益相关人有关制度设计与实施安排，举行听证听取利益相关人意见，吸收采纳合理部分，对不采纳的意见说明理由。以上两点是对行政机关程序义务的最低标准。

对照程序正义原则，中国资本市场制度建设过程中主要存在两大问题。其一，金融监管部门与交易所、金融中介机构之间存在着千丝万缕的联系，很难真正避免偏私。例如，上海、深圳证券交易所以及证券公司高管人员均由中国证监会任命，很多人具有证监会工作背景，证监会同样有很多干部具有交易所、证券公司从业经历，由此造成证监会在研究制定资本市场制度安排时，自觉或不自觉地优先考虑交易所和证券公司的利益，普通投资者的利益经常被忽视。其二，公平听证程序尚未建立。中国资本市场制度建设仍以政府为绝对主导，信息公开不够，社会公众知情权难以保证。一些听证过程往往流于形式，听证意见很难被政府部门采纳，公众意志难以体现。缺乏救济与申诉机制，对制度设计过程中发生的侵权行为，社会公众只能就某项具体行政行为提出复议或者诉讼请求，无法就制度整体合法性提出意见。

资本市场制度建设是复杂的多方博弈过程，经常涉及重大利益调整。为保证中国资本市场制度建设始终保持符合国家长远利益、提高市场运行效率、维护公众基本权益的发展方向，必须通过规范决策程序，强化程序正义。首先，以立法形式规定资本市场重大制度的制定程序，明确凡是涉及资本市场参与者基本利益的制度安排必须遵循法定程序，必须经过规划、调研、起草、听证、修订、公布、实施等环节，同时加强执行监督和责任追究，防止实施过程中的随意性。其次，发挥人民代表大会在资本市场立法中的主导作用，凡是涉及资本市场基础性、综合性的法律法规必须由全国人大专门委员会、国务院法制机构或者依法委托的第三方组织起草，防止证监会等金融管理部门将部门利益法律化。最后，完善资本市场制度建设的听证程序，建立资本市场制度草案征求公众意见和公众意见采纳情况反馈机制，建立资本市场基本制度的司法审查制度，保障社会公众在资本市场制度建设过程中的知情权、参与权、司法救济权等基本权力。

第三，抓紧调整完善资本市场改革亟须的重大制度安排。首先，改革完善资本市场监管制度。按照“简化事前行政审批，加强事中事后监管”的原则，对现行资本市场监管制度进行修改完善。对应当或者可以由资本市场自律管理的事项，监管部门不再进行行政审批，全部交由市场管理。对应当由政府提供的维护资本市场秩序的公共服务，必须压实监管部门责任，强化执法监管手段，加大处罚惩戒力度。其次，完善资本市场中小投资者保护制度。中小投资者是中国资本市场的主要参与力量，是资本市场可持续发展的基石，因此，要从战略高度推进中小投资者保护制度建设。司法部门要按照“依法治市”原则，建立中小投资者司法救济制度，完善民事责任与刑事责任追究机制，取消民事侵权案件以证监会行政处罚为前置程序的规定，率先在资本市场民事诉讼案件中引入集体诉讼制度，最大限度地提高资本市场违法成本。监管部门要按照公平原则，对中小投资者参与资本市场各类交易的歧视性规定进行清理，取消准入门槛和交易限制，治理监管不作为和权力寻租行为。最后，完善资本市场融资制度。推动《证券法》修改，制定股票发行注册制改革方案，指导证券交易所和行业协会修订自律管理规则和公约，完善严格监管、查处违规行为、打击证券犯罪的配套制度；建立股票市场主板、创业板、新三板等板块之间的转板对接机制，支持优质公司升级转板，强制劣质公司降级退市，提高股票市场资源配置效率；制定境外上市的境内公司回归国内股票市场的相关机制，吸引通过协议控制（VIE）等模式赴海外上市的境内公司回归，提升国内资本市场包容度和国际化水平；研究制定支持债券市场发展的政策措施，出台整合企业债、公司债、中小企业债、中期票据等企业债权融资管理部门和管理办法，健全地方政府债券发行管理制度，提高中国债券市场运行效率和服务水平。

第 6 章　基于增强金融市场主体活力的中国储蓄—投资转化率提升路径

第 5 章从改善政府金融制度供给的角度，提出提升中国储蓄—投资转化率的政策建议。本章主要从发挥金融市场主体（主要包括资本市场和商业银行）的储蓄—投资转化功能的角度，提出相关政策建议。

6.1　强化资本市场融资功能

理论上，资本市场对促进储蓄—投资转化具有重要影响。但是，本书的实证研究结果表明，中国股市总市值、交易量、周转率等指标均不是储蓄—投资转化率的格兰杰原因，也就是说，资本市场在促进储蓄—投资转化方面的重要作用尚未发挥。因此，为提升储蓄—投资转化率，我们应当从发展多层次股权市场、债券市场、投资服务机构等方面入手，增强资本市场融资功能。

6.1.1　加快多层次股权市场发展

1. 中国多层次股权市场发展现状

目前，中国多层次股权市场主要由主板、中小企业板、创业板、全国中小企业股份转让系统（以下简称新三板）和区域性股权市场（以下简称四板）组成。如表 6.1 所示，截至 2015 年 7 月 15 日，主板上市公司 1549 家，中小企业板上市公司 767 家，创业板上市公司 484 家，新三板挂牌企业 2732 家，四板挂牌企业 15522 家。

表 6.1　中国多层次股权市场公司数量

上海证券交易所合计	1071
深圳证券交易所	1729
主板	478
中小企业板	767
创业板	484
全国中小企业股份转让系统	2732
区域性股权市场合计	15522
天津股权交易所	494
上海股权托管交易中心	431
重庆股份转让中心	120
北京股权交易中心	27
大连股权交易中心	51
武汉股权托管交易中心	495
广州股权交易中心	1261
前海股权交易中心	6458
广东金融高新区股权交易中心	47
海峡股权交易中心	35
江苏股权交易中心	147
江西省股权交易所	0
浙江股权交易中心	1606
湖南股权交易所	74
新疆股权交易中心	532
山西股权交易中心	1235
青海股权交易中心	238
齐鲁股权交易中心	498
辽宁股权交易中心	1007
安徽股权托管交易中心	312
吉林股权交易所	166
贵州股权金融资产交易中心	288

资料来源：作者根据各市场官网公开资料整理。

注：数据截至 2015 年 7 月 15 日。

2. 中国多层次股权市场存在的问题

目前，中国多层次股权市场主要存在三方面问题。

首先，行政色彩浓厚，市场运行机制扭曲。中国股市是在政府主导，特别是中央政府主导下逐步发展起来的，具有明显的行政干预色彩，市场设立、股票发行、交易结算、投资者保护等各项股市基本制度都是由以中国证监会为核心的政府部门制定的，对股市的监管也是以证监会及其派出机构的行政监管为主。虽然近年来证监会在出台一些重要制度安排前，会公开征求社会公众意见，但仍在很大程度上流于形式，市场参与各方的意见和建议很难被重视和采纳。由此造成中国股市仍以"政策市"为主，市场本身运行机制不健全，缺乏内生发展动力。

其次，各板块功能分割，板块间发展不平衡。中国股权市场被人为分割为主板、中小企业板、创业板、新三板及四板，个板块功能和服务对象相互独立、泾渭分明，既没有合理的转板制度，又缺乏必要的竞争机制，形成实质意义上的行政垄断。同时，板块间发展极度不平衡。一方面，作为证监会直管的主板、中小企业板、创业板获得了几乎所有可以获得的行政资源和司法支持，其发展程度已接近国际水平；另一方面，作为地方政府管理的四板，仍处于发展初期，不仅法律地位不十分明确，而且证监会凭借规则制定权还对其发展进行限制甚至扼杀。例如，成立于 2008 年 9 月的天津股权交易所，在市场地位、服务对象、交易制度等方面基本与 2012 年 9 月设立的新三板相同，其发展形势曾一度好于新三板，颇有发展成为全国性股权市场之势，但由于与证监会主导的新三板存在直接竞争和利益冲突，遭到证监会封杀而一蹶不振。

最后，资源配置功能弱化，服务实体经济作用不足。中国股市设立之初的主要目的是为国有企业改革筹集资金，但近年来股市筹资功能明显不足。从股市融资占比看，如表 6.2 所示，2005—2014 年十年间，中国境内股市融资额占全部社会融资总额的比重仅为 3%左右，最高年份 2007 年刚刚超过 7%，最低年份 2005 年仅 1%多一点，近年来维持在 2%左右。从上市公司数量占比看，如表 6.3 所示，2010—2013 年，最高境内上市公司数量 2000 余家，仅占全国企业法人单位总数的万分之三。由此可以看出，无论在融资额度方面，还是在融资公司数量方面，中国股市的作用还远未发挥出来。

表 6.2　中国境内股票融资与社会融资规模比较

年度	2014	2013	2012	2011	2010	2009	2008	2007	2006	2005
社会融资规模（万亿元人民币）	16.41	17.32	15.76	12.83	14.02	13.91	6.98	5.97	4.27	3.00
非金融企业境内股票社会融资规模（亿元人民币）	4350	2219	2508	4377	5786	3350	3324	4333	1536	339
股票融资占比（%）	2.65	1.28	1.59	3.41	4.13	2.41	4.76	7.26	3.60	1.13

资料来源：作者根据历年《中国统计年鉴》整理。

注：社会融资规模是指一定时期内实体经济从金融体系获得的资金总额，是增量概念。

表 6.3　中国境内上市公司数量与企业法人单位数量比较

年度	2013	2012	2011	2010
全国企业法人单位数（个）	8208273	8286654	7331200	6517670
境内上市公司数（家）	2489	2494	2342	2063
上市公司占比（%）	0.03	0.03	0.03	0.03

资料来源：作者根据历年《中国统计年鉴》整理。

3. 加快多层次股权市场发展的路径

针对中国股权市场目前存在的问题,应从以下三个方面完善股权市场功能,提高资源配置效率。

第一，改进对创新创业企业的直接融资服务。全球范围新一轮科技革命和产业革命正在兴起，科技创新能力成为决定一个国家未来综合国力和发展水平的战略支撑。中国政府在经济发展新常态背景下，加快实施创新驱动战略，大力培育创新创业企业，促使其成为经济发展新引擎。由于创新创业企业普遍具有成立时间短、资产结构轻、经营风险大等特点，很难获得传统商业银行贷款支持，客观上需要通过直接融资获取外部资金支持。为此，股权市场应提升服务功能，创新服务模式，充分发挥资源配置作用，支持创新创业企业发展。

首先，提升创业板、新三板等全国性股权市场吸纳能力。创业板和新三板是创新创业企业在中国境内上市和挂牌融资的主要场所，目前上市和挂牌公司仅3000余家，与全国范围创新创业热潮极不适应。同时，由于上市门槛较高、部分规定僵化、审批效率较低等问题，已造成不少具有良好发展前景的境内企业到境外上市，造成优质上市资源流失。为此，创业板和新三板应主动适应新形势，针对创新创业企业特点，调整优化上市、挂牌流程，合理降低上市、挂牌门槛，由注重过去盈利水平向注重未来储蓄盈利能力转变，取消对上市、挂牌数量和节奏的行政性限制，充分发挥市场机制作用，吸纳优质创新创业企业资源。

其次，活跃区域性股权市场等场外市场。由于创业板和新三板近期容量有限，四板市场才是解决众多创新创业企业直接融资的主要市场。为此，区域性股权市场由于创业板和新三板近期容量有限，四板市场才是解决众多创新创业企业直接融资的主要市场。为此，四板市场应以纳入国家多层次股权市场体系为契机，完善交易规则和配套制度，发展场外交易，真正成为上市公司的孵化器。在挂牌制度方面，四板市场应适当降低甚至取消挂牌门槛，引导投资者根据自身投资偏好和风险承受能力自主做出投资决策，并承担投资风险。在交易制度方面，四板市场应研究完善创业风险投资和私募股权投资的退出机制，推动建立做市商制度，活跃市场交易，提高流动性。在登记制度方面，四板市场应积极争取地方政府支持，建立与工商行政管理部门对接的股权托管和登记系统，防范交易风险，促进挂牌企业股权质押融资业务发展。

最后，大力发展股权众筹融资业务。众筹（Crowdfunding）起源于17世纪初荷兰东印度公司的设立，兴起于 21 世纪初互联网技术的广泛应用。特别是2012年4月，美国《乔布斯法案》（Jobs Act）确立了股权众筹融资的法律地位和发行豁免条件，有效降低了众筹发行人（主要是初创企业和小企业）融资成本，较好平衡了投资者保护与中小企业融资便利之间的矛盾，成为美国证券市场监管改革的重要措施，受到全球广泛关注和纷纷效仿。2015年7月，中国人民银行等部门发布《关于促进互联网金融健康发展的指导意见》，明确将股权众筹作为多层次资本市场的有机组成部分，为中国股权众筹市场打开了广阔的发展空间。作为多层次股权市场的最底层，股权众筹平台一方面应坚持为初创期创新创业企业服务的市场定位，利用互联网优势创新服务模式，扩大融资规模，提高融资效率，降低融资成本，防范非法集资和非法证券活动；另一方面应做好对众筹发行人的尽职调查，及时披露企业关键信息，搞好投资者教育，充分揭示投资风险，防止欺诈行为，培育良好众筹文化，维护健康发展环境。

第二，支持国有企业改革重组。中国政府设立股票市场的初衷，就是为国有企业融资服务。目前，新一轮国有企业改革的大幕已徐徐拉开，股票市场特别是沪深交易所应发挥更大作用，成为推动国有企业深化改革的主力军。

首先，搭建国有企业与资本市场对接平台。据统计，中国国有控股企业达20多万，上市公司仅2000余家，绝大多数国有企业没有与证券市场深度接触的经历，缺乏对如何利用证券市场促进自身做优做强的认识。沪深交易所作为中国境内最重要的两个证券市场，聚集了国内外各类投资银行、咨询机构、会计师事务所、律师事务所等中介机构，应充分利用金融资源聚集优势，组织协调各类中介机构积极参与国企改革，强化与政府部门和地方政府的联系，直接参与各级国企改革顶层设计，深入了解国有企业经营情况和改革方向，有针对性地提出具体解决方案，指导国有企业依法依规进行资本运作。

其次，推动国有企业混合所有制改革。发展混合所有制经济，是打破中国目前行政垄断、消除国有经济与民营经济之间壁垒、实现生产要素自由流动和高效配置的重大改革举措，其推进的难度主要是国有资本或国有股权的定价问题。沪深交易所一方面应主动适应国企改革需要，完善市场价格决定机制，提高市场有效性，为国有资本有序退出提供价格参考和交易平台；另一方面应加快产品创新，为国有资本管理提供更多、更有效的金融工具。例如，沪深交易所应加快优先股试点，支持国有股转换为优先股，既保证国有资本获得固定股息收益权和剩余财产优先清偿权，有利于改善国有资本“一股独大”问题，优化国有企业公司治理结构。再如，沪深交易所应加快推出政府特权优先股，便于政府在特殊情况下对已实行私有化的关系国计民生、国家安全的国有企业进行控制和管理。

最后，支持国有企业并购重组。本轮国有企业改革的另一项主要内容是并购重组，既包括以“淘汰落后产能、提高行业集中度”为目标的并购重组，如钢铁、水泥行业；也包括以“落实‘一带一路’战略、推动高端装备走出去”为目标的并购重组，如铁路、航运企业。为支持国有企业并购重组，沪深交易所一方面应调整完善相关制度规定，简化流程，加强服务，为上市国有企业并购重组提供各种便利；另一方面应支持国有企业通过定向增发、发行可交换债券、定向权证等方式，拓宽并购融资渠道，丰富并购支付手段。

第三，优化沪深交易所市场运行机制。自20世纪90年代以来，在经济全球化、金融自由化、交易信息化推动下，全球主要交易所均经历了组织形式、运营模式、交易产品等方面的深刻变革。中国沪深交易所应该顺应发展潮流，加快推进公司化、集团化、国际化、大数据化改革创新，在提高自身发展水平和国际竞争力的同时，提高交易所的运行效率，降低企业融资成本。

首先，推进交易所公司化改革。中国上海和深圳证券交易所曾是参照当时国际通行的会员制组织形式设立起来的。在中国经济转型的特殊背景下，目前沪深交易所并未发展成为真正意义上的会员制交易所，而是成为实质意义上的由中国证监会直接管理的准政府机构。与此同时，全球主要证券交易所陆续完成公司化（或称非互助化）改制，并公开发行上市，从而使交易所治理结构得到优化，消除了会员对市场的垄断，较好地解决了交易所会员之间以及会员与交易所、市场参与者之间的利益冲突。沪深交易所应积极借鉴境外交易所公司化改制经验做法，结合中国国情，按照市场化（即去行政化）原则，制定实施公司化改革方案。引入除证券公司以外的商业银行、保险公司、投资机构等投资者，优化交易所股权结构。明确交易所独立法人地位，建立现代企业制度，完善决策机制，提高交易所透明度。打破沪深交易所行政垄断局面，引入竞争机制，加快推动沪深交易所公开发行上市。

其次，推进交易所集团化发展。全球主要交易所在完成公司化改制后，又开始了大规模并购整合。2000 年 9 月，荷兰阿姆斯特丹、法国巴黎、比利时布鲁塞尔证券交易所合并成立泛欧交易所（Euronext），而后于 2001 年 12 月收购伦敦国际金融期货交易所（LIFFE），于 2002 年与葡萄牙里斯本证券交易所合并，于 2006 年与纽约证券交易所集团合并成立纽约泛欧交易所集团（NYSE Euronext），后者于 2011 年拟与德意志交易所（Deutsche Börse）合并，但遭欧盟委员会以阻碍竞争为由予以否决。与此同时，美国纳斯达克证券交易所于 2007 年 5 月并购北欧证券交易商瑞典 OMX 集团，成立纳斯达克 OMX 集团（NASDAQ OMX）。交易所并购浪潮还席卷了日本、韩国、新加坡、中国香港、澳大利亚等亚太地区和巴西等南美地区。反观中国证券市场，仍处于诸侯割据、行政垄断状态。为适应交易所集团化发展趋势，沪深交易所一方面应加快横向整合，吸收兼并新三板、四板市场、股票衍生品市场、股权众筹平台等各类场内、场外交易平台，为各类市场参与者提供多层次、多元化交易产品；另一方面应加快纵向整合，将交易所登记、交易、清算、监管系统与证券公司买卖委托、交易确认、风险控制等系统有机整合起来，实现交易全过程无缝对接。

再次，推进交易所国际化合作。全球主要交易所为提高自身国际竞争力，满足投资者跨地域、跨时区交易需求，在进行大规模跨境并购的同时，也纷纷开展交易所之间的国际合作。例如，2010 年 10 月，新加坡交易所与纳斯达克 OMX 集团合作推出全球报价板（Global Quote），首批 19 家中国企业的美国存托凭证（American Depositary Receipt，简称“ADR”）挂牌交易，使亚洲投资者首次可在亚洲交易时间交易在美国纳斯达克上市的股票。这 19 家中国企业中不乏中国铝业、中国移动、中国石油等行业巨头以及百度、携程等优质互联网企业。相比较而言，中国沪深交易所与境外交易所的国际合作明显滞后，目前仅与香港交易所（HKEx）合作推出 2 只跨境交易型开放式指数基金（Exchange Traded Funds，简称“ETF”）。为深化交易所跨境合作，沪深交易所应积极扩大与欧美及新兴国家交易所的国际合作，近期可扩大跨境 ETF 合作范围和规模，中期可研究推出双向存托凭证交易和跨境交叉挂牌等制度，实现中国企业境内外融资便利化和国内投资者境内外投资便利化。

最后，推进交易所大数据化创新。随着互联网、云计算、大数据等现代信息技术的迅猛发展，全球主要交易所凭借自身拥有的海量数据和信息处理技术优势纷纷推出大数据产品，满足市场需求，增加交易所收入来源。纳斯达克交易所早于 2008 年就推出基于云平台的市场回放服务，供用户回放和分析证券市场活动。纽约证券交易所将上市公司行为事件、交易事件、场外实时行情等封装为信息产品推出，提供带 API 可编程接口的市场数据在线分析平台（Market Data Analytics Lab）。德意志交易集团对外提供涵盖全球宏观经济数据、企业信用评级等内容、机器可读的新闻信息服务，其下属欧洲期交所还提供移动 APP 手机应用程序。东京交易所对外提供包括指数信息、参考数据、公司行为数据等内容、可用于大数据分析的非结构化数据，使事件驱动交易（Event-driven trading）取得较快发展。目前，中国证券市场只有中证百度百发 100 指数、南方—新浪大数据 100 指数等少数几只基于互联网挖掘技术的大数据产品，沪深交易所对大数据技术的应用几乎还是空白。为此，沪深交易所应紧跟信息技术发展潮流，树立大数据经营管理理念，加大技术投入，拓展大数据产品范围，满足投资者多样化需求。沪深交易所应发挥准政府机构优势，大范围收集政府部门、司法机关、研究机构、公共服务单位以及互联网涉及的各类宏观经济、金融、行业数据和微观企业运营、管理、风险控制数据，与交易所掌握的交易数据整合为大数据资产。在此基础上，沪深交易所应加大产品创新力度，研发基于大数据技术的统计类、技术分析类、新闻资讯类、互联网分析类信息产品，建立云服务平台，推出可在场内交易的大数据产品。

6.1.2 加快债券市场统一

除股权市场外，债券市场也是企业直接融资的重要途径。目前，中国债券市场发展相对滞后，企业债券融资规模仍然偏低。如表 6.4 所示，2005—2014 年，中国企业通过银行系统融资占全部社会融资的比例超过 80%，最高年份 2005 年达到 90%；债券融资比例最高年份 2014 仅 15%，最低年份 2007 年还不足 4%。这些充分说明中国债券市场的功能和作用还未充分发挥，社会融资结构极不合理。

表 6.4　中国社会融资结构表

年度	2014	2013	2012	2011	2010	2009	2008	2007	2006	2005
社会融资规模（%）	100	100	100	100	100	100	100	100	100	100
银行体系融资占比（%）	79.4	84.5	80.8	82.4	85.8	87.0	85.2	87.1	89.1	89.8
企业债券融资占比（%）	14.5	10.5	14.3	10.7	7.9	8.9	7.9	3.8	5.4	6.7
境内股票融资占比（%）	2.7	1.3	1.6	3.4	4.1	2.4	4.8	7.3	3.6	1.1

资料来源：作者根据历年《中国统计年鉴》数据计算得出。

造成中国债券市场发展缓慢的根本原因是债券市场的多头管理。根据现行政策规定，国债和地方政府债由财政部负责发行管理，非上市大型国有企业债和以企业债名义发行的城投债由国家发改委负责审批，央行票据、金融企业债由人民银行及银监会负责审批，短期融资券、中期票据、非公开定向债务融资工具、非金融企业资产支持票据由人民银行下属的银行间市场交易商协会负责核准注册，证券公司短期融资券由人民银行和证监会联合管理，公司债、可转换公司债、分离交易可转债由证监会负责核准，中小企业私募债由交易所负责备案。多头管理导致部门间利益之争和沟通协调低效率，最终影响到债券市场的发展。

针对中国债券市场存在的问题，应按照“统一监管、集中托管、市场化发展”的思路，加快债券市场改革，增强债券市场功能。

第一，推动债券市场统一监管。银行间债券市场和交易所债券市场分别作为场外市场和场内市场，是债券市场不可分割的重要组成部分，二者相互联系、相互补充，共同服务于企业债权融资。为实现债券市场整体发展，应将分散于多个部门的债券市场监管职能整合起来，交由一个部门行使监管职责，并通过立法形式统一两个市场的发行、登记、托管、交易、结算、风险防范、投资者保护、法律责任等内容，推动两个市场协调发展。

第二，实现集中统一托管。目前，中国债券市场有两家相互独立的登记结算公司。一家为中央国债登记结算有限公司（简称“中央结算”），由人民银行和财政部管理，负责国债、银行间债券、银行理财产品、信托产品等的登记结算。另一家为中国证券登记结算有限公司（简称“中国结算”），由证监会管理，承担沪深交易所全部证券登记结算业务。为满足债券市场统一托管要求，上述两家结算公司应当合并，建立全国统一的债券登记结算系统，以提高登记效率，降低结算风险。在此基础上，两个市场应加快在交易品种、交易时间、交易规则等方面的统一，实现两个市场互联互通，资金自由流动。

第三，推进债券市场市场化发展。目前，中国债券市场存在大量显性或隐性的行政审批，导致债券市场发展进入瓶颈期。要突破发展瓶颈，就必须按照市场化原则，简化行政审批，由债券市场参与者自主决策相关事项，实现债券的市场化发行和交易。同时，银行间市场、交易所、行业协会等应进一步完善自律管理体制机制和制度规定，更好地发挥自律监管作用，切实做好消费者权益保护、金融风险防范、违法行为查处等工作，维护公平竞争环境和行业正当利益。

6.1.3 壮大资本市场投资服务机构

资本市场发展除了市场载体自身改革提升以外，还离不开市场参与者特别是机构投资者和市场服务机构的发展壮大。因此，为进一步增强中国资本市场融资功能，在多层次股权市场和债券市场加快发展的同时，还应该壮大机构投资者，发展现代投资银行和现代资产管理机构。

第一，壮大机构投资者。目前，中国资本市场的机构投资者主要以证监会管理的公募和私募证券投资基金为主。由于业务同质化、基金投资人追求短期收益等原因，证券投资基金并没有发挥稳定市场、引领价值投资的作用，反而成为资产泡沫的骑乘者（Bubble Rider），变为资本市场暴涨暴跌的助推器。为扭转这种局面，应该着力推动养老基金、企业年金、商业保险资金、信托资金等长期资金投资资本市场，壮大机构投资者队伍，发挥价值投资引领作用，维护资本市场长期繁荣稳定。

第二，培育现代投资银行。投资银行作为资本市场的主要金融中介服务机构，是资本市场发展的核心力量。目前中国投资银行（即证券公司）业务范围仍以低层次的经纪业务和高风险的自营业务为主，高端的财务顾问、做市商、国际业务还基本是空白。为增强行业整体竞争力、实现与资本市场良性互动发展，应该加快推动投资银行专业化、特色化、国际化发展。首先，大力发展财务顾问业务，为各类企业通过资本市场并购重组提供咨询服务，促进经济转型升级。其次，顺应场外市场、私募市场、衍生品市场发展趋势，大力发展做市商业务，活跃市场交易，为市场提供流动性。最后，大力发展国际业务，为"走出去"中国企业提供跟随服务，提高国际竞争力。

第三，发展现代资产管理机构。2010 年中国人均 GDP 约为 4300 美元，按照"十二五"和"十三五"规划目标测算，预计到 2020 年中国人均 GDP 将超过 1 万美元，经济总量有望与美国相当。在此过程中，中国居民、企业和政府的资产规模必然快速增长，对资产进行有效管理的需求必然暴增。但目前，中国资产管理机构（主要包括基金公司、证券公司、商业银行等）普遍存在"重机构、轻个人""重高端、轻中低端"、产品单一、创新能力弱等问题，显然无法满足上述需求。为此，资产管理机构应主动抓住机遇，强化金融创新和风险管理，根据不同个人、机构的资产状况、投资需求和风险偏好，为其量身定制投资策略，推出多样化、多层次、多市场的投资组合产品，提供综合性金融服务，实现客户资产的保值增值。

6.2 推进商业银行转型发展

实证研究表明，商业银行存款规模对中国储蓄—投资转化率具有较强的正向影响，这充分说明商业银行在中国目前金融结构中居主导地位。因此，为提升储蓄—投资转化率，商业银行应当发挥更大作用。具体来讲，一方面商业银行应当巩固和加强存贷款等传统业务；另一方面商业银行应当顺应经济金融发展新趋势，积极发展创新业务，实现整体转型升级。

6.2.1 巩固提升表内业务

按照巴塞尔委员会的定义，银行业务分为负债业务、资产业务及表外业务三大类。其中，负债业务是指银行通过对外负债方式筹措所需资金的活动，包括各类存款、借款及发行债券等业务；资产业务是指银行将吸收的资金贷放或投资出去赚取收益的活动，包括各类贷款、投资等业务；表外业务在中国又称为中间业务，是指不在资产负债表中反映的所有金融服务类业务，包括支付结算、银行卡、代理、担保及承诺、交易、投资银行、基金托管、咨询顾问等业务。

目前，中国商业银行是以负债业务、资产业务等表内业务为主要业务形式，以存贷款利差收入为主要利润来源。究其原因，一是中国持续保持的高储蓄率和高投资率，为商业银行提供了稳定廉价的资金来源和持续增长的融资需求；二是由于资本市场发展严重滞后，中国形成了以间接融资为主体的金融结构，银行贷款成为社会融资的主渠道；三是长期实施的利率管制政策，为商业银行创造了高额利差收入，致使商业银行失去了发展其他业务的积极性和紧迫感。

基于中国金融发展和金融结构现状，要促进储蓄—投资转化，首先就要求商业银行通过拓宽存款来源、优化贷款结构等措施，做优做强表内业务。

第一，拓宽存款来源。存款是银行控制贷款等其他业务的基础，也是储蓄—投资转化的前提。没有充足稳定的存款，银行其他业务就很难开展，储蓄—投资转化更无从谈起。在 2007 年全球金融危机爆发前，西方银行普遍缺乏对吸收存款的重视，往往通过金融市场融入大量短期资金，用于发放中长期贷款，认为只要能够在金融市场持续不断地获得资金，这种“借短贷长”的经营模式就是可持续的。但事与愿违，全球金融危机的爆发使金融市场立即失去流动性，西方银行也因期限错配爆发流动性危机，大量银行破产倒闭或者接受政府救助。金融危机的教训充分说明，“存款立行”也是有一定道理的。

2015 年 6 月 2 日，中国人民银行发布《大额存单管理暂行办法》，允许商业银行等存款类金融机构向非金融企业和个人发行以人民币计价的记账式大额可转让存款凭证（Certificates of Deposit，CDs）。商业银行应抓住机遇，将发行大额存单作为今后稳定和扩大存款业务的重要途径，深入研究大额存单发行相关问题，制定具体实施策略和工作方案，建立完善内部管理制度和风险控制流程，开发建设大额存单业务管理系统，积极主动争取人民银行支持和指导。应充分发挥大额存单可转让、可质押、流动性强等优势，通过接入第三方转让平台和明确提前支取、赎回办法，吸引有富余资金且对资金流动性要求较高的企业和个人购买大额存单。同时，应将大额存单作为主动负债管理的重要工具，合理制定发行计划，科学确定定价方式和利率水平，提高负债管理的精细化程度。

第二，优化贷款结构。由于历史上存在比较严重的信贷配给，中国银行业贷款结构明显失衡。一是大量信贷资金流入总体效率低下的国有企业。根据2014年《中国金融年鉴》数据计算，截至2013年年末，国有企业贷款余额20.47万亿元，占全部企业贷款余额44.02万亿元的46.5%，说明国有企业占有将近一半的贷款存量。2013年，国有企业全年新增贷款1.67万亿元，占当年新增企业贷款4.74万亿元的35.2%，说明超过三分之一的贷款增量流入国有企业。二是中国旧的以不断增加生产要素投入推动经济增长的发展模式，导致大量信贷资金沉淀在高污染、高能耗以及产能过剩行业。三是2008年中国政府为应对全球金融危机推出4万亿元经济刺激计划后，大量信贷资金流入了缺乏经营管理经验和稳定收入来源的地方政府融资平台。根据中国银监会统计，截至2013年6月末，地方政府融资平台贷款余额达9.7万亿元。上述问题不仅加大了银行业信贷风险，而且降低了社会整体投资效率，对储蓄—投资转化产生不利影响。

解决中国银行业贷款结构失衡问题，其一应优化贷款增量。银行业金融机构应当准确把握中国经济发展方式转变的宏观趋势，加强对战略性新兴产业、先进制造业、现代服务业、科技创新企业等行业和企业的研究，在此基础上结合自身客户资源和业务优势，确定重点支持客户，并调整完善内部信贷审批管理政策和考核激励办法，将新增的信贷资金配置到符合国家产业政策、发展前景好、投资效率高的行业和企业，支持和培育优质客户资源。其二应盘活贷款存量。银行业金融机构应当在有效控制不良贷款率的前提下，通过收回贷款、信贷资产转让、信贷资产证券化、债务重组、债权转股权等方式，对信贷存量进行调整，逐步压缩对两高一剩行业、房地产企业、地方政府融资平台以及落后低效国有企业的信贷规模，实现平稳有序退出。

6.2.2 创新发展表外业务

自20世纪80年代以来，西方银行业金融机构在金融自由化政策推动下，普遍进行了以发展表外业务为主要内容的业务转型，以应对金融脱媒对银行业的冲击。表外业务具有不占用资本金、灵活度大、收益率高等特点，有利于缓解商业银行资本充足率和不良贷款率压力，扩大金融服务广度和深度，提高商业银行盈利能力和竞争力。时至今日，表外业务已发展为西方银行业金融机构的主要业务模式和利润来源，成为衡量一个银行发展水平和领先程度的标尺。

中国银行业金融机构开展表外业务较晚，发展相对滞后。2001 年 6 月，中国人民银行发布《商业银行中间业务暂行规定》后，中国商业银行才开始逐步开展表外业务。目前，中国绝大部分商业银行都有了表外业务，业务规模逐年扩大，呈现快速增长势头，但也存在一些问题。一是表外业务收入占比低，存贷款利差收入仍居绝对主导地位。二是技术含量低且同质化严重。中国商业银行开展的表外业务主要局限于支付结算、委托贷款、代理收付、银行卡等低端、低收益、同质化的业务，对技术含量高、附加值大的投资银行、资产管理、咨询评估、金融交易等业务涉足较少。三是创新能力不足。商业银行仍存在传统粗放式经营管理惯性，缺乏对高端、新型表外业务的重视和研究，缺乏创新意识和能力。

随着资本市场的快速发展和利率市场化改革的加快推进，商业银行必然面对信贷扩张趋缓、存贷利差收窄、利润增长减速等不利局面。为应对挑战，商业银行必须以表外业务创新推动转型发展，实现金融服务综合化、特色化、专业化、国际化。

第一，加快经营理念创新。经营理念是企业对组织环境、使命、核心竞争力的基本认知，是企业实现长期发展的基石。面对经济金融发展新形势，商业银行应积极主动调整丰富经营理念，努力实现四个转变。一是通过发展高层次、高附加值的表外业务，实现从只注重信贷规模和增长速度向既注重规模和速度、更注重质量和效益的转变。二是通过提供多层次、综合化金融服务，实现从融资中介向服务中介的转变。三是通过研发针对不同客户群体的差异化、定制化金融产品，实现从产品导向向客户导向的转变。四是通过整合客户账户信息，实现从分散账户管理向客户全面价值管理的转变。

第二，加快组织架构创新。全球银行业组织架构主要有五种模式，按照演进时序分别是，自上而下按职能设置的总分支模式、按业务种类或地区设置的事业部模式、将直线职能与事业部结合起来的矩阵模式、兼具事业部和矩阵两种模式特点的混合模式以及基于供应链管理的网络模式。中国大部分商业银行采用最初级的总分支模式，少数银行演进至事业部模式，只有渤海银行等极个别银行由于境外战略合作者原因进化至矩阵模式。总分支模式有利于知识和技能的纵向传播，实现规模迅速扩张，适用于银行发展初期，规模小、业务单一、竞争不充分的情形。目前，中国银行业已跨过了发展初期，总分支模式在实践中暴露出管理层级过多、机构臃肿、决策链条长等弊端。为此，商业银行应根据自身实际和表外业务发展需要，选择事业部、矩阵或其他模式，加快推进组织变革，实现扁平化管理和高效化运营。

第三，加快服务模式创新。商业银行传统服务模式以网点柜台被动式服务为主，即被动等待客户上门办理存取款、转账、贷款等业务。这种服务模式往往导致业务办理效率低、客户排队等候时间长、体验差等问题，不能满足日益复杂化、综合化、专业化的表外业务发展需要。为此，商业银行应加快服务模式创新，提升 ATM、电话银行、网上银行、手机银行等电子渠道功能，实现主要业务均可通过电子渠道办理。同时，加强客户价值和客户需求分析，主动引导低端客户利用电子渠道办理业务，尽量减少等候时间和对服务资源的占用；为中端客户提供柜台服务，深度挖掘潜在需求；为高端客户提供私人银行服务，配备专门的客户经理和专业理财师，建立长期、稳定的客户关系。

第四，加快重点业务创新。商业银行应紧盯国际主流银行发展动态，结合自身特点和条件，在遵循国内分业监管相关规定的前提下，通过设立专门事业部、专业子公司、金融控股公司等形式，加快推动高端表外业务发展。

大力发展投资银行业务。随着中国经济结构调整和国企改革的深化，将有大量企业通过资本市场优化股权结构、开展兼并重组、进行直接融资，亟须专业化、综合化、国际化的投资银行服务。商业银行特别是大中型商业银行应抓住机遇，组建专门服务团队，发挥银行资源和网络优势，为客户提供并购重组、投资咨询、财务顾问等咨询服务，开展证券承销、资金托管、风险管理等投资银行业务。

大力发展资产管理业务。受益于经济持续快速增长，中国国民财富呈爆发式增长，国民资产管理需求与日俱增。为此，商业银行应在总结以往发售理财产品成功经验的基础上，扩大产品创新深度和广度，提供覆盖储蓄、信托、证券、基金、保险、外汇等市场的多元化、综合性投资管理和咨询服务，并为高端客户提供个性化、定制化金融服务。

大力发展衍生交易业务。西方商业银行早于 20 世纪 80 年代后期就推出了大量互换、期货、期权等金融衍生类产品。中国人民银行 2001 年发布的《商业银行中间业务暂行规定》也明确将金融衍生业务列为审批制管理的中间业务品种。但由于该业务相对复杂、风险较大，至今发展较慢，规模有限。为此，有条件的商业银行应在有限控制风险的前提下，加快发展衍生品柜台交易，在满足客户风险管理和投资需求的同时，提高自身业务实力和国际竞争力。

6.2.3 加快商业银行与互联网深度融合

近年来，互联网金融在中国发展迅猛，对商业银行产生巨大冲击，大有颠覆传统银行业之势。以中国首只互联网基金——余额宝为例，自 2013 年 6 月由第三方支付公司——支付宝与天弘基金管理公司合作推出以来，仅用一个月时间资产规模就突破百亿元，不到半年时间资产规模又突破千亿元。如果没有金融管理部门出手干预，预计用不了一年时间资产规模就会突破万亿元。截至 2015 年 6 月末，余额宝基金资产规模高达 6100 亿元，持有人累计达到 1.5 亿人。另据有关机构估算，2012 年互联网支付金额接近 7 万亿元，2013 年点对点（P2P）行业交易规模超过千亿元。上述互联网金融的发展，直接分流了数额庞大的银行存款，给银行资产负债和流动性管理带来不小压力；抬高了银行融资成本，银行失去了负债成本极低的小额活期存款后，不得不通过其他方式融入高成本资金，存贷款利差进一步收窄；蚕食了银行支付结算、银行卡、理财等传统中间业务收入，进一步压缩了银行的盈利空间。可以说，互联网金融超乎想象的高速增长，使商业银行特别是中小银行感受到前所未有的压力。

面对互联网大潮，商业银行积极学习借鉴先进理念和技术，改善金融服务，取得一定进展。例如，民生银行加大电子渠道投入，交易替代率已超过 80%。平安银行、渤海银行分别推出“平安盈”“添金宝”等互联网理财产品，收益率直接与余额宝看齐，以此吸引部分存款回流。招商银行、中信银行借道信用卡商城进入电子商务领域。建设银行、交通银行、广发银行分别推出“善融商务”“交博汇”“SMART 购”电子商务平台，借此收集类似淘宝掌握的交易信息，为更好地拓展客户资源和识别客户风险奠定基础。

但也应当看到，目前商业银行所谓互联网业务的发展，仍未摆脱传统经营理念和业务模式的束缚，距离真正意义上的互联网金融还相去甚远。因此，商业银行应根据自身条件，运用互联网思维从以下三个层次加快转型和创新，真正实现银行与互联网的融合发展。

第一，推动传统线下业务线上化。加大电子渠道建设投入，开发完善自动取款机（ATM）、网上银行、电话银行、手机银行、微信银行等业务系统，丰富系统功能，实现线下功能线上全覆盖，提供 7×24 小时全天候服务。通过广告宣传、优惠费率、奖励补贴等措施，引导和鼓励客户使用电子渠道办理业务，提升客户体验，培养使用习惯，增强客户黏性。强化交互式营销，全面分析掌握客户需求，提供有针对性的个性化、综合化金融服务。以线上交易替代率为重点指标，加大对分支机构和各业务条线的考核力度。在业务创新方面，坚持线下线上并举，适度向线上倾斜。

第二，利用互联网技术提升银行服务。密切银行与互联网公司的合作关系，相互开放业务平台，共享客户资源，协调开展跨界创新。开发建设基于微博、微信等社交网络、集投融资信息发布、市场营销、客户需求调查、新产品研发测试及金融消费者权益保护等功能于一体的信息平台，不断增强平台活跃度和关注度，提高客户依赖性和忠诚度。运用大数据、云计算、数据挖掘等技术，全方位、多角度分析客户需求和风险状况，及时调整优化经营决策。借助搜索引擎的强大作用，深度分析搜索者行为特点，增强金融服务针对性，提高金融产品网络营销效率。

第三，发展真正意义上的互联网银行。与上述前两个层次不同，真正意义上的互联网银行是对传统银行思维的颠覆，是自始至终、彻头彻尾按照互联网思维建立运营的银行。

荷兰国际直销银行（ING-DiBa）就是一个成功的范例。该行的历史可追溯至 1965 年，是德国首家没有分行网络的“直销银行”。该行总部位于法兰克福，现仅在汉诺威、纽伦堡、维也纳设有 3 个分行，在柏林设有 1 个代表处。20 世纪 90 年代以前，该行一直发展缓慢，规模有限。但随着互联网在德国的快速发展和普及，该行异军突起，规模迅速扩大，成为德国第三大零售银行。2014 年，该行实现税前利润 8.88 亿欧元，当年新增客户 20 万，客户总数达到 830 万，管理资产规模 2200 亿欧元。自成立以来，该行秉承“以客户为中心、透明、创新”的经营理念，深耕德国本土市场，以系统易达性（permanent accessibility）、友好性、员工专业化、业务流程简单可靠、公平透明等优势得到客户认可并口口相传，连续八年被《€uro》商业杂志读者评为“最受喜爱的银行”。该行的成功充分说明，在当今互联网时代，互联网银行具有巨大的发展潜力和成长空间。

目前，中国互联网银行正处在创新发展的关键时期。由互联网巨头腾讯公司作为主发起人的深圳前海微众银行已开业，由另一家互联网巨头阿里巴巴作为主发起人的浙江网商银行已获批筹建。由于是新生事物，两家银行在发展初期难免遇到来自同业、监管部门、客户、社会公众这样或者那样的评论，甚至异议。两家银行一定要坚持“立足互联网，服务草根经济”的战略方向和经营理念，充分运用互联网思维和互联网技术，探索金融服务实体经济新模式、新路径，走出一条不同于传统金融的创新发展之路。

6.3 提高风险管理能力

实证研究表明，不良贷款率对中国储蓄—投资转化率具有负向影响，虽然程度较弱，但也应该受到重视，因为金融风险具有较强的传染性和外部性，即使小的风险隐患，如果处理不当，也可能引发大的区域性或者系统性金融风险，进而影响储蓄—投资转化。因此，为提升储蓄—投资转化率，商业银行就应当增强风险意识，强化风险管理独立性，建立全面风险管理体系，提高风险管理水平。

6.3.1 中国商业银行风险管理存在的问题

在经历了1997年亚洲金融危机和2007年全球金融危机后，中国银行业金融机构普遍认识到金融风险的严重危害性和加强风险管理的极端重要性，纷纷采取措施，加大资源投入，健全组织架构，完善技术手段，强化风险管理。但是，随着国内外经济金融形势发展变化，特别是国内金融改革步伐加快，银行业金融机构的风险管理仍存在一些不容忽视的问题。

第一，商业银行风险管理工作仍主要靠外部监管部门推动，缺乏结合自身业务发展实际需要强化风险管理的积极性，主动风险管理意识有待加强。

第二，商业银行对风险管理与业务发展的辩证关系认识不到位，经常走两个极端，不是因为过分担心风险而限制业务创新，就是因为过度追求业务发展而置风险管理于不顾。

第三，风险管理手段仍比较落后，有的机构仍停留在事后手工操作阶段，缺乏定量分析工具和数据模型，对复杂、综合性业务的风险监测仍是空白。

第四，商业银行间风险管理水平差异较大，国有大型银行和全国性股份制商业银行基本上能够按照国际监管标准建立风险管理体系，但大部分小银行特别是农村合作银行和农村信用社仍很难达标。

6.3.2 强化风险管理的独立性

由于对风险管理与业务发展之间关系的认识存在误区，中国商业银行风险管理职能往往内嵌于业务部门或者核算单位之下，从而削弱了风险管理部门的独立性和权威性。例如，在总分行模式下，分行作为独立核算主体，往往会因盈利需要干涉分行内部的风险管理部门，影响其对业务风险性的评估。

为真正实现风险管理部门对业务部门和核算单位的有效监督，商业银行应在正确处理风险与发展关系的基础上，强化风险管理的独立性，实行风险条线的垂直管理，建立健全风险经理体系，将分属于不同业务部门和核算单位下的风险管理职能上收，同时优化风险管理部门与各条线和各分行的信息沟通机制，实现对各类风险的有效识别和动态监测。

6.3.3 建立完善全面风险管理体系

商业银行风险管理大致经历了四个阶段。一是20世纪60年代前的资产风险管理阶段，重点对银行贷款风险进行管理。二是20世纪六七十年代的负债管理阶段，重点对银行主动负债风险进行管理。三是20世纪八九十年代的资产负债管理阶段，强调对银行资产业务和负债业务风险的协调管理。四是21世纪以来的全面风险管理阶段，以巴塞尔委员会2001年1月公布的《新巴塞尔资本协议（征求意见稿）》、2004年6月出台的《新巴塞尔资本协议》和美国特里德考察团资助委员会（The Committee of Sponsoring Organization of the Treadway Commission，COSO）2003年7月提交的《企业全面风险管理框架》为标志，强调对信用风险、市场风险、操作风险进行全面管理，包括全球风险管理体系、全面风险管理范围、全程风险管理过程、全员风险管理文化、全新风险管理方法、全额风险计量等内容。

商业银行全面风险管理是对历年来全球银行业风险管理经验的总结创新，代表了最新的发展方向。中国银行业金融机构应从四个维度逐项细化内容方法，制定实施方案，完善制度流程，落实保障措施，加快建立完善符合监管规定和自身特点的全面风险管理体系。第一个维度是纳入管理的银行风险类别，包括信用风险、市场风险及操作风险。第二个维度是银行的组织层级，包括总行、分支行、业务条线及所属子公司。第三个维度是银行目标，包括战略目标、经营目标、报告可靠性目标及合规性目标。第四个维度是银行风险管理的组成部分，包括银行内部风险管理环境、风险管理目标、风险识别、风险评估、风险应对、内部控制、信息沟通及监测评估。

由于各银行风险管理基础和现状差异较大，不可能全部银行都一步到位，因此商业银行全面风险管理体系建设应按照“分类、分级、先易后难、逐步推进”的原则积极稳妥有序进行。大型国有商业银行、全国性股份制商业银行特别是总行机构，应带头全面组织实施。其他中小银行应先从信用风险管理开始，逐步扩大至市场风险和操作风险管理。至于银行风险管理涉及的八个组成部分，应先从相对简单的健全组织架构、完善管理制度、设计内控流程等入手，再逐步过渡到建立内部评级体系、风险计量模型等技术含量相对较高的其他工作。

6.4 改善人力资本管理

实证研究表明，金融业工资总额指标对储蓄—投资转化率具有正向影响。由于一个行业的工资水平通常与该行业吸引优秀人才的规模成正比，因此，我们可以将金融业工资总额指标作为金融业人力资本的一个测度。由此可以推论，金融业人力资本对储蓄—投资转化率具有正向影响。因此，为提升储蓄—投资转化率，金融机构应当采取有效措施，改善人力资本管理，提高金融业人力资本总体水平。

6.4.1 金融业人力资本的重要性

人力资本的概念，最早由美国数理经济学家费雪（Irving Fisher）于 1906 年提出。20 世纪 50 年代末，美国经济学家舒尔茨（Thodore Schults）系统提出了人力资本理论，阐明人力资本对经济增长的重要推动作用。

本书前面章节理论推导过程已经证明，在满足一定假设条件下，经济增长取决于资本积累。在以资本、劳动、知识三要素作为投入品进行生产的过程中，劳动可以通过假设“以不变的正的增长率增长”转化为外生变量，如式（2.15）所示；知识可以通过“干中学”假设转化为资本的函数，如式（2.13）所示；此时，资本成为生产函数中唯一的内生变量，如式（2.16）所示。

人力资本是资本积累最重要的形式之一。世界银行通过对全球 159 个国家和地区 1995—2005 年财富变化的系统研究后指出，一个国家的发展过程也就是该国财富积累的过程，在国家财富构成中，自然资本（Natural Capital，包括农地、保护区、森林、矿产、能源等）和生产性资本（Produced Capital，包括机器、设备、建筑物等）平均仅占23%左右；无形资本（Intangible Capital，包括人力资本、社会资本、制度资本等）平均占比高达77%左右，其中人力资本又是无形资本中最重要的组成部分[①]。该报告同时指出，对中国1985—2007年人力资本的专题研究表明，人力资本对中国经济增长的贡献明显。

金融业人力资本是影响金融路径储蓄—投资转化是否高效、顺畅的决定性因素。随着中国金融业进一步深化改革和扩大开放，制约金融路径储蓄—投资转化功能发挥的行政性、制度性障碍逐步消除，以资本市场和商业银行为代表的金融中介的市场主体地位逐步提高，活力日益增强。如本书前面章节所述，在此过程中，资本市场要增强融资功能，商业银行要加快转型发展，同时还要提高风险管理能力，所有这些归根结底都需要高素质的金融从业人员去实施。因此，如果没有强大的人力资本积累和完善的人力资本管理，金融业创新发展就会成为无源之水、无本之木，提升金融路径储蓄—投资转化率也就会成为一句空话。

6.4.2 金融业人力资本基本状况

中国金融业人力资本状况大致可以从数量和质量两个层面进行考察。

其一，从数量上分析，如表6.5所示，2005—2014年，中国分行业增加值构成中，农林牧渔业、工业、交通运输、仓储和邮政业、住宿和餐饮业所占比重均有不同程度的下降，而建筑业、批发和零售业、金融业、房地产业所占比重均有不同程度的上升，其中金融业增加值占比上升3.3个百分点，增长接近1倍，是增长最快的行业。表6.6表明，中国同期城镇单位就业人员中，农林牧渔业、工业、交通运输、仓储和邮政业、金融业就业人员占比均有不同程度的下降，住宿和餐饮业就业人员占比基本保持不变，建筑业、批发和零售业、房地产业就业人员占比均有不同程度的上升。由此可以看出，相对于十年来快速发展的趋势而言，金融业吸纳高素质从业人员的能力似乎仍显不足。

---

① World Bank. The Changing Wealth of Nations：Measuring Sustainable Development in the New Millennium[R]. World Bank, Washington, D.C., 2010.

表 6.5 中国分行业增加值构成表

年度	2014	2013	2012	2011	2010	2009	2008	2007	2006	2005
国内生产总值(%)	100	100	100	100	100	100	100	100	100	100
农林牧渔业	9.5	9.7	9.8	9.8	9.9	10.2	10.6	10.7	11.0	12.1
工业	35.9	36.9	38.3	39.6	39.7	39.3	41.0	41.1	41.8	41.4
建筑业	7.0	6.9	6.9	6.8	6.6	6.5	5.9	5.7	5.7	5.6
批发和零售业	9.8	9.6	9.3	9.0	8.8	8.4	8.3	7.8	7.6	7.5
交通运输、仓储和邮政业	4.5	4.4	4.4	4.5	4.6	4.8	5.2	5.4	5.6	5.7
住宿和餐饮业	1.8	1.7	1.8	1.8	1.9	2.0	2.1	2.1	2.2	2.3
金融业	7.3	7.0	6.6	6.3	6.3	6.3	5.8	5.7	4.6	4.0
房地产业	6.0	6.1	5.9	5.8	5.8	5.5	4.7	5.2	4.8	4.6
其他行业	18.3	17.6	17.0	16.4	16.4	17.0	16.5	16.3	16.7	16.8

资料来源：作者根据历年《中国统计年鉴》整理。

表 6.6 中国城镇单位就业人员行业分布表

年度	2014	2013	2012	2011	2010	2009	2008	2007	2006	2005
城镇单位就业人员(%)	100	100	100	100	100	100	100	100	100	100
农林牧渔业	1.6	1.6	2.2	2.5	2.9	3.0	3.4	3.5	3.7	3.9
工业	34.2	34.8	34.4	34.9	34.6	34.6	35.1	35.8	35.7	35.3
建筑业	16.0	16.1	13.2	12.0	9.7	9.4	8.8	8.7	8.4	8.1
批发和零售业	4.9	4.9	4.7	4.5	4.1	4.1	4.2	4.2	4.4	4.8
交通运输、仓储和邮政业	4.7	4.7	4.4	4.6	4.8	5.0	5.1	5.2	5.2	5.4
住宿和餐饮业	1.6	1.7	1.7	1.7	1.6	1.6	1.6	1.5	1.6	1.6
金融业	3.1	3.0	3.5	3.5	3.6	3.6	3.4	3.2	3.1	3.2
房地产业	2.2	2.1	1.8	1.7	1.6	1.5	1.4	1.4	1.3	1.3
其他行业	31.8	31.1	34.2	34.6	37.1	37.2	36.9	36.4	36.5	36.5

资料来源：作者根据历年《中国统计年鉴》整理。

其二，从质量上分析，如表 6.7 所示，截至 2015 年末，中国五大国有商业银行中具有研究生及以上学历的员工比例不足 10%，而大学专科及以下较低学历的员工比例超过30%，特别是工商银行和农业银行低学历员工的比例达50%左右。这从很大程度上反映出中国金融业从业人员整体素质不理想，人力资本质量仍有待提高。

表6.7 中国大型国有商业银行员工学历统计表

	研究生及以上（%）	大学本科（%）	大学专科（%）	其他（%）
工商银行	5.2	48.4	32.3	14.1
农业银行	4.6	42.6	32.4	20.4
中国银行	6.9	63.0	24.3	5.8
建设银行	7.5	55.2	28.9	8.4
交通银行	10.5	67.8	17.9	3.8

资料来源：作者根据相关银行2015年年报数据整理。

6.4.3 改善金融业人力资本管理

针对目前中国金融业人力资本数量偏少、质量偏低的现状，金融机构应当通过建立市场化选人用人机制、完善薪酬管理制度、健全绩效管理体系、强化在职教育培训等措施，强化人力资本管理，提高人力资本水平。

1. 建立市场化选人用人机制

由于历史原因，目前中国各类金融企业仍以国有资本占主导地位，由此形成以行政任命方式为主的金融企业选人用人机制，有的金融企业甚至成为官员退休前捞金的好去处。这既不利于高端金融人才的培养成长，也不利于金融企业的长远发展。因此，金融企业应建立市场化选人用人机制，通过公开竞争、择优任用方式，把真正懂业务、擅管理的高端金融人才选拔出来，使用起来。同时，应注重发挥董事会、监事会、股东大会对金融企业高管层的监督作用，确保其以实现股东利益最大化为目标，履行职业经理人职责。

2. 完善薪酬管理制度

近年来，金融企业高管过高的薪酬水平受到社会广泛关注。这不仅造成收入分配不公的社会问题，而且直接增加了储蓄—投资转化过程中的漏损，不利于储蓄—投资转化率的提升。为此，金融企业应按照“效率优先，兼顾公平”

的原则，合理确定内部薪酬管理办法，既要按照贡献大小适当拉开薪酬差距，又要将薪酬差距控制在合理范围内，特别要注重提高基层一线员工的待遇水平，以吸引优秀大学毕业生入职。同时，金融企业应根据本行业特点，完善长期激励约束机制，开展股权激励试点和企业年金试点，将金融企业发展与员工个人发展紧密结合起来，形成良性互动。

3. 健全绩效管理体系

目前，部分金融企业对绩效管理的认识还停留在为发放绩效奖金提供依据的层面，尚未认识到绩效管理低于提高员工个人业绩，保证企业战略目标实现的重要作用。为此，金融企业应在现有绩效考核制度的基础上，完善绩效管理体系，强化绩效计划，使企业战略目标层层分解到每个机构和每个岗位；强化绩效辅导，使每个员工积极参与，并努力培养核心能力；强化绩效评估，使评估结果更加科学、准确、全面；强化绩效结果运用，使员工得到正向激励，企业竞争力得到提升。

4. 强化在职教育培训

目前，除少数传统涉农金融企业以外，大部分金融企业员工的文化程度都很高，但普遍存在“重入职前学历，轻入职后教育”的问题，不利于金融企业人力资本的持续提升。为此，金融企业应结合自身专项发展需要，加强对在职员工的后续教育，强化对岗位技能、履职能力、企业文化等内容的培训，建设专业化、国际化、复合型金融人才队伍。同时，金融企业还应加强师资队伍建设，建立完善内外部师资协调联动机制，提高培训的针对性和有效性。

第 7 章　研究结论与展望

储蓄—投资转化是决定资本形成质量与效率、进而决定经济增长的重要因素。在中国经济发展进入“新常态”背景下，储蓄率有可能持续走低，客观上要求提升储蓄—投资转化率，以保持经济持续增长。本书采用规范分析与实证分析相结合的方法，从金融视角对中国储蓄—投资转化率及其影响因素进行了深入分析，研究提出了提升中国储蓄—投资转化率的政策建议。

7.1　研究的主要结论

本书从金融视角对中国储蓄—投资转化问题进行研究，采用规范分析与实证分析相结合的方法，重点分析了中国储蓄—投资转化率及其金融影响因素，主要结论如下。

第一，经济增长率由储蓄—投资转化率、储蓄率及资本的边际产出共同决定，金融发展通过提高储蓄—投资转化率、影响储蓄率、增加资本的边际产出等三条途径影响经济增长。本书第 2 章使用西方主流经济学范式，对储蓄—投资转化与经济增长之间的关系进行研究。在罗默提出的研究与开发内生增长模型基础上，通过放松“储蓄全部转化为投资”的强假设，引入储蓄—投资转化率变量，建立了一个包含储蓄—投资转化率的金融内生增长模型：$g(t)=\varphi sb$。其中，g 为经济增长率，φ 为储蓄—投资转化率，s 为储蓄率，b 为资本的边际产出。此模型揭示了储蓄—投资增长率是经济增长率的决定因素之一，阐明了金融发展影响经济增长的三条途径，即提高储蓄—投资转化率、影响储蓄率、增加资本的边际产出。

第二，中国储蓄率与投资率明显高于全球主要经济体，但储蓄—投资转化率无论从总量看，还是从分部门、分地区看，均处于中等水平，虽然高于欧美发达国家，但低于亚洲主要经济体，并且存在企业部门转化率低和地区间差异大等问题。本书第 3 章运用面板协整理论，对中国储蓄—投资转化率进行全面评价。在 Feldstein 和 Horioka 提出的储蓄与投资相关性研究模型基础上进行扩展，建立了固定影响变系数面板数据模型，对中国等 19 个 G20 成员国（欧盟除外）1980—2011 年储蓄—投资转化率进行总量分析，对中国、巴西、日本、韩国、英国、美国等 6 个国家 1946—2011 年居民、企业、政府储蓄—投资转化率进行分部门分析，对中国 31 个省、自治区、直辖市 1980—2012 年储蓄—投资转化率进行分地区分析。结果表明，虽然中国储蓄率和投资率远远高于其他国家，但中国储蓄—投资转化率仍处于中等水平，并且存在结构性问题。

第三，七项金融指标对中国储蓄—投资转化率具有影响，按照影响程度从大到小排序依次是，存贷比、存款、存贷款利率差、涉农贷款占比、股市波动、金融业工资总额以及不良贷款率。其中，前 6 项指标为正向影响，最后 1 项指标为负向影响。本书第 4 章利用格兰杰因果检验方法，对影响中国储蓄—投资转化率的金融因素进行分析。在现有消费、储蓄、投资理论基础上，本书总结归纳可能影响储蓄—投资转化率的金融因素，建立了一个包含 4 个一级指标和 25 个二级指标的储蓄—投资转化率金融影响因素的指标体系，对中国 1993—2010 年储蓄—投资转化率与 25 项金融指标之间是否存在格兰杰因果关系进行检验，并对存在因果关系的金融因素进行回归分析，确定其影响方向和程度。结果表明，在进行检验的 25 项金融指标中，有 6 项指标对中国储蓄—投资转化率具有正向影响，有 1 项指标具有负向影响。

第四，为提升中国储蓄—投资转化率，一方面应从完善金融制度方面入手，提高商业银行存贷比、加快利率市场化改革、增强金融制度普惠性、加强资本市场制度建设；另一方面应从增强金融市场主体活力方面入手，强化资本市场融资功能、推进商业银行转型发展、提高风险管理能力、改善人力资本管理。本书第 5、6 章基于前面章节理论分析和实证研究结果，从提升储蓄—投资转化率角度提出推进中国金融改革的政策建议，明确重点内容和优先次序。当前中国金融改革最重要的任务是，通过提高商业银行存贷比、促进商业银行转型发展、加快利率市场化改革等措施，提升总储蓄—总投资转化率；通过增强金融制度普惠性、加强资本市场制度建设等措施，提升企业部门和农村地区的储蓄—投资转化率。

7.2 研究的局限和未来研究方向

本书从金融视角对中国储蓄—投资转化问题进行研究，重点分析了影响中国储蓄—投资转化率的金融因素。在研究过程中，初步分析抽象出影响中国储蓄—投资转化率的 7 个金融变量，并分别做了分析。但是，本书未能对上述 7 个变量之间的相互关系以及由此导致的对储蓄—投资转化率的综合影响，做进一步研究。

另外，本书主要使用总储蓄率与总投资率、部门储蓄率与部门投资率、地区储蓄率与地区投资率等指标对储蓄—投资转化率进行宏观总量分析，未能对储蓄—投资转化的微观基础、微观主体做进一步分析。

最后需要指出的是，正如本书前面章节所述，影响储蓄—投资转化的因素较多，除金融因素外，还包括财税政策、产权制度等经济因素，以及社会、文化等非经济因素。本书仅针对金融因素提出政策建议，并不意味着其他因素不重要。相反，在实际经济运行过程中，其他因素也对提升储蓄—投资转化率发挥着重要作用，只是由于不在本书研究范围之内而未深入讨论。为此，决策者在做出决策时，要综合考虑本国具体的经济、金融、社会、文化等各方面因素，做好各项政策的权衡选择与组合协调。

附　录

附表 1　相关国家 1980—2011 年总储蓄率和总投资率

	总储蓄率	总投资率		总储蓄率	总投资率
阿根廷-1980	23.20	25.19	日本-1980	30.73	32.14
阿根廷-1981	20.37	22.63	日本-1981	31.16	31.06
阿根廷-1982	19.39	21.70	日本-1982	30.09	29.77
阿根廷-1983	18.96	20.83	日本-1983	29.23	27.80
阿根廷-1984	18.23	19.90	日本-1984	30.18	27.67
阿根廷-1985	19.28	17.53	日本-1985	31.54	28.19
阿根廷-1986	18.13	17.41	日本-1986	31.82	27.96
阿根廷-1987	16.25	19.50	日本-1987	31.54	28.49
阿根廷-1988	17.40	18.59	日本-1988	33.01	30.66
阿根廷-1989	16.85	15.47	日本-1989	33.57	31.83
阿根廷-1990	17.30	13.96	日本-1990	33.62	32.53
阿根廷-1991	14.41	14.60	日本-1991	33.83	32.25
阿根廷-1992	13.87	16.66	日本-1992	33.20	30.58
阿根廷-1993	15.65	19.65	日本-1993	31.90	29.26
阿根廷-1994	15.65	19.95	日本-1994	30.74	28.05
阿根廷-1995	17.98	18.56	日本-1995	30.19	28.10
阿根廷-1996	15.57	19.64	日本-1996	30.01	28.62
阿根廷-1997	15.19	20.83	日本-1997	30.32	28.09
阿根廷-1998	15.11	20.99	日本-1998	29.15	26.10
阿根廷-1999	13.80	17.84	日本-1999	27.32	24.73
阿根廷-2000	13.06	17.52	日本-2000	27.63	25.11
阿根廷-2001	12.84	15.61	日本-2001	26.41	24.30

续表

	总储蓄率	总投资率		总储蓄率	总投资率
阿根廷-2002	20.89	10.78	日本-2002	25.29	22.46
阿根廷-2003	21.44	14.05	日本-2003	25.57	22.40
阿根廷-2004	20.88	18.63	日本-2004	26.20	22.50
阿根廷-2005	23.95	20.83	日本-2005	26.10	22.47
阿根廷-2006	26.66	22.96	日本-2006	26.60	22.68
阿根廷-2007	26.71	24.12	日本-2007	27.75	22.88
阿根廷-2008	25.16	25.06	日本-2008	26.27	22.98
阿根廷-2009	23.37	21.22	日本-2009	22.58	19.67
阿根廷-2010	22.60	24.45	日本-2010	23.49	19.77
阿根廷-2011	22.46	26.10	日本-2011	21.90	19.87
澳大利亚-1980	21.71	26.92	韩国-1980	25.01	32.89
澳大利亚-1981	20.85	28.65	韩国-1981	24.82	30.25
澳大利亚-1982	18.76	26.30	韩国-1982	27.14	29.89
澳大利亚-1983	16.97	22.91	韩国-1983	29.35	31.01
澳大利亚-1984	20.14	26.55	韩国-1984	30.43	30.83
澳大利亚-1985	18.30	26.99	韩国-1985	29.37	30.90
澳大利亚-1986	17.63	25.38	韩国-1986	34.19	30.24
澳大利亚-1987	20.14	26.15	韩国-1987	38.32	30.80
澳大利亚-1988	25.86	28.82	韩国-1988	40.31	32.59
澳大利亚-1989	25.65	29.81	韩国-1989	37.59	35.36
澳大利亚-1990	22.94	26.27	韩国-1990	37.58	38.09
澳大利亚-1991	18.54	22.53	韩国-1991	37.68	40.06
澳大利亚-1992	19.35	22.46	韩国-1992	36.42	37.08
澳大利亚-1993	21.18	23.77	韩国-1993	36.79	35.99
澳大利亚-1994	21.68	25.44	韩国-1994	35.97	36.77
澳大利亚-1995	20.44	25.20	韩国-1995	35.43	36.94
澳大利亚-1996	21.03	24.69	韩国-1996	33.84	37.85

续表

	总储蓄率	总投资率		总储蓄率	总投资率
澳大利亚-1997	21.10	23.95	韩国-1997	33.91	35.45
澳大利亚-1998	21.44	25.97	韩国-1998	36.98	25.04
澳大利亚-1999	20.54	26.10	韩国-1999	34.20	28.89
澳大利亚-2000	21.44	24.68	韩国-2000	33.34	30.56
澳大利亚-2001	21.33	23.25	韩国-2001	30.83	29.16
澳大利亚-2002	21.05	24.88	韩国-2002	30.51	29.20
澳大利亚-2003	21.36	26.62	韩国-2003	32.31	29.89
澳大利亚-2004	21.29	27.19	韩国-2004	34.41	29.93
澳大利亚-2005	22.23	28.00	韩国-2005	31.89	29.69
澳大利亚-2006	22.10	27.27	韩国-2006	31.10	29.62
澳大利亚-2007	22.51	28.56	韩国-2007	31.50	29.43
澳大利亚-2008	24.67	29.06	韩国-2008	31.55	31.21
澳大利亚-2009	23.08	27.25	韩国-2009	30.21	26.28
澳大利亚-2010	23.93	26.79	韩国-2010	32.42	29.53
澳大利亚-2011	24.93	27.19	韩国-2011	31.83	29.45
巴西-1980	17.96	21.20	墨西哥-1980	23.51	28.11
巴西-1981	18.57	20.99	墨西哥-1981	22.73	28.31
巴西-1982	15.30	19.19	墨西哥-1982	22.13	24.92
巴西-1983	13.26	15.21	墨西哥-1983	25.60	22.20
巴西-1984	14.13	14.34	墨西哥-1984	23.49	21.43
巴西-1985	18.00	17.41	墨西哥-1985	23.12	22.75
巴西-1986	16.99	17.36	墨西哥-1986	18.74	19.66
巴西-1987	21.81	20.28	墨西哥-1987	24.08	21.49
巴西-1988	24.03	20.69	墨西哥-1988	19.47	20.65
巴西-1989	24.99	22.51	墨西哥-1989	18.59	20.98
巴西-1990	19.35	18.35	墨西哥-1990	18.54	21.12
巴西-1991	19.43	17.93	墨西哥-1991	17.02	21.27

续表

	总储蓄率	总投资率		总储蓄率	总投资率
巴西-1992	20.51	17.20	墨西哥-1992	15.06	21.17
巴西-1993	20.71	18.92	墨西哥-1993	25.80	30.57
巴西-1994	21.84	22.15	墨西哥-1994	24.23	30.01
巴西-1995	15.66	18.03	墨西哥-1995	26.57	27.04
巴西-1996	14.31	17.04	墨西哥-1996	27.37	28.02
巴西-1997	13.95	17.43	墨西哥-1997	27.68	29.32
巴西-1998	13.08	17.03	墨西哥-1998	23.86	27.14
巴西-1999	12.06	16.38	墨西哥-1999	22.88	25.34
巴西-2000	14.49	18.25	墨西哥-2000	22.76	25.54
巴西-2001	13.84	18.03	墨西哥-2001	20.31	22.81
巴西-2002	14.69	16.20	墨西哥-2002	21.54	23.54
巴西-2003	16.53	15.77	墨西哥-2003	21.87	22.88
巴西-2004	18.88	17.12	墨西哥-2004	24.18	24.83
巴西-2005	17.79	16.21	墨西哥-2005	23.71	24.34
巴西-2006	18.01	16.76	墨西哥-2006	25.56	26.14
巴西-2007	18.44	18.33	墨西哥-2007	25.47	26.50
巴西-2008	18.99	20.69	墨西哥-2008	25.34	26.90
巴西-2009	16.34	17.84	墨西哥-2009	23.18	23.77
巴西-2010	18.03	20.24	墨西哥-2010	23.59	24.01
巴西-2011	18.45	20.56	墨西哥-2011	24.16	25.10
加拿大-1980	22.58	22.96	俄罗斯-1980		
加拿大-1981	23.01	24.87	俄罗斯-1981		
加拿大-1982	20.04	19.27	俄罗斯-1982		
加拿大-1983	19.53	19.78	俄罗斯-1983		
加拿大-1984	20.35	20.50	俄罗斯-1984		
加拿大-1985	19.98	20.92	俄罗斯-1985		
加拿大-1986	18.37	21.10	俄罗斯-1986		

续表

	总储蓄率	总投资率		总储蓄率	总投资率
加拿大-1987	19.50	22.10	俄罗斯-1987		
加拿大-1988	20.81	22.86	俄罗斯-1988		
加拿大-1989	19.83	23.28	俄罗斯-1989		
加拿大-1990	17.32	20.91	俄罗斯-1990		31.91
加拿大-1991	14.69	18.78	俄罗斯-1991		38.29
加拿大-1992	13.20	17.80	俄罗斯-1992	37.64	37.64
加拿大-1993	13.74	17.85	俄罗斯-1993	30.02	30.02
加拿大-1994	16.60	18.87	俄罗斯-1994	29.17	26.34
加拿大-1995	18.01	18.76	俄罗斯-1995	27.66	25.44
加拿大-1996	18.74	18.19	俄罗斯-1996	27.03	24.26
加拿大-1997	19.44	20.73	俄罗斯-1997	21.96	21.98
加拿大-1998	19.14	20.39	俄罗斯-1998	17.21	17.13
加拿大-1999	20.59	20.30	俄罗斯-1999	27.40	14.83
加拿大-2000	22.95	20.23	俄罗斯-2000	36.73	18.69
加拿大-2001	21.45	19.18	俄罗斯-2001	32.57	21.50
加拿大-2002	21.01	19.30	俄罗斯-2002	28.47	20.04
加拿大-2003	21.20	19.99	俄罗斯-2003	28.27	20.04
加拿大-2004	23.04	20.72	俄罗斯-2004	30.40	20.34
加拿大-2005	23.96	22.08	俄罗斯-2005	30.55	19.49
加拿大-2006	24.43	23.02	俄罗斯-2006	30.65	21.12
加拿大-2007	24.08	23.24	俄罗斯-2007	31.29	25.36
加拿大-2008	23.57	23.24	俄罗斯-2008	30.33	24.08
加拿大-2009	17.91	20.87	俄罗斯-2009	21.05	17.00
加拿大-2010	19.07	22.20	俄罗斯-2010	25.40	20.70
加拿大-2011	19.97	22.79	俄罗斯-2011	28.50	23.16
中国-1980	48.84	52.41	沙特-1980	46.20	20.96
中国-1981	54.96	55.09	沙特-1981	42.66	20.21

续表

	总储蓄率	总投资率		总储蓄率	总投资率
中国-1982	35.51	33.52	沙特-1982	25.72	20.75
中国-1983	35.57	34.20	沙特-1983	8.77	21.69
中国-1984	35.52	34.89	沙特-1984	12.19	27.62
中国-1985	34.60	38.35	沙特-1985	5.01	21.45
中国-1986	35.93	38.36	沙特-1986	3.15	19.46
中国-1987	37.10	37.00	沙特-1987	4.90	17.72
中国-1988	36.95	37.89	沙特-1988	9.65	19.69
中国-1989	36.31	37.27	沙特-1989	8.48	19.45
中国-1990	39.22	36.14	沙特-1990	11.51	15.07
中国-1991	39.37	36.12	沙特-1991	-1.56	19.45
中国-1992	38.77	37.46	沙特-1992	9.40	22.52
中国-1993	42.54	44.48	沙特-1993	11.53	24.59
中国-1994	43.57	42.20	沙特-1994	12.05	19.85
中国-1995	42.12	41.90	沙特-1995	16.05	19.79
中国-1996	41.29	40.44	沙特-1996	18.53	18.10
中国-1997	41.83	37.95	沙特-1997	18.49	18.30
中国-1998	40.19	37.10	沙特-1998	13.41	22.42
中国-1999	38.19	36.75	沙特-1999	21.40	21.14
中国-2000	36.83	35.12	沙特-2000	26.31	18.71
中国-2001	37.58	36.27	沙特-2001	23.99	18.88
中国-2002	40.30	37.87	沙特-2002	25.97	19.67
中国-2003	44.00	41.20	沙特-2003	32.89	19.82
中国-2004	46.82	43.26	沙特-2004	39.93	19.19
中国-2005	48.04	42.10	沙特-2005	46.78	18.24
中国-2006	51.55	42.97	沙特-2006	46.50	18.73
中国-2007	51.87	41.74	沙特-2007	44.81	20.55
中国-2008	53.17	44.05	沙特-2008	50.56	22.78
中国-2009	53.47	48.24	沙特-2009	31.11	25.55

续表

	总储蓄率	总投资率		总储蓄率	总投资率
中国-2010	52.23	48.22	沙特-2010	37.25	22.61
中国-2011	51.35	48.58	沙特-2011	47.62	21.07
法国-1980	22.85	23.37	南非-1980	33.61	26.99
法国-1981	20.26	20.98	南非-1981	26.39	32.66
法国-1982	19.21	21.22	南非-1982	20.46	27.52
法国-1983	18.35	19.27	南非-1983	24.79	22.29
法国-1984	18.42	18.58	南非-1984	21.67	23.38
法国-1985	18.45	18.53	南非-1985	24.24	17.43
法国-1986	19.46	19.14	南非-1986	23.17	15.86
法国-1987	19.10	19.59	南非-1987	21.94	12.87
法国-1988	20.24	20.71	南非-1988	22.52	16.19
法国-1989	21.12	21.66	南非-1989	22.21	17.26
法国-1990	20.89	21.72	南非-1990	18.93	13.35
法国-1991	20.37	20.89	南非-1991	18.30	13.77
法国-1992	19.52	19.25	南非-1992	16.44	12.29
法国-1993	17.52	16.82	南非-1993	16.14	12.93
法国-1994	18.25	17.65	南非-1994	16.83	15.40
法国-1995	18.37	17.92	南非-1995	16.51	17.94
法国-1996	18.26	17.03	南非-1996	15.99	16.56
法国-1997	19.49	16.83	南非-1997	15.18	16.10
法国-1998	20.78	18.15	南非-1998	15.24	16.32
法国-1999	21.95	18.80	南非-1999	15.71	15.35
法国-2000	21.35	19.89	南非-2000	15.57	15.70
法国-2001	21.31	19.56	南非-2001	15.33	15.05
法国-2002	19.84	18.58	南非-2002	16.70	15.87
法国-2003	19.19	18.46	南非-2003	15.66	16.65
法国-2004	19.76	19.21	南非-2004	15.04	18.08

续表

	总储蓄率	总投资率		总储蓄率	总投资率
法国-2005	19.49	19.97	南非-2005	14.49	17.96
法国-2006	20.29	20.87	南非-2006	14.38	19.69
法国-2007	20.96	21.96	南非-2007	14.27	21.24
法国-2008	20.20	21.95	南非-2008	15.53	22.68
法国-2009	17.61	18.95	南非-2009	15.59	19.64
法国-2010	17.71	19.26	南非-2010	16.61	19.43
法国-2011	18.69	20.64	南非-2011	16.40	19.73
德国-1980	22.26	28.16	土耳其-1980	23.25	26.53
德国-1981	20.83	25.43	土耳其-1981	23.49	25.48
德国-1982	20.81	23.69	土耳其-1982	21.77	22.86
德国-1983	21.79	24.74	土耳其-1983	16.98	19.30
德国-1984	22.49	24.52	土耳其-1984	16.28	18.07
德国-1985	22.87	23.48	土耳其-1985	18.50	19.62
德国-1986	24.47	23.52	土耳其-1986	22.06	23.50
德国-1987	23.65	23.04	土耳其-1987	23.71	24.40
德国-1988	24.84	23.89	土耳其-1988	25.56	24.26
德国-1989	26.19	24.81	土耳其-1989	23.23	22.56
德国-1990	25.15	25.64	土耳其-1990	22.36	23.66
德国-1991	22.70	24.04	土耳其-1991	22.38	22.42
德国-1992	22.39	23.49	土耳其-1992	22.58	23.03
德国-1993	21.22	22.16	土耳其-1993	22.43	25.64
德国-1994	21.04	22.46	土耳其-1994	21.05	20.77
德国-1995	21.17	22.34	土耳其-1995	21.10	23.48
德国-1996	20.70	21.28	土耳其-1996	20.96	21.95
德国-1997	20.87	21.33	土耳其-1997	21.27	22.31
德国-1998	21.10	21.85	土耳其-1998	22.91	22.11
德国-1999	20.51	21.80	土耳其-1999	18.75	19.12

续表

	总储蓄率	总投资率		总储蓄率	总投资率
德国-2000	20.57	22.30	土耳其-2000	17.04	20.77
德国-2001	20.35	20.35	土耳其-2001	17.01	15.08
德国-2002	20.07	18.07	土耳其-2002	17.35	17.61
德国-2003	19.74	17.85	土耳其-2003	15.12	17.60
德国-2004	22.29	17.63	土耳其-2004	15.71	19.39
德国-2005	22.33	17.27	土耳其-2005	15.37	19.99
德国-2006	24.39	18.14	土耳其-2006	15.96	22.06
德国-2007	26.71	19.26	土耳其-2007	15.15	21.07
德国-2008	25.47	19.26	土耳其-2008	16.10	21.78
德国-2009	22.37	16.46	土耳其-2009	12.76	14.94
德国-2010	23.52	17.49	土耳其-2010	13.15	19.52
德国-2011	23.92	18.26	土耳其-2011	13.86	23.82
印度-1980	17.95	19.22	英国-1980	18.35	17.60
印度-1981	20.81	22.39	英国-1981	17.87	15.98
印度-1982	20.93	22.59	英国-1982	17.42	16.62
印度-1983	19.01	20.50	英国-1983	17.83	17.42
印度-1984	20.47	21.66	英国-1984	17.96	18.35
印度-1985	22.20	24.03	英国-1985	18.09	18.25
印度-1986	22.20	24.06	英国-1986	17.13	18.06
印度-1987	21.07	22.80	英国-1987	17.36	18.99
印度-1988	21.61	24.05	英国-1988	17.37	21.29
印度-1989	22.04	24.41	英国-1989	17.41	21.99
印度-1990	23.29	26.10	英国-1990	16.62	20.07
印度-1991	22.30	23.29	英国-1991	15.66	17.06
印度-1992	22.41	23.43	英国-1992	14.59	16.24
印度-1993	22.34	22.93	英国-1993	14.36	15.79
印度-1994	24.52	25.40	英国-1994	15.99	16.46

续表

	总储蓄率	总投资率		总储蓄率	总投资率
印度-1995	25.42	26.90	英国-1995	16.27	16.97
印度-1996	24.13	25.42	英国-1996	16.20	16.76
印度-1997	24.22	25.49	英国-1997	17.07	17.17
印度-1998	23.00	24.02	英国-1998	17.90	18.28
印度-1999	25.07	26.07	英国-1999	15.40	18.07
印度-2000	23.28	24.24	英国-2000	14.81	17.68
印度-2001	22.90	22.61	英国-2001	15.12	17.46
印度-2002	25.32	23.93	英国-2002	15.08	17.18
印度-2003	27.60	26.11	英国-2003	15.10	16.81
印度-2004	31.38	31.27	英国-2004	14.99	17.13
印度-2005	32.87	34.14	英国-2005	14.92	16.97
印度-2006	34.28	35.30	英国-2006	14.50	17.43
印度-2007	36.66	37.36	英国-2007	16.00	18.27
印度-2008	31.89	34.34	英国-2008	16.07	17.07
印度-2009	34.74	36.79	英国-2009	12.86	14.12
印度-2010	31.50	34.71	英国-2010	12.51	15.05
印度-2011	31.60	35.04	英国-2011	12.87	14.78
印尼-1980	23.46	32.16	美国-1980	19.47	20.78
印尼-1981	25.56	39.32	美国-1981	20.66	21.73
印尼-1982	19.44	37.52	美国-1982	19.10	19.35
印尼-1983	18.55	39.20	美国-1983	17.04	19.44
印尼-1984	20.81	35.49	美国-1984	19.17	22.26
印尼-1985	22.60	37.74	美国-1985	17.51	21.22
印尼-1986	20.22	38.32	美国-1986	15.90	20.62
印尼-1987	24.65	41.76	美国-1987	16.52	20.47
印尼-1988	25.42	42.27	美国-1988	17.68	19.76
印尼-1989	31.09	47.71	美国-1989	16.86	19.57

续表

	总储蓄率	总投资率		总储蓄率	总投资率
印尼-1990	28.05	45.03	美国-1990	15.82	18.56
印尼-1991	29.04	46.91	美国-1991	15.88	17.08
印尼-1992	27.72	43.28	美国-1992	14.70	17.15
印尼-1993	28.16	29.48	美国-1993	14.38	17.59
印尼-1994	29.52	31.06	美国-1994	15.45	18.61
印尼-1995	28.88	31.93	美国-1995	16.44	18.57
印尼-1996	27.78	30.69	美国-1996	17.15	18.94
印尼-1997	30.16	31.75	美国-1997	18.31	19.70
印尼-1998	20.57	16.78	美国-1998	18.81	20.17
印尼-1999	15.09	11.37	美国-1999	18.26	20.62
印尼-2000	27.09	22.25	美国-2000	18.09	20.87
印尼-2001	26.84	22.54	美国-2001	16.49	19.29
印尼-2002	25.40	21.40	美国-2002	14.67	18.70
印尼-2003	29.05	25.60	美国-2003	13.94	18.72
印尼-2004	24.67	24.06	美国-2004	14.67	19.75
印尼-2005	25.18	25.08	美国-2005	15.20	20.31
印尼-2006	28.38	25.40	美国-2006	16.42	20.57
印尼-2007	27.35	24.92	美国-2007	14.60	19.62
印尼-2008	27.84	27.82	美国-2008	13.35	18.09
印尼-2009	32.96	30.99	美国-2009	11.13	14.72
印尼-2010	33.30	32.57	美国-2010	12.21	15.47
印尼-2011	32.97	32.77	美国-2011	12.19	15.49
意大利-1980	23.30	27.59			
意大利-1981	20.82	23.86			
意大利-1982	20.15	23.31			
意大利-1983	20.37	21.72			
意大利-1984	20.70	23.72			

续表

	总储蓄率	总投资率		总储蓄率	总投资率
意大利-1985	19.81	23.78			
意大利-1986	20.70	21.86			
意大利-1987	20.03	22.53			
意大利-1988	21.18	23.01			
意大利-1989	20.21	22.52			
意大利-1990	20.35	22.61			
意大利-1991	19.43	22.36			
意大利-1992	18.65	21.74			
意大利-1993	19.93	19.01			
意大利-1994	20.28	19.08			
意大利-1995	22.76	20.60			
意大利-1996	22.43	19.38			
意大利-1997	22.52	19.74			
意大利-1998	21.73	19.86			
意大利-1999	21.43	20.39			
意大利-2000	20.69	20.83			
意大利-2001	20.99	20.72			
意大利-2002	20.96	21.32			
意大利-2003	20.10	20.88			
意大利-2004	20.68	21.00			
意大利-2005	20.07	20.89			
意大利-2006	20.31	21.81			
意大利-2007	20.87	22.12			
意大利-2008	18.73	21.64			
意大利-2009	16.79	18.85			
意大利-2010	16.70	20.25			
意大利-2011	16.37	19.63			

资料来源：作者根据国际货币基金组织世界经济展望数据库编制。

附表 2　部分国家分部门储蓄率和投资率

	总 储蓄率	居民 储蓄率	企业 储蓄率	政府 储蓄率	总 投资率	居民 投资率	企业 投资率	政府 投资率
巴西-2000	13.96	5.40	12.02	−3.46	18.25	4.59	11.86	1.81
巴西-2001	13.52	5.65	12.71	−4.84	18.03	4.41	11.63	1.99
巴西-2002	14.69	5.86	13.30	−4.48	16.20	4.36	9.78	2.06
巴西-2003	15.95	5.72	13.76	−3.53	15.77	4.39	9.87	1.51
巴西-2004	18.47	5.37	14.49	−1.39	17.12	4.28	11.12	1.72
巴西-2005	17.35	4.65	13.96	−1.26	16.21	4.12	10.34	1.75
巴西-2006	17.58	4.85	15.54	−2.80	16.76	4.33	10.39	2.04
巴西-2007	18.08	4.68	16.31	−2.91	18.33	4.34	11.89	2.10
巴西-2008	18.78	4.63	14.89	−0.74	20.69	4.26	13.98	2.45
巴西-2009	15.91	4.69	13.34	−2.12	17.84	4.64	10.63	2.57
中国-1992	39.98	20.91	13.22	5.84	35.79	5.38	28.20	2.21
中国-1993	40.88	18.94	15.83	6.11	42.45	4.99	34.75	2.70
中国-1994	41.47	20.86	15.55	5.07	39.96	5.00	32.18	2.78
中国-1995	39.44	18.99	15.82	4.63	39.28	5.04	31.60	2.63
中国-1996	37.97	20.08	12.77	5.12	37.75	5.93	29.22	2.60
中国-1997	38.31	19.33	13.72	5.26	36.03	5.67	27.42	2.94
中国-1998	36.63	18.68	13.12	4.82	35.01	5.25	26.53	3.22
中国-1999	34.86	16.75	12.92	5.19	34.24	5.12	25.97	3.15
中国-2000	35.02	15.32	14.01	5.69	32.76	4.94	24.63	3.19
中国-2001	34.20	14.23	13.31	6.66	34.16	5.07	25.75	3.34
中国-2002	35.08	16.26	12.50	6.32	35.16	5.12	26.45	3.59
中国-2003	37.33	15.76	13.47	8.11	37.96	5.69	27.28	4.99
中国-2004	46.24	19.57	21.11	5.56	43.26	8.50	29.62	5.15
中国-2005	48.04	20.86	21.09	6.08	42.10	9.43	27.75	4.92
中国-2006	49.57	21.70	20.18	7.68	42.97	9.54	28.70	4.73
中国-2007	52.37	22.94	20.59	8.84	41.74	8.65	28.73	4.35

续表

	总储蓄率	居民储蓄率	企业储蓄率	政府储蓄率	总投资率	居民投资率	企业投资率	政府投资率
中国-2008	53.20	22.87	21.97	8.35	57.28	21.97	30.51	4.80
日本-1955	24.59	12.65	8.56	3.38	23.62	5.22	14.25	4.15
日本-1956	26.93	13.37	8.93	4.63	26.86	4.63	18.35	3.87
日本-1957	28.83	12.40	11.13	5.29	30.87	5.29	21.71	3.87
日本-1958	26.74	12.45	10.19	4.10	26.68	5.39	17.30	3.99
日本-1959	28.87	13.13	10.95	4.78	28.65	5.09	19.59	3.97
日本-1960	32.76	12.92	14.05	5.79	32.86	4.98	23.83	4.04
日本-1961	34.99	13.45	14.85	6.69	36.87	4.36	28.26	4.25
日本-1962	33.34	13.24	13.60	6.49	34.21	4.73	24.39	5.08
日本-1963	32.71	12.90	13.83	5.98	33.75	5.14	23.66	4.95
日本-1964	33.28	13.15	14.39	5.74	34.57	5.38	24.26	4.93
日本-1965	32.36	13.65	13.43	5.28	31.87	6.30	20.75	4.83
日本-1966	32.95	12.89	15.16	4.89	32.42	6.31	20.90	5.21
日本-1967	35.23	12.10	17.55	5.58	35.36	6.87	23.66	4.83
日本-1968	37.05	13.90	17.43	5.72	36.77	6.83	25.05	4.89
日本-1969	38.38	13.84	18.51	6.03	37.57	6.50	26.23	4.84
日本-1970	40.11	14.02	19.38	6.71	39.02	6.86	27.10	5.06
日本-1971	37.95	14.65	16.37	6.93	35.75	5.28	24.69	5.78
日本-1972	38.18	15.11	16.86	6.21	35.52	5.09	24.10	6.33
日本-1973	39.20	16.88	15.40	6.92	38.07	5.47	26.21	6.39
日本-1974	36.29	19.71	10.26	6.33	37.31	8.28	23.07	5.97
日本-1975	32.24	20.60	8.39	3.25	32.77	9.09	17.66	6.02
日本-1976	32.55	21.26	9.14	2.15	31.84	9.94	16.07	5.84
日本-1977	32.00	20.01	9.50	2.50	30.85	9.48	15.05	6.31
日本-1978	32.27	19.36	11.39	1.52	30.91	10.18	13.72	7.01
日本-1979	31.51	17.28	11.75	2.48	32.49	9.20	16.07	7.22

续表

	总储蓄率	居民储蓄率	企业储蓄率	政府储蓄率	总投资率	居民投资率	企业投资率	政府投资率
日本-1980	32.37	16.17	13.31	2.89	32.58	9.23	17.38	5.96
日本-1981	32.60	16.85	12.37	3.37	31.49	8.29	17.22	5.98
日本-1982	31.40	16.09	12.34	2.97	30.18	7.98	16.57	5.64
日本-1983	30.40	15.74	12.27	2.39	28.18	7.48	15.34	5.36
日本-1984	31.24	15.45	12.39	3.40	28.02	6.84	16.21	4.97
日本-1985	31.98	14.71	13.09	4.19	28.52	6.91	17.00	4.61
日本-1986	32.09	14.04	13.89	4.16	28.28	6.76	16.89	4.63
日本-1987	32.33	12.83	14.15	5.35	28.79	7.46	16.41	4.92
日本-1988	33.51	13.09	14.12	6.29	30.96	7.99	18.04	4.93
日本-1989	33.63	13.26	13.22	7.15	32.11	7.67	19.64	4.80
日本-1990	33.83	13.42	12.72	7.70	32.90	7.47	20.61	4.82
日本-1991	34.51	14.19	12.56	7.75	32.52	7.14	20.45	4.92
日本-1992	33.72	13.79	12.65	7.28	30.76	6.93	18.39	5.44
日本-1993	32.31	13.65	13.55	5.11	29.39	6.83	16.37	6.19
日本-1994	30.39	13.09	13.60	3.69	28.16	6.95	14.94	6.26
日本-1995	29.52	12.62	14.19	2.72	28.24	6.56	15.57	6.11
日本-1996	29.79	11.14	15.89	2.75	29.12	6.86	15.91	6.35
日本-1997	30.18	11.12	16.23	2.83	28.66	6.14	17.00	5.52
日本-1998	29.28	11.77	16.16	1.35	26.89	5.44	15.96	5.49
日本-1999	28.06	11.50	16.74	−0.19	26.00	5.33	14.84	5.82
日本-2000	27.93	10.50	17.61	−0.18	26.27	5.22	15.96	5.09
日本-2001	25.57	7.59	18.39	−0.40	24.30	4.76	14.58	4.96
日本-2002	24.75	6.86	20.06	−2.17	22.46	4.66	13.12	4.68
日本-2003	24.94	6.59	21.03	−2.67	22.40	4.49	13.68	4.22
日本-2004	25.55	5.25	22.16	−1.86	22.50	4.42	14.20	3.89
日本-2005	25.81	4.66	21.56	−0.41	22.47	4.36	14.53	3.58
日本-2006	26.41	4.93	20.82	0.65	22.68	4.31	15.02	3.35

续表

	总储蓄率	居民储蓄率	企业储蓄率	政府储蓄率	总投资率	居民投资率	企业投资率	政府投资率
日本-2007	27.49	5.04	21.84	0.61	22.88	3.84	15.91	3.14
日本-2008	25.85	6.24	21.10	−1.48	22.98	3.73	16.22	3.03
日本-2009	22.09	6.47	21.87	−6.25	19.67	3.30	12.98	3.39
日本-2010	22.95	5.88	22.56	−5.49	19.77	3.33	13.14	3.30
韩国-1975	18.98	8.07	8.01	2.91	28.61	3.45	21.28	3.87
韩国-1976	24.82	11.23	8.96	4.63	26.75	5.13	18.25	3.36
韩国-1977	28.35	13.50	10.44	4.41	29.66	4.90	21.01	3.75
韩国-1978	30.89	15.07	10.25	5.57	32.98	7.63	20.91	4.45
韩国-1979	29.84	13.44	9.96	6.44	36.83	7.76	24.35	4.72
韩国-1980	24.23	7.67	11.44	5.12	32.89	6.01	22.06	4.82
韩国-1981	24.08	8.29	10.63	5.16	30.25	4.78	20.98	4.49
韩国-1982	25.39	9.13	10.71	5.56	29.89	2.83	22.42	4.63
韩国-1983	28.74	10.04	12.25	6.45	31.01	6.11	20.29	4.61
韩国-1984	30.61	12.15	12.45	6.01	30.83	6.90	19.41	4.52
韩国-1985	30.81	12.77	12.35	5.69	30.90	6.33	19.90	4.68
韩国-1986	34.65	15.54	13.61	5.51	30.24	6.21	19.99	4.05
韩国-1987	38.49	18.11	14.41	5.96	30.80	7.18	19.88	3.75
韩国-1988	40.66	18.76	14.86	7.04	32.59	9.50	19.25	3.84
韩国-1989	37.73	17.87	12.78	7.08	35.36	9.53	21.88	3.96
韩国-1990	37.94	17.58	12.86	7.50	38.09	8.99	24.73	4.37
韩国-1991	37.92	19.31	11.70	6.91	40.06	11.00	23.97	5.09
韩国-1992	36.99	18.41	11.69	6.90	37.08	9.98	21.71	5.39
韩国-1993	36.97	17.55	12.11	7.32	35.99	9.10	21.79	5.11
韩国-1994	36.44	16.15	12.44	7.85	36.77	7.73	24.10	4.94
韩国-1995	36.09	13.97	13.24	8.88	36.93	7.40	24.85	4.68
韩国-1996	34.60	14.01	11.19	9.40	37.85	7.72	24.96	5.16

续表

	总储蓄率	居民储蓄率	企业储蓄率	政府储蓄率	总投资率	居民投资率	企业投资率	政府投资率
韩国-1997	34.44	12.52	12.19	9.73	35.45	7.10	22.87	5.47
韩国-1998	36.36	18.50	9.07	8.78	25.04	4.13	15.22	5.69
韩国-1999	34.27	12.98	12.33	8.96	28.89	6.45	17.09	5.35
韩国-2000	32.87	8.55	12.73	11.59	30.56	6.06	19.12	5.38
韩国-2001	31.03	6.01	14.19	10.83	29.16	5.92	17.72	5.52
韩国-2002	30.45	3.05	16.06	11.33	29.20	5.63	18.41	5.16
韩国-2003	31.83	5.89	14.85	11.09	29.89	5.62	18.52	5.75
韩国-2004	34.03	8.08	16.18	9.76	29.93	5.46	18.69	5.78
韩国-2005	31.95	6.90	15.24	9.81	29.69	5.40	18.86	5.43
韩国-2006	30.75	5.72	15.02	10.01	29.62	5.14	19.53	4.95
韩国-2007	30.77	4.34	15.82	10.61	29.43	4.90	19.67	4.85
韩国-2008	30.72	4.44	16.92	9.36	31.21	4.73	21.44	5.04
韩国-2009	30.31	5.36	18.14	6.82	26.28	3.53	16.55	6.19
韩国-2010	32.03	4.99	19.65	7.39	29.53	3.88	20.57	5.07
英国-1987	17.33	3.35	13.75	0.23	18.96	4.76	12.18	2.02
英国-1988	17.38	2.27	13.15	1.96	21.30	5.56	14.06	1.69
英国-1989	17.41	3.45	11.19	2.77	21.99	5.05	14.78	2.16
英国-1990	16.60	5.05	9.56	1.98	20.05	4.20	13.30	2.56
英国-1991	15.64	6.70	8.92	0.02	17.04	3.53	11.13	2.38
英国-1992	14.59	7.86	10.07	−3.34	16.25	3.42	10.63	2.20
英国-1993	14.36	7.18	12.04	−4.86	15.78	3.56	10.16	2.06
英国-1994	16.00	5.88	14.05	−3.93	16.48	3.79	10.62	2.07
英国-1995	16.27	6.57	12.60	−2.90	16.95	3.86	11.15	1.95
英国-1996	16.19	6.02	12.20	−2.03	16.74	3.91	11.31	1.52
英国-1997	17.07	5.68	11.90	−0.51	17.16	3.71	12.18	1.27
英国-1998	17.95	4.39	11.99	1.57	18.33	3.93	13.03	1.36

续表

	总储蓄率	居民储蓄率	企业储蓄率	政府储蓄率	总投资率	居民投资率	企业投资率	政府投资率
英国-1999	15.42	2.95	9.93	2.54	18.09	4.09	12.67	1.33
英国-2000	14.81	2.91	9.06	2.84	17.68	4.12	12.33	1.24
英国-2001	15.16	4.06	8.65	2.45	17.50	4.72	11.45	1.33
英国-2002	15.10	3.52	11.70	−0.12	17.20	5.22	10.53	1.45
英国-2003	15.09	3.18	13.19	−1.27	16.80	5.38	9.61	1.81
英国-2004	14.99	2.46	13.63	−1.10	17.13	6.08	9.11	1.94
英国-2005	14.89	1.87	14.08	−1.06	16.94	5.96	10.42	0.56
英国-2006	14.52	1.74	12.95	−0.17	17.45	6.12	9.55	1.78
英国-2007	16.03	1.08	15.25	−0.30	18.31	6.19	10.25	1.87
英国-2008	16.11	1.43	16.21	−1.53	17.11	4.67	10.14	2.30
英国-2009	12.88	4.55	14.72	−6.39	14.15	3.19	8.28	2.67
英国-2010	12.56	4.51	14.56	−6.51	15.10	3.94	8.68	2.48
英国-2011	13.09	4.57	14.14	−5.62	14.89	4.10	8.60	2.19
美国-1946	17.28	7.88	6.12	3.29	15.57	3.20	10.80	1.58
美国-1947	19.09	4.06	7.95	7.09	16.22	5.61	8.73	1.88
美国-1948	21.59	6.06	10.14	5.39	20.48	5.17	12.71	2.60
美国-1949	17.10	4.68	10.70	1.72	17.44	5.61	8.20	3.63
美国-1950	20.67	6.26	9.36	5.04	21.72	6.78	11.61	3.34
美国-1951	22.13	6.90	9.11	6.13	22.93	5.01	12.73	5.19
美国-1952	20.68	6.87	9.29	4.52	21.30	4.97	10.10	6.22
美国-1953	19.77	6.80	8.83	4.14	21.20	4.90	9.97	6.33
美国-1954	19.24	6.47	9.46	3.31	20.08	5.39	8.78	5.91
美国-1955	21.20	5.96	10.20	5.04	21.70	5.81	10.83	5.06
美国-1956	22.70	7.16	9.90	5.65	21.70	5.26	11.20	5.24
美国-1957	21.62	7.16	9.91	4.55	20.58	4.75	10.54	5.29
美国-1958	19.43	7.38	9.63	2.42	19.48	4.58	9.23	5.67

续表

	总储蓄率	居民储蓄率	企业储蓄率	政府储蓄率	总投资率	居民投资率	企业投资率	政府投资率
美国-1959	20.94	6.47	10.23	4.24	21.28	5.23	10.26	5.78
美国-1960	21.12	6.33	9.78	5.02	20.36	4.77	10.22	5.38
美国-1961	20.98	7.18	9.69	4.11	20.10	4.50	9.86	5.75
美国-1962	21.34	7.00	10.21	4.13	20.73	4.46	10.59	5.69
美国-1963	21.56	6.62	10.33	4.61	20.61	4.55	10.62	5.44
美国-1964	21.61	7.35	10.43	3.83	20.58	4.51	10.86	5.21
美国-1965	22.04	7.18	10.87	3.99	21.40	4.34	12.11	4.95
美国-1966	21.43	6.84	10.78	3.81	21.72	3.81	12.86	5.05
美国-1967	20.51	7.76	10.45	2.29	20.62	3.65	11.80	5.17
美国-1968	20.02	7.01	9.91	3.09	20.31	3.78	11.74	4.79
美国-1969	20.16	6.61	9.37	4.19	20.29	3.75	12.14	4.40
美国-1970	18.56	7.98	8.82	1.75	18.88	3.44	11.24	4.20
美国-1971	18.57	8.49	9.54	0.53	19.52	4.14	11.68	3.71
美国-1972	19.15	7.56	9.97	1.62	20.21	4.67	12.10	3.44
美国-1973	21.13	8.80	9.78	2.55	21.07	4.64	13.04	3.39
美国-1974	20.13	9.06	9.02	2.05	20.39	3.90	12.74	3.75
美国-1975	18.12	9.20	10.66	−1.73	17.92	3.66	10.40	3.85
美国-1976	18.74	8.22	10.73	−0.20	19.64	4.29	11.72	3.64
美国-1977	19.54	7.68	11.24	0.62	21.13	5.07	12.73	3.32
美国-1978	20.77	7.76	11.30	1.71	22.46	5.21	13.89	3.36
美国-1979	20.81	7.75	10.98	2.08	22.69	4.79	14.44	3.45
美国-1980	19.47	8.72	10.24	0.50	20.79	3.93	13.26	3.60
美国-1981	20.66	9.24	10.76	0.67	21.73	3.51	14.79	3.42
美国-1982	19.10	9.83	11.13	−1.86	19.35	3.17	12.73	3.45
美国-1983	17.04	8.06	11.52	−2.54	19.44	4.06	11.91	3.48
美国-1984	19.17	9.10	11.61	−1.54	22.26	4.28	14.44	3.55
美国-1985	17.51	7.55	11.47	−1.51	21.22	4.11	13.34	3.77

续表

	总储蓄率	居民储蓄率	企业储蓄率	政府储蓄率	总投资率	居民投资率	企业投资率	政府投资率
美国-1986	15.90	7.08	10.50	−1.67	20.62	4.50	12.24	3.88
美国-1987	16.51	6.28	10.88	−0.65	20.46	4.63	11.94	3.89
美国-1988	17.68	6.59	11.23	−0.14	19.76	4.54	11.57	3.65
美国-1989	16.86	6.39	10.32	0.15	19.57	4.26	11.70	3.61
美国-1990	15.82	6.33	10.17	−0.68	18.56	3.83	11.01	3.72
美国-1991	15.88	6.81	10.49	−1.42	17.08	3.54	9.86	3.68
美国-1992	14.70	6.80	10.41	−2.51	17.15	3.85	9.79	3.52
美国-1993	14.37	5.95	10.36	−1.94	17.59	4.02	10.28	3.29
美国-1994	15.45	5.64	10.57	−0.76	18.60	4.26	11.22	3.12
美国-1995	16.44	5.68	11.19	−0.43	18.57	3.97	11.46	3.14
美国-1996	17.15	5.22	11.37	0.56	18.94	4.18	11.64	3.12
美国-1997	18.31	4.90	11.60	1.80	19.70	4.23	12.44	3.03
美国-1998	18.82	5.46	10.40	2.95	20.17	4.52	12.66	2.99
美国-1999	18.26	3.88	10.87	3.50	20.62	4.61	12.94	3.07
美国-2000	18.09	3.77	10.05	4.26	20.87	4.61	13.20	3.06
美国-2001	16.49	3.69	10.56	2.23	19.29	4.72	11.43	3.13
美国-2002	14.67	4.39	11.17	−0.90	18.70	4.90	10.57	3.23
美国-2003	13.94	4.53	11.17	−1.77	18.72	5.27	10.26	3.19
美国-2004	14.67	4.43	11.55	−1.32	19.75	5.82	10.78	3.14
美国-2005	15.20	3.12	12.14	−0.05	20.31	6.19	11.02	3.11
美国-2006	16.42	3.93	11.61	0.87	20.57	5.81	11.58	3.18
美国-2007	14.60	3.76	10.42	0.42	19.61	4.72	11.64	3.25
美国-2008	13.35	6.17	9.80	−2.62	18.09	3.70	10.90	3.48
美国-2009	11.13	5.77	12.66	−7.29	14.71	3.00	8.09	3.63
美国-2010	12.21	5.94	13.61	−7.34	15.47	2.75	9.23	3.49
美国-2011	12.19	5.25	13.51	−6.57	15.49	2.64	9.66	3.19

资料来源：作者根据相关国家统计部门或者中央银行公布的历年资金流量表编制。

附录 3　中国 1980—2012 年各省自治区直辖市储蓄率和投资率

	储蓄率	投资率
北京-1980	58.7	31.4
北京-1981	54.2	27.9
北京-1982	54.0	22.2
北京-1983	55.6	29.9
北京-1984	55.6	36.3
北京-1985	56.3	53.1
北京-1986	56.1	54.9
北京-1987	54.7	63.7
北京-1988	56.5	60.9
北京-1989	56.6	65.1
北京-1990	53.9	61.4
北京-1991	62.3	53.9
北京-1992	62.9	59.8
北京-1993	64.1	68.9
北京-1994	63.4	77.7
北京-1995	63.7	83.6
北京-1996	61.8	68.5
北京-1997	61.1	67.9
北京-1998	59.7	69.4
北京-1999	56.1	70.2
北京-2000	50.7	61.2
北京-2001	48.4	62.4
北京-2002	47.1	62.6
北京-2003	46.3	62.6
北京-2004	47.1	63.2
北京-2005	48.6	52.0
北京-2006	46.6	50.5
北京-2007	45.7	48.7

续表

	储蓄率	投资率
北京-2008	42.5	41.0
北京-2009	44.4	43.2
北京-2010	44.0	43.2
北京-2011	41.6	41.1
北京-2012	40.4	41.4
天津-1980	61.7	34.4
天津-1981	59.5	23.2
天津-1982	58.6	30.5
天津-1983	57.1	34.0
天津-1984	59.1	32.8
天津-1985	59.1	50.5
天津-1986	57.8	51.9
天津-1987	55.8	42.1
天津-1988	51.3	54.8
天津-1989	49.5	48.4
天津-1990	53.8	43.2
天津-1991	51.8	47.7
天津-1992	53.8	55.2
天津-1993	54.3	58.9
天津-1994	55.4	59.4
天津-1995	56.1	56.0
天津-1996	53.3	54.5
天津-1997	53.4	54.0
天津-1998	53.4	54.6
天津-1999	50.6	49.8
天津-2000	50.9	49.8
天津-2001	51.0	50.8

续表

	储蓄率	投资率
天津-2002	51.7	51.4
天津-2003	53.6	53.9
天津-2004	56.6	57.1
天津-2005	59.2	53.2
天津-2006	59.6	54.2
天津-2007	59.1	57.9
天津-2008	65.9	56.2
天津-2009	61.8	72.6
天津-2010	61.7	75.1
天津-2011	62.1	76.0
天津-2012	62.2	76.4
河北-1980	47.7	29.1
河北-1981	42.0	22.8
河北-1982	44.3	29.4
河北-1983	44.8	31.8
河北-1984	43.8	34.5
河北-1985	42.1	39.5
河北-1986	39.9	37.3
河北-1987	39.0	33.8
河北-1988	38.1	34.6
河北-1989	41.5	35.9
河北-1990	42.1	37.3
河北-1991	40.8	35.9
河北-1992	44.3	37.2
河北-1993	48.5	40.2
河北-1994	51.6	40.4
河北-1995	52.7	43.0

续表

	储蓄率	投资率
河北-1996	55.0	44.8
河北-1997	56.0	46.5
河北-1998	56.6	47.7
河北-1999	56.6	47.8
河北-2000	56.0	46.5
河北-2001	55.0	45.0
河北-2002	53.9	43.5
河北-2003	54.1	44.1
河北-2004	57.6	45.2
河北-2005	57.3	45.8
河北-2006	57.2	47.2
河北-2007	56.9	49.3
河北-2008	58.2	51.7
河北-2009	58.1	53.8
河北-2010	59.2	54.1
河北-2011	60.7	56.7
河北-2012	58.3	57.4
山西-1980	42.2	30.1
山西-1981	42.2	27.1
山西-1982	43.2	31.1
山西-1983	42.1	35.3
山西-1984	46.5	41.0
山西-1985	43.7	49.9
山西-1986	42.6	47.6
山西-1987	40.0	50.5
山西-1988	38.3	45.9
山西-1989	39.5	44.1

续表

	储蓄率	投资率
山西-1990	39.5	43.6
山西-1991	39.4	37.7
山西-1992	37.9	40.9
山西-1993	37.7	45.2
山西-1994	38.9	43.9
山西-1995	39.2	39.9
山西-1996	38.2	38.7
山西-1997	38.0	39.3
山西-1998	46.6	48.3
山西-1999	42.9	45.6
山西-2000	42.2	45.6
山西-2001	41.5	44.8
山西-2002	42.0	45.0
山西-2003	45.4	48.9
山西-2004	49.6	51.0
山西-2005	52.4	53.1
山西-2006	52.9	54.2
山西-2007	54.9	55.9
山西-2008	57.1	57.2
山西-2009	54.5	66.0
山西-2010	56.2	68.9
山西-2011	56.7	64.5
山西-2012	54.5	67.9
内蒙古-1980	12.1	27.6
内蒙古-1981	1.8	24.1
内蒙古-1982	5.6	28.0
内蒙古-1983	11.2	33.6

续表

	储蓄率	投资率
内蒙古-1984	16.8	35.7
内蒙古-1985	22.5	37.6
内蒙古-1986	20.3	33.1
内蒙古-1987	21.8	31.9
内蒙古-1988	31.9	40.7
内蒙古-1989	32.0	39.5
内蒙古-1990	32.1	39.1
内蒙古-1991	31.6	38.1
内蒙古-1992	35.7	46.5
内蒙古-1993	39.8	54.2
内蒙古-1994	40.3	48.6
内蒙古-1995	39.3	44.8
内蒙古-1996	41.8	45.3
内蒙古-1997	40.9	43.7
内蒙古-1998	43.2	44.9
内蒙古-1999	42.3	44.2
内蒙古-2000	43.4	44.1
内蒙古-2001	39.7	42.1
内蒙古-2002	38.0	48.1
内蒙古-2003	43.9	59.8
内蒙古-2004	48.0	70.7
内蒙古-2005	56.0	73.0
内蒙古-2006	56.3	72.3
内蒙古-2007	56.8	73.8
内蒙古-2008	62.4	68.0
内蒙古-2009	59.3	77.0
内蒙古-2010	60.5	77.3
内蒙古-2011	61.5	76.7

续表

	储蓄率	投资率
内蒙古-2012	60.7	84.6
辽宁-1980	44.0	20.2
辽宁-1981	38.5	18.6
辽宁-1982	41.2	21.5
辽宁-1983	42.8	23.8
辽宁-1984	45.9	29.1
辽宁-1985	46.7	33.6
辽宁-1986	48.0	35.7
辽宁-1987	48.3	35.7
辽宁-1988	47.9	38.1
辽宁-1989	45.8	35.5
辽宁-1990	46.0	37.0
辽宁-1991	46.6	37.7
辽宁-1992	47.7	38.1
辽宁-1993	52.1	44.8
辽宁-1994	49.6	41.6
辽宁-1995	46.2	37.5
辽宁-1996	45.1	34.2
辽宁-1997	45.8	32.0
辽宁-1998	45.2	31.6
辽宁-1999	44.1	30.8
辽宁-2000	44.6	31.5
辽宁-2001	43.8	32.3
辽宁-2002	44.5	33.6
辽宁-2003	48.3	38.9
辽宁-2004	52.2	47.6
辽宁-2005	52.3	50.0

续表

	储蓄率	投资率
辽宁-2006	55.4	54.1
辽宁-2007	58.4	57.5
辽宁-2008	65.5	65.0
辽宁-2009	58.8	61.9
辽宁-2010	59.5	62.0
辽宁-2011	60.1	62.7
辽宁-2012	59.5	62.4
吉林-1980	22.0	29.4
吉林-1981	23.5	25.2
吉林-1982	22.1	29.3
吉林-1983	25.2	25.7
吉林-1984	24.5	32.8
吉林-1985	27.6	40.5
吉林-1986	27.2	38.2
吉林-1987	34.1	37.6
吉林-1988	34.3	36.5
吉林-1989	31.9	37.9
吉林-1990	34.2	43.0
吉林-1991	33.5	41.7
吉林-1992	34.7	38.2
吉林-1993	39.3	40.0
吉林-1994	40.4	40.2
吉林-1995	38.3	41.6
吉林-1996	40.0	45.3
吉林-1997	36.8	37.6
吉林-1998	38.3	39.1
吉林-1999	38.7	39.2

续表

	储蓄率	投资率
吉林-2000	36.4	36.8
吉林-2001	36.2	37.9
吉林-2002	37.7	38.8
吉林-2003	35.4	42.4
吉林-2004	41.1	42.6
吉林-2005	48.3	49.2
吉林-2006	56.9	57.9
吉林-2007	53.8	69.3
吉林-2008	55.0	79.8
吉林-2009	55.7	79.6
吉林-2010	58.9	78.8
吉林-2011	60.4	73.5
吉林-2012	61.1	72.0
黑龙江-1980	40.1	21.7
黑龙江-1981	38.4	25.1
黑龙江-1982	41.5	31.1
黑龙江-1983	43.0	33.8
黑龙江-1984	43.4	34.2
黑龙江-1985	41.1	38.4
黑龙江-1986	43.3	41.0
黑龙江-1987	42.5	40.0
黑龙江-1988	40.0	38.0
黑龙江-1989	38.2	37.3
黑龙江-1990	39.1	38.1
黑龙江-1991	34.6	34.0
黑龙江-1992	35.9	35.1
黑龙江-1993	36.6	35.9

续表

	储蓄率	投资率
黑龙江-1994	37.0	35.0
黑龙江-1995	40.1	36.1
黑龙江-1996	39.6	37.0
黑龙江-1997	41.2	34.8
黑龙江-1998	42.7	38.7
黑龙江-1999	39.8	33.4
黑龙江-2000	41.7	31.0
黑龙江-2001	40.0	32.2
黑龙江-2002	40.2	34.5
黑龙江-2003	41.8	30.9
黑龙江-2004	43.0	33.9
黑龙江-2005	51.7	35.5
黑龙江-2006	52.2	37.7
黑龙江-2007	50.3	43.0
黑龙江-2008	48.7	46.4
黑龙江-2009	44.3	58.6
黑龙江-2010	46.9	54.3
黑龙江-2011	47.6	54.7
黑龙江-2012	47.0	59.5
上海-1980	74.0	21.3
上海-1981	72.4	23.6
上海-1982	72.4	26.8
上海-1983	71.2	20.4
上海-1984	70.0	26.0
上海-1985	66.8	40.5
上海-1986	63.0	46.5
上海-1987	63.2	44.2

续表

	储蓄率	投资率
上海-1988	60.6	51.8
上海-1989	57.1	50.5
上海-1990	58.1	42.6
上海-1991	56.8	38.0
上海-1992	57.2	43.8
上海-1993	55.1	49.0
上海-1994	55.7	58.4
上海-1995	55.9	63.0
上海-1996	56.8	66.4
上海-1997	57.6	59.9
上海-1998	58.6	53.6
上海-1999	57.4	47.8
上海-2000	57.2	46.5
上海-2001	56.6	46.3
上海-2002	54.6	44.5
上海-2003	55.7	47.3
上海-2004	56.2	48.4
上海-2005	51.7	45.7
上海-2006	51.0	45.9
上海-2007	50.6	45.7
上海-2008	49.5	44.0
上海-2009	48.7	45.0
上海-2010	45.1	43.2
上海-2011	43.6	40.3
上海-2012	42.9	38.0
江苏-1980	45.1	30.5
江苏-1981	43.3	27.7

续表

	储蓄率	投资率
江苏-1982	40.5	34.1
江苏-1983	42.4	32.5
江苏-1984	42.6	38.3
江苏-1985	45.7	41.6
江苏-1986	47.2	45.9
江苏-1987	48.1	44.6
江苏-1988	50.8	43.7
江苏-1989	49.9	40.0
江苏-1990	49.4	41.5
江苏-1991	47.9	43.4
江苏-1992	55.0	50.1
江苏-1993	58.3	53.0
江苏-1994	57.6	49.8
江苏-1995	56.3	48.1
江苏-1996	54.7	46.6
江苏-1997	54.8	43.8
江苏-1998	56.1	46.1
江苏-1999	56.6	46.2
江苏-2000	56.8	46.0
江苏-2001	54.8	44.6
江苏-2002	54.8	45.2
江苏-2003	56.0	49.6
江苏-2004	57.0	51.7
江苏-2005	58.8	50.9
江苏-2006	58.4	49.3
江苏-2007	58.0	48.1
江苏-2008	59.8	49.4
江苏-2009	58.3	51.0

续表

	储蓄率	投资率
江苏-2010	58.4	51.1
江苏-2011	58.0	51.0
江苏-2012	58.0	50.4
浙江-1980	43.2	27.4
浙江-1981	35.2	25.2
浙江-1982	36.6	26.5
浙江-1983	36.9	23.2
浙江-1984	41.1	31.2
浙江-1985	41.9	34.7
浙江-1986	40.2	37.1
浙江-1987	40.9	39.1
浙江-1988	39.5	38.8
浙江-1989	38.8	35.6
浙江-1990	38.9	28.1
浙江-1991	43.3	31.1
浙江-1992	48.9	39.1
浙江-1993	55.5	47.2
浙江-1994	56.0	44.5
浙江-1995	58.1	50.1
浙江-1996	56.6	48.9
浙江-1997	56.6	48.3
浙江-1998	56.3	49.9
浙江-1999	56.1	46.9
浙江-2000	54.1	44.3
浙江-2001	51.0	42.8
浙江-2002	52.0	44.5
浙江-2003	53.5	49.4

续表

	储蓄率	投资率
浙江-2004	58.0	51.1
浙江-2005	52.6	48.0
浙江-2006	52.8	46.4
浙江-2007	53.9	45.3
浙江-2008	57.0	45.4
浙江-2009	53.6	46.1
浙江-2010	54.3	46.7
浙江-2011	53.5	45.6
浙江-2012	52.4	44.6
安徽-1980	15.5	20.0
安徽-1981	17.9	15.2
安徽-1982	17.9	23.0
安徽-1983	20.9	25.5
安徽-1984	33.0	30.0
安徽-1985	34.2	34.2
安徽-1986	32.1	35.0
安徽-1987	32.6	33.8
安徽-1988	34.1	33.3
安徽-1989	33.5	29.8
安徽-1990	34.1	31.1
安徽-1991	29.7	31.4
安徽-1992	35.7	34.0
安徽-1993	37.9	38.7
安徽-1994	40.7	40.2
安徽-1995	41.4	41.2
安徽-1996	41.5	41.7
安徽-1997	39.6	39.9

续表

	储蓄率	投资率
安徽-1998	39.7	39.8
安徽-1999	36.0	36.1
安徽-2000	36.0	36.0
安徽-2001	35.9	36.0
安徽-2002	36.3	36.4
安徽-2003	36.6	36.6
安徽-2004	41.1	41.2
安徽-2005	43.8	44.0
安徽-2006	44.9	45.3
安徽-2007	45.9	46.4
安徽-2008	47.3	47.8
安徽-2009	48.5	48.8
安徽-2010	49.7	49.9
安徽-2011	50.3	50.5
安徽-2012	51.0	51.5
福建-1980	22.0	31.1
福建-1981	25.4	27.0
福建-1982	22.9	28.2
福建-1983	23.6	27.9
福建-1984	26.4	27.9
福建-1985	27.8	32.2
福建-1986	26.3	36.7
福建-1987	31.6	35.1
福建-1988	32.1	32.6
福建-1989	29.6	30.4
福建-1990	28.1	28.9
福建-1991	29.6	30.6

续表

	储蓄率	投资率
福建-1992	32.0	33.2
福建-1993	39.4	40.2
福建-1994	44.4	44.9
福建-1995	46.3	46.1
福建-1996	46.5	46.1
福建-1997	46.1	45.7
福建-1998	48.4	47.4
福建-1999	48.3	47.3
福建-2000	47.3	46.2
福建-2001	47.2	46.0
福建-2002	47.3	45.9
福建-2003	48.0	46.4
福建-2004	49.5	47.3
福建-2005	49.8	49.8
福建-2006	51.4	51.4
福建-2007	54.3	54.3
福建-2008	55.8	55.8
福建-2009	57.2	57.2
福建-2010	57.4	57.4
福建-2011	59.3	56.2
福建-2012	60.0	57.4
江西-1980	27.1	32.7
江西-1981	26.6	28.0
江西-1982	22.6	29.0
江西-1983	22.9	29.8
江西-1984	24.7	31.4
江西-1985	27.2	33.1

续表

	储蓄率	投资率
江西-1986	28.2	35.1
江西-1987	30.0	36.4
江西-1988	32.7	39.6
江西-1989	28.7	35.8
江西-1990	27.6	29.6
江西-1991	28.7	30.8
江西-1992	33.3	38.3
江西-1993	36.3	41.3
江西-1994	36.8	39.0
江西-1995	34.6	36.1
江西-1996	35.0	35.9
江西-1997	38.0	38.6
江西-1998	38.7	39.1
江西-1999	38.7	39.1
江西-2000	35.9	36.2
江西-2001	37.2	37.0
江西-2002	40.7	40.6
江西-2003	46.6	47.4
江西-2004	48.0	49.6
江西-2005	47.9	48.8
江西-2006	49.2	50.4
江西-2007	49.2	50.3
江西-2008	49.5	50.6
江西-2009	53.7	54.4
江西-2010	52.5	51.4
江西-2011	52.2	51.2
江西-2012	51.2	50.3

续表

	储蓄率	投资率
山东-1980	35.5	32.6
山东-1981	38.6	29.0
山东-1982	35.0	32.0
山东-1983	38.0	31.0
山东-1984	45.3	33.1
山东-1985	46.3	37.3
山东-1986	44.7	37.7
山东-1987	46.1	41.6
山东-1988	47.0	41.1
山东-1989	45.8	41.5
山东-1990	46.6	42.3
山东-1991	49.5	45.0
山东-1992	50.9	47.6
山东-1993	53.8	50.3
山东-1994	50.4	46.8
山东-1995	49.4	45.9
山东-1996	49.1	46.9
山东-1997	50.3	48.3
山东-1998	50.7	48.4
山东-1999	50.3	47.7
山东-2000	52.0	49.2
山东-2001	51.4	47.8
山东-2002	52.4	46.8
山东-2003	53.5	46.5
山东-2004	56.0	49.2
山东-2005	57.0	50.1
山东-2006	56.9	49.1
山东-2007	56.7	48.6

续表

	储蓄率	投资率
山东-2008	56.6	48.2
山东-2009	60.0	53.4
山东-2010	60.9	54.9
山东-2011	60.1	55.0
山东-2012	58.9	55.1
河南-1980	33.9	30.2
河南-1981	34.0	30.5
河南-1982	30.5	27.0
河南-1983	40.7	35.1
河南-1984	40.0	35.4
河南-1985	38.9	38.4
河南-1986	38.8	36.6
河南-1987	43.5	36.7
河南-1988	45.2	41.1
河南-1989	45.2	40.6
河南-1990	43.6	39.0
河南-1991	45.2	40.3
河南-1992	49.9	44.7
河南-1993	47.1	41.2
河南-1994	46.1	39.7
河南-1995	46.9	41.4
河南-1996	46.9	41.0
河南-1997	47.2	41.8
河南-1998	48.7	42.9
河南-1999	48.5	42.9
河南-2000	46.3	42.2
河南-2001	44.8	41.3

续表

	储蓄率	投资率
河南-2002	44.2	41.3
河南-2003	43.6	40.8
河南-2004	47.0	44.1
河南-2005	49.4	47.4
河南-2006	50.3	50.8
河南-2007	54.5	55.7
河南-2008	58.0	58.9
河南-2009	55.1	68.3
河南-2010	55.8	69.2
河南-2011	56.2	71.2
河南-2012	54.9	74.5
湖北-1980	46.2	20.0
湖北-1981	43.1	23.0
湖北-1982	40.5	26.9
湖北-1983	39.3	25.9
湖北-1984	38.2	29.7
湖北-1985	37.9	35.0
湖北-1986	35.8	32.3
湖北-1987	35.9	33.6
湖北-1988	34.8	36.5
湖北-1989	33.3	28.0
湖北-1990	34.6	32.0
湖北-1991	34.6	30.9
湖北-1992	36.7	32.6
湖北-1993	39.5	35.8
湖北-1994	44.2	39.4
湖北-1995	45.2	40.5

续表

	储蓄率	投资率
湖北-1996	43.9	41.4
湖北-1997	47.1	44.5
湖北-1998	46.4	45.8
湖北-1999	47.9	47.6
湖北-2000	48.3	47.0
湖北-2001	47.1	43.1
湖北-2002	45.1	41.0
湖北-2003	42.7	39.2
湖北-2004	43.7	42.3
湖北-2005	44.1	45.1
湖北-2006	43.3	47.4
湖北-2007	47.6	46.6
湖北-2008	49.8	48.7
湖北-2009	52.2	51.6
湖北-2010	54.3	52.6
湖北-2011	55.7	54.7
湖北-2012	55.9	55.4
湖南-1980	28.6	20.9
湖南-1981	25.8	19.6
湖南-1982	24.9	21.7
湖南-1983	24.2	22.0
湖南-1984	24.1	20.6
湖南-1985	24.8	26.3
湖南-1986	27.1	28.9
湖南-1987	30.1	29.8
湖南-1988	31.7	31.6
湖南-1989	31.4	26.4

续表

	储蓄率	投资率
湖南-1990	24.1	24.7
湖南-1991	25.4	27.0
湖南-1992	26.5	29.5
湖南-1993	29.7	31.4
湖南-1994	33.2	33.2
湖南-1995	35.1	35.1
湖南-1996	32.2	32.2
湖南-1997	33.0	32.5
湖南-1998	33.8	33.3
湖南-1999	33.5	34.0
湖南-2000	35.4	34.5
湖南-2001	35.9	35.8
湖南-2002	36.3	36.2
湖南-2003	37.8	37.5
湖南-2004	40.9	40.2
湖南-2005	38.0	39.5
湖南-2006	39.1	42.5
湖南-2007	42.0	43.9
湖南-2008	46.4	48.3
湖南-2009	49.1	51.9
湖南-2010	52.6	54.7
湖南-2011	53.8	55.5
湖南-2012	54.1	56.4
广东-1980	27.9	24.5
广东-1981	32.4	29.5
广东-1982	32.3	31.0
广东-1983	30.6	30.0

续表

	储蓄率	投资率
广东-1984	34.0	31.9
广东-1985	34.4	37.8
广东-1986	32.3	36.0
广东-1987	33.5	35.3
广东-1988	36.0	36.0
广东-1989	37.0	35.4
广东-1990	40.6	33.2
广东-1991	41.7	32.5
广东-1992	42.7	38.9
广东-1993	46.9	45.2
广东-1994	45.9	43.9
广东-1995	44.4	41.5
广东-1996	44.4	41.7
广东-1997	43.8	37.4
广东-1998	44.7	38.5
广东-1999	44.2	38.4
广东-2000	44.8	36.1
广东-2001	45.1	36.3
广东-2002	43.2	35.4
广东-2003	44.5	43.0
广东-2004	45.3	39.7
广东-2005	48.4	37.5
广东-2006	50.8	36.7
广东-2007	51.2	35.9
广东-2008	50.6	36.3
广东-2009	52.9	37.9
广东-2010	53.3	39.2
广东-2011	51.0	39.5

续表

	储蓄率	投资率
广东-2012	48.7	40.1
广西-1980	20.0	29.9
广西-1981	23.1	28.8
广西-1982	18.3	23.7
广西-1983	17.2	24.1
广西-1984	15.7	24.3
广西-1985	15.6	34.1
广西-1986	17.7	35.0
广西-1987	21.5	33.0
广西-1988	19.6	33.3
广西-1989	22.7	29.1
广西-1990	22.8	23.9
广西-1991	24.0	26.4
广西-1992	31.2	35.2
广西-1993	35.3	40.2
广西-1994	35.0	39.4
广西-1995	33.6	41.3
广西-1996	29.2	35.2
广西-1997	30.9	31.8
广西-1998	31.2	34.2
广西-1999	31.2	33.1
广西-2000	29.6	33.0
广西-2001	28.4	34.5
广西-2002	30.8	35.8
广西-2003	32.3	37.7
广西-2004	37.4	40.5
广西-2005	39.2	42.9

续表

	储蓄率	投资率
广西-2006	41.9	46.8
广西-2007	44.9	51.0
广西-2008	47.9	52.5
广西-2009	44.1	74.7
广西-2010	49.3	82.4
广西-2011	52.2	85.2
广西-2012	50.0	84.9
海南-1980	14.0	14.0
海南-1981	20.5	20.5
海南-1982	28.2	28.5
海南-1983	29.2	29.2
海南-1984	38.2	37.9
海南-1985	41.7	41.7
海南-1986	30.7	49.5
海南-1987	39.8	39.8
海南-1988	40.9	41.0
海南-1989	42.9	42.9
海南-1990	47.8	47.8
海南-1991	47.9	47.9
海南-1992	56.6	56.6
海南-1993	57.3	57.3
海南-1994	58.9	58.9
海南-1995	53.8	53.8
海南-1996	46.4	48.2
海南-1997	45.5	46.1
海南-1998	45.3	46.4
海南-1999	45.1	47.6

续表

	储蓄率	投资率
海南-2000	45.0	46.5
海南-2001	45.1	46.6
海南-2002	45.2	45.7
海南-2003	47.1	47.0
海南-2004	47.8	47.6
海南-2005	47.6	47.4
海南-2006	48.0	47.2
海南-2007	46.6	45.6
海南-2008	49.5	48.9
海南-2009	51.1	55.3
海南-2010	53.8	57.4
海南-2011	53.2	59.3
海南-2012	51.5	70.4
重庆-1996	37.3	35.3
重庆-1997	38.7	39.7
重庆-1998	39.7	41.9
重庆-1999	37.5	40.1
重庆-2000	37.8	43.2
重庆-2001	39.1	46.3
重庆-2002	39.2	49.0
重庆-2003	40.2	56.5
重庆-2004	42.5	59.8
重庆-2005	42.7	61.6
重庆-2006	42.6	61.9
重庆-2007	42.8	62.3
重庆-2008	45.9	59.8
重庆-2009	51.2	58.5

续表

	储蓄率	投资率
重庆-2010	51.9	57.7
重庆-2011	53.6	57.5
重庆-2012	52.7	55.6
四川-1980	30.6	29.4
四川-1981	29.9	29.1
四川-1982	31.1	30.9
四川-1983	32.0	31.5
四川-1984	32.5	31.8
四川-1985	33.2	33.5
四川-1986	33.8	34.5
四川-1987	34.8	35.5
四川-1988	35.1	35.6
四川-1989	33.4	33.8
四川-1990	31.4	31.6
四川-1991	31.9	31.7
四川-1992	34.2	34.4
四川-1993	34.7	34.6
四川-1994	35.5	35.7
四川-1995	36.9	37.0
四川-1996	37.0	37.1
四川-1997	37.8	37.8
四川-1998	39.8	39.8
四川-1999	39.5	39.5
四川-2000	13.6	38.5
四川-2001	39.1	39.0
四川-2002	40.6	40.5
四川-2003	42.2	42.1

续表

	储蓄率	投资率
四川-2004	43.6	43.5
四川-2005	41.0	45.0
四川-2006	44.1	48.1
四川-2007	46.0	49.4
四川-2008	49.0	53.1
四川-2009	49.0	54.4
四川-2010	49.9	53.6
四川-2011	50.4	52.6
四川-2012	50.0	52.3
贵州-1980	19.2	34.8
贵州-1981	12.4	27.0
贵州-1982	14.9	28.3
贵州-1983	14.5	26.3
贵州-1984	18.2	30.3
贵州-1985	19.2	35.2
贵州-1986	16.9	35.3
贵州-1987	20.4	34.4
贵州-1988	28.6	34.5
贵州-1989	28.3	34.7
贵州-1990	27.0	30.9
贵州-1991	27.9	30.1
贵州-1992	26.4	31.7
贵州-1993	27.4	34.5
贵州-1994	24.9	29.8
贵州-1995	20.8	36.1
贵州-1996	18.2	37.1
贵州-1997	19.3	39.0

续表

	储蓄率	投资率
贵州-1998	21.7	42.2
贵州-1999	20.4	47.3
贵州-2000	22.0	49.9
贵州-2001	23.1	55.3
贵州-2002	24.9	54.8
贵州-2003	30.5	56.0
贵州-2004	31.7	54.7
贵州-2005	17.8	51.8
贵州-2006	20.0	51.5
贵州-2007	22.2	51.8
贵州-2008	32.2	52.5
贵州-2009	34.3	53.7
贵州-2010	37.3	56.0
贵州-2011	39.7	56.6
贵州-2012	42.3	60.8
云南-1980	24.8	36.0
云南-1981	27.9	30.1
云南-1982	23.3	32.5
云南-1983	25.2	28.8
云南-1984	27.4	34.4
云南-1985	27.3	34.4
云南-1986	27.0	34.7
云南-1987	32.0	30.0
云南-1988	34.6	31.1
云南-1989	33.4	31.5
云南-1990	33.8	29.3
云南-1991	30.1	35.9

续表

	储蓄率	投资率
云南-1992	33.2	41.1
云南-1993	39.5	47.6
云南-1994	41.4	44.5
云南-1995	42.9	40.8
云南-1996	42.4	41.1
云南-1997	40.2	42.8
云南-1998	39.2	42.9
云南-1999	32.3	40.1
云南-2000	24.2	37.1
云南-2001	31.1	44.8
云南-2002	31.6	39.8
云南-2003	35.2	46.5
云南-2004	36.2	49.0
云南-2005	33.1	57.3
云南-2006	34.7	59.6
云南-2007	38.7	56.2
云南-2008	38.7	56.2
云南-2009	39.3	60.9
云南-2010	40.6	77.2
云南-2011	40.7	80.3
云南-2012	38.8	83.2
西藏-1980	—	—
西藏-1981	—	—
西藏-1982	—	—
西藏-1983	—	—
西藏-1984	—	—
西藏-1985	—	—

续表

	储蓄率	投资率
西藏-1986	—	—
西藏-1987	—	—
西藏-1988	—	—
西藏-1989	—	—
西藏-1990	—	—
西藏-1991	—	—
西藏-1992	—	—
西藏-1993	—	—
西藏-1994	28.6	50.3
西藏-1995	33.7	58.2
西藏-1996	—	—
西藏-1997	37.8	40.8
西藏-1998	46.0	36.5
西藏-1999	42.8	42.3
西藏-2000	44.7	38.0
西藏-2001	40.1	35.9
西藏-2002	42.8	41.3
西藏-2003	8.9	56.7
西藏-2004	11.5	82.2
西藏-2005	26.5	73.3
西藏-2006	48.5	82.9
西藏-2007	29.5	79.6
西藏-2008	33.2	79.2
西藏-2009	30.4	86.2
西藏-2010	35.7	111.4
西藏-2011	38.4	89.6
西藏-2012	35.4	101.1

续表

	储蓄率	投资率
陕西-1980	23.8	29.2
陕西-1981	20.8	31.4
陕西-1982	20.8	36.3
陕西-1983	22.4	33.2
陕西-1984	24.5	36.5
陕西-1985	25.9	49.1
陕西-1986	27.4	47.2
陕西-1987	27.8	47.5
陕西-1988	25.8	45.3
陕西-1989	24.9	50.9
陕西-1990	25.6	41.9
陕西-1991	29.0	41.5
陕西-1992	30.8	36.6
陕西-1993	33.1	49.3
陕西-1994	30.2	48.8
陕西-1995	32.7	48.1
陕西-1996	33.7	45.9
陕西-1997	32.0	42.0
陕西-1998	34.9	46.5
陕西-1999	39.2	45.6
陕西-2000	41.8	51.3
陕西-2001	44.1	52.7
陕西-2002	47.2	54.8
陕西-2003	50.5	60.4
陕西-2004	53.7	64.0
陕西-2005	54.2	57.5
陕西-2006	58.6	61.9
陕西-2007	54.8	60.9

续表

	储蓄率	投资率
陕西-2008	58.9	64.3
陕西-2009	52.3	66.7
陕西-2010	54.7	67.5
陕西-2011	55.5	67.8
陕西-2012	55.8	68.6
甘肃-1980	27.2	33.0
甘肃-1981	19.3	31.5
甘肃-1982	20.3	32.9
甘肃-1983	25.6	34.2
甘肃-1984	28.9	34.4
甘肃-1985	30.1	38.2
甘肃-1986	25.9	42.6
甘肃-1987	25.0	38.9
甘肃-1988	27.2	40.5
甘肃-1989	27.1	41.6
甘肃-1990	29.9	43.2
甘肃-1991	27.9	41.7
甘肃-1992	28.3	41.2
甘肃-1993	29.3	40.9
甘肃-1994	29.4	39.3
甘肃-1995	31.9	40.2
甘肃-1996	32.0	39.1
甘肃-1997	33.9	41.5
甘肃-1998	39.3	42.5
甘肃-1999	41.2	44.2
甘肃-2000	41.3	44.5
甘肃-2001	41.6	45.4

续表

	储蓄率	投资率
甘肃-2002	41.7	46.2
甘肃-2003	42.5	46.8
甘肃-2004	42.2	46.9
甘肃-2005	37.0	47.4
甘肃-2006	39.0	47.9
甘肃-2007	40.2	48.9
甘肃-2008	38.6	61.7
甘肃-2009	37.7	56.6
甘肃-2010	40.9	56.9
甘肃-2011	40.9	57.2
甘肃-2012	41.1	58.4
青海-1980	23.6	50.0
青海-1981	17.7	42.3
青海-1982	22.0	53.5
青海-1983	20.9	44.9
青海-1984	21.2	47.0
青海-1985	24.5	64.8
青海-1986	24.0	51.0
青海-1987	25.6	62.9
青海-1988	32.9	54.7
青海-1989	29.8	41.6
青海-1990	23.1	40.9
青海-1991	19.0	44.5
青海-1992	25.5	43.4
青海-1993	33.6	47.0
青海-1994	33.3	43.5
青海-1995	32.1	47.0

续表

	储蓄率	投资率
青海-1996	30.1	48.3
青海-1997	36.2	54.9
青海-1998	37.9	57.7
青海-1999	37.3	58.1
青海-2000	33.9	63.4
青海-2001	32.9	70.4
青海-2002	34.4	72.8
青海-2003	35.6	75.5
青海-2004	35.2	69.3
青海-2005	33.6	68.0
青海-2006	34.0	66.7
青海-2007	35.0	63.4
青海-2008	38.3	66.9
青海-2009	43.0	73.8
青海-2010	47.0	80.5
青海-2011	48.5	83.8
青海-2012	47.3	90.8
宁夏-1980	19.7	50.6
宁夏-1981	17.5	39.1
宁夏-1982	8.1	45.4
宁夏-1983	9.7	46.8
宁夏-1984	10.8	51.8
宁夏-1985	15.0	63.2
宁夏-1986	13.6	64.7
宁夏-1987	15.9	63.8
宁夏-1988	22.8	62.0
宁夏-1989	24.9	56.7

续表

	储蓄率	投资率
宁夏-1990	26.2	57.4
宁夏-1991	25.0	56.5
宁夏-1992	29.2	55.5
宁夏-1993	30.5	59.4
宁夏-1994	29.0	51.6
宁夏-1995	33.2	48.6
宁夏-1996	35.7	50.0
宁夏-1997	38.0	49.3
宁夏-1998	37.8	56.1
宁夏-1999	36.2	59.0
宁夏-2000	29.7	63.1
宁夏-2001	25.1	69.6
宁夏-2002	24.3	74.5
宁夏-2003	28.1	83.2
宁夏-2004	30.8	84.9
宁夏-2005	35.5	78.5
宁夏-2006	36.0	74.4
宁夏-2007	40.6	73.6
宁夏-2008	45.0	79.5
宁夏-2009	51.8	96.7
宁夏-2010	51.2	92.5
宁夏-2011	51.5	83.5
宁夏-2012	49.4	89.1
新疆-1980	16.3	43.5
新疆-1981	14.2	43.0
新疆-1982	16.2	46.7
新疆-1983	23.1	43.2

续表

	储蓄率	投资率
新疆-1984	21.5	47.9
新疆-1985	21.8	52.1
新疆-1986	19.6	46.7
新疆-1987	21.0	47.1
新疆-1988	25.9	51.0
新疆-1989	27.9	54.2
新疆-1990	31.3	51.5
新疆-1991	34.2	50.4
新疆-1992	38.2	62.0
新疆-1993	40.5	70.4
新疆-1994	44.3	72.4
新疆-1995	47.1	57.4
新疆-1996	40.1	50.1
新疆-1997	42.5	53.8
新疆-1998	43.1	61.4
新疆-1999	43.4	49.8
新疆-2000	44.4	45.3
新疆-2001	42.5	51.9
新疆-2002	40.6	54.1
新疆-2003	45.1	59.6
新疆-2004	47.7	61.9
新疆-2005	51.4	61.7
新疆-2006	48.0	63.5
新疆-2007	45.2	59.3
新疆-2008	46.0	53.6
新疆-2009	47.0	59.6
新疆-2010	47.3	62.0
新疆-2011	46.8	63.0
新疆-2012	43.2	77.2

资料来源：作者根据历年《中国统计年鉴》编制。

参考文献

[1][德]卡尔·马克思. 资本论第 2 卷（中译本）[M]. 北京：人民出版社，1975.

[2][美]保罗·萨缪尔森. 经济学（第 18 版）（中译本）[M]. 北京：人民邮电出版社，2008.

[3][美]查尔斯·威尔伯. 发达与不发达问题的政治经济学（中译本）[M]. 北京：中国社会科学出版社，1984.

[4][美]雷蒙德·W. 戈德史密斯. 金融结构与金融发展（中译本）[M]. 上海：上海三联书店，1990.

[5][美]约翰·G. 格利，爱德华·S.肖. 金融理论中的货币（第 2 版）（中译本）[M]. 上海：格致出版社，上海三联出版社，上海人民出版社，2006.

[6][美]兹维·博迪，罗伯特·莫顿. 金融学（中译本）[M]. 北京：中国人民大学出版社，2000.

[7][瑞典]魏克塞尔. 利息与价格（中译本）[M]. 北京：商务印书馆，2011.

[8][匈]亚诺什·科尔内. 短缺经济学（中译本）[M]. 北京：经济科学出版社，1986.

[9][英]阿尔弗雷德·马歇尔. 经济学原理（中译本）[M]. 北京：华夏出版社，2005.

[10][英]大卫·李嘉图. 政治经济学及赋税原理（中译本）[M]. 上海：上海三联书店，2008.

[11][英]哈罗德. 动态经济学（中译本）[M]. 北京：商务印书馆，1981.

[12][英]亚当·斯密. 国富论（中译本）[M]. 上海：上海三联书店，2009.

[13][英]约翰·梅纳德·凯恩斯. 就业、利息和货币通论（中译本）[M]. 北京：商务印书馆，1999.

[14]包群，阳小晓，赖明勇. 关于我国储蓄—投资转化率偏低的实证分析[J]. 经济科学，2004（3）：35—42

[15]卞学字，范爱军. 金砖国家国际资本流动性度量及比较研究[J]. 南开经济研究，2014（5）：40—53.

[16]曹雅青. 证券市场是社会储蓄向投资转化的直接通道[J]. 中国产业，2010（9）：38.

[17]陈传兴，高婷婷. 储蓄—投资差异对中国贸易不平衡的影响分析[J]. 上海管理科学，2012（3）：1—5.

[18]陈文魁，王刚. 对我国储蓄向投资转化的几点思考[J]. 知识经济，2013（1）：76.

[19]邓奇志. 功能视角下我国农村金融效率的现实审视及优化路径[J]. 农村经济，2010（5）：52—55.

[20]丁志国，徐德财，赵晶. 农村金融有效促进了我国农村经济发展吗[J]. 农业经济问题，2012（9）：50—57.

[21]杜恂诚. 金融业在近代中国经济中的地位[J]. 上海财经大学学报（哲学社会科学版），2012（1）：12—20.

[22]封福育. 我国储蓄投资转化效率及其区域差异分析[J]. 江西财经大学学报，2009（4）：9—12.

[23]封福育. 储蓄、投资与中国资本流动——基于面板协整分析[J]. 统计与信息论坛，2010（3）：60—64.

[24]傅勇. 中国式失衡辨析及其货币政策含义——基于分权式改革与金融压抑视角的分析[J]. 上海金融，2010（10）：27—32.

[25]甘小芳，许少强. 中国储投缺口结构对经常项目顺差的影响[J]. 世界经济研究，2011（1）：30—34.

[26]高铁梅. 计量经济分析方法与建模：EViews 应用及实例（第二版）[M]. 北京：清华大学出版社，2009.

[27]顾宁，余孟阳. 农业现代化进程中的金融支持路径识别[J]. 农业经济问题，2013（9）：60—66.

[28]管清友，李衡. 利率上行的逻辑[J]. 金融市场研究，2014（2）：78—85.

[29]郭树清. 中国宏观经济分析基础[J]. 金融研究，2005（1）：8—23.

[30]何帆，唐岳华. 中国三部门储蓄与投资相关性的经验分析[J]. 财经问题研究，2007（11）：3—9.

[31]胡渊，陈继勇. 当前全球经济失衡的主要成因、可持续性及其调整——

一个文献综述[J]. 国际商务，2012（4）：44—53.

[32]黄明，林明恒，许小苍. 我国政府储蓄与居民储蓄的投资转化率比较分析[J]. 商业时代，2009（36）：74—75.

[33]来特，李小玲，Dang V.Q. 广东省和东亚地区资本流动性的实证分析[J]. 广东外语外贸大学学报，2015（1）：28—34.

[34]黎翠梅，曹建珍. 中国农村金融效率区域差异的动态分析与综合评价[J]. 农业技术经济，2012（3）：4—12.

[35]李柏生. 我国现阶段储蓄与投资转化在国民经济中的作用[J]. 学术论丛，2008（48）：82—83.

[36]李红. 城镇居民储蓄向投资转化的效率分析——以江苏省为例[J]. 福建金融管理干部学院学报，2013（1）：22—26.

[37]李宏，陆建明，张珍增，施炳展. 金融市场差异与全球失衡：一个文献综述[J]. 南开经济研究，2010（4）：3—20.

[38]李佳. 资产证券化的流动性扩张：理论基础、效应及缺陷[J]. 财经科学，2014（4）：11—21.

[39]李京晔. 保险业资金流动与宏观金融的稳定关系[J]. 经济导刊，2010（7）：22—23.

[40]李香雨，程鹏. 保险资金运用对投资和经济增长的贡献研究[J]. 保险研究，2012（9）：56—63.

[41]李新，邹宏元. 中国经常项目顺差的影响因素研究——基于双缺口模型的实证分析[J]. 华东经济管理，2014（6）：53—69.

[42]李新鹏. 我国区域金融资源配置效率评价及比较研究[J]. 湖南财政经济学院学报，2015（3）：55—60.

[43]李扬，殷剑峰. 中国高储蓄率问题研究[J]. 经济研究，2007（6）：14—26.

[44]李喆. 基于储蓄—投资相关性的京津冀金融一体化的现状分析[J]. 中国管理科学，2012（S2）：869—872.

[45]骆立云. 人口老龄化对储蓄、投资和国际资本流动的影响：一个初步的文献综述[J]. 金融评论，2013（4）：101—111.

[46]聂碧玉. 储蓄向投资转化的新工具——投资基金[J]. 时代经贸，2008（2）：46—47.

[47]彭奥蕾，金群，马泳诗. 经济增长中储蓄有效转化为投资的思考——基于简单 AK 模型的分析[J]. 金融市场，2014（1）：76—79.

[48]彭卫红，张晓东. 我国金融体系动员储蓄效率测算与评价[J]. 商业时代，2011（29）：73—74.

[49]蒲成毅，潘小军. 保险消费推动经济增长的行为金融学分析[J]. 现代财经，2012（12）：21—29.

[50]齐福全，李琼. 北京市农村居民储蓄与投资相关关系的实证分析：1978—2003 年[J]. 中国农村经济，2006（8）：44—49.

[51]任碧云. 储蓄向投资转化机制及中国目标模式的选择——基于高储蓄率、高贸易顺差背景的思考[J]. 经济经纬，2006（4）：13—16.

[52]沈艳. 广西储蓄、投资与经济增长的实证分析[J]. 当代经济，2009（4）：94—95.

[53]宋德勇，董卫星. 中国私募股权投资基金发展的对策研究[J]. 当代经济，2012（2）：116—117.

[54]孙妍，郑贵廷. 虚拟资本及其对实体经济发展之效应研究[J]. 求索，2012（1）：13—15.

[55]孙振坡. 基于索洛模型的中国储蓄和经济增长的思考[J]. 经济研究导刊，2010（16）：10—11.

[56]谭章禄，徐静. 基于动力学的储蓄—投资转化率分析[J]. 浙江金融，2008（1）：28—31.

[57]腾建州，颜蒙，杨帆. 中国经济转型视角下的 Feldstein-Horioka 事实再检验[J]. 现代财经，2014（8）：34—43.

[58]汪伟. 储蓄、投资与经济增长之间的动态相关性研究——基于中国 1952—2006 年的数据分析[J]. 南开经济研究，2008（2）：105—125.

[59]汪艳涛，高强. 我国农村金融作用农村经济的路径与实效——基于农村金融运行效率的实证分析[J]. 西部论坛，2013（1）：35—44.

[60]王博，文艺. 储蓄投资相关性与中国地区资本市场融合——对中国费尔德斯坦—霍里奥克之谜的再考察[J]. 经济学动态，2012（10）：71—75.

[61]王剑锋，顾标. 中国贸易顺差研究的脉络梳理与未来展望[J]. 经济评论，2011（1）：127—134.

[62]王兰军. 资本市场与稳增长[J]. 中国金融，2012（16）：69—70.

[63]王欣，何毅. 我国居民储蓄与股市投资的关系研究[J]. 浙江金融，2013（1）：56—58.

[64]吴征，张伟. 我国储蓄投资转化不平衡问题探讨[J]. 云南财经大学学报（社会科学版），2010（4）：78—79.

[65]王洋天. 我国发展产业投资基金存在的问题及对策[J]. 特区经济，2010（8）：236—237.

[66]肖红叶，周国富. 我国储蓄—投资转化有效性研究[J]. 统计研究，2000（3）：8—14.

[67]肖欢明. 我国人口老龄化对经济增长的影响路径分析[J]. 经济问题探索，2014（1）：22—26.

[68]解运亮，刘磊. 中国农村金融发展的区域差异及其成因分析[J]. 经济问题探索，2013（6）：83—89.

[69]胥良. 储蓄—投资转化的理论分析与现实思考[J]. 金融研究，1998（8）：1—7.

[70]杨勇华. 我国居民储蓄—投资转化效率的实证分析[J]. 财经理论与实践，2006（3）：55—60.

[71]杨子晖，鲁晓东，温雪莲. 储蓄—投资相关性及影响因素的国际研究——基于发展中国家的面板协整分析[J]. 国际金融研究，2009（10）：73—82.

[72]叶婷梅. 影响储蓄—投资转化因素研究——基于我国东西部地区的截面数据[J]. 商业时代，2014（34）：59—60.

[73]殷剑峰. 人口拐点、刘易斯拐点和储蓄/投资拐点——关于中国经济前景的讨论[J]. 金融评论，2012（4）：1—17.

[74]于春海. Feldstein-Horioka 之谜的中国经验分析[J]. 世界经济，2007（1）：39—48.

[75]余慧倩. 财政赤字、贸易赤字与储蓄投资缺口——基于希腊三重赤字问题的实证检验[J]. 统计与决策，2012（9）：148—151.

[76]于泽慧. 经济转型时期我国金融发展与经济增长关系的分析[J]. 经济问题探索，2014（1）：88—89.

[77]俞建国. 对我国储蓄与投资失衡问题的思考[J]. 宏观经济研究，2008（6）：13—27.

[78]岳岐峰，宋保庆. 先行先试——京津冀协同发展中的金融角色探讨[J].

河北金融，2015（2）：21—24.

[79]翟琼，罗超平，吴超. 中国储蓄投资转化效率及影响因素研究[J]. 宏观经济研究，2015（8）：29—40.

[80]张迪. 我国居民储蓄与政府储蓄转化效率的实证分析[J]. 内江师范学院学报，2007（2）：71—73.

[81]张佳，许华伟. 中国私募股权投资基金发展的对策研究[J]. 经济纵横，2012（10）：92—95.

[82]张娟. 我国储蓄—投资转化漏损率的实证分析[J]. 统计与决策，2011（18）：104—106.

[83]张国峰，齐子漫. 中国储蓄投资转化率的实证研究[J]. 海南金融，2012（3）：11—14.

[84]张明. 全球经济再平衡：美国和中国的角色[J]. 世界经济与政治，2010（9）：132—160.

[85]张勇，李政军. 中国货币体制的效率及其改革[J]. 经济学家，2015（1）：56—63.

[86]中国人民银行. 2015 二季度中国货币政策执行报告[EB/OL]. http://www.pbc.gov.cn/zhengcehuobisi/125207/125227/125957/2161441/2926066/2015081010063854823.pdf：2015 年 8 月 7 日.

[87]周灿. 基于预防性储蓄理论的中国保险消费外部性研究[J]. 中国社会科学院研究生院学报，2014（2）：40—50.

[88]Ang J. The Saving-Investment Dynamics and Financial Sector Reforms in India [EB/OL]. MPRA Paper No. 14498. http://mpra.ub.uni-muenchen.de/14498: Apr 7th, 2009.

[89]Apergis N., Tsoulfidis L. The Relationship between Saving and Finance: Theory and Evidence from E.U. Countries [J]. Research in Economics, 1997(51): 333-358.

[90]Bailliu J., Reisen H. Do Funded Pensions Contribute to Higher Savings? A Cross-Country Analysis [R]. OECD Development Centre manuscript 1998.

[91]Basel Committee on Banking Supervision. International Convergence of Capital Measurement and Capital Standards: A Revised Framework [EB/OL]. http://www.bis.org/publ/bcbs107.pdf: June, 2004.

[92]Basel Committee on Banking Supervision. Principles for Sound Liquidity Risk Management and Supervision [EB/OL]. http://www.bis.org/publ/bcbs144.pdf: September, 2008.

[93]Baxter M., Crucini M.J. Explaining Saving-Investment Correlations [J]. American Economic Review, 1993(88): 416-436.

[94]Bayoumi, T. Saving-Investment Correlations: Immobile Capital, Government Policy, or Endogenous Behavior?[R] International Monetary Fund Staff Papers, 1990(37): 360-387.

[95]Bencivenga V.R., Smith B.D. Financial Intermediation and Endogenous Growth [J]. The Review of Economic Studies, 1991(58): 195-209.

[96]Bernanke B.S. Nonmonetary Effects of the Financial Crisis in the Propagation of the Great Depression [J]. American Economic Review, 1983(73): 257-276.

[97]Bernanke B.S., Lown C.S. The Credit Crunch [J]. Brookings Papers on Economic Activity, 1991(2): 205-247.

[98]Blanchard O., Giavazzi F. Current Account Deficits in the Euro Area: The end of the Feldstein-Horioka Puzzle? [J]. Brookings Papers on Economic Activity, 2002(2): 147-186.

[99]Cass D. Optimum Growth in an Aggregative Model of Capital Accumulation [J]. The Review of Economic Studies, 1965 (3): 233-240.

[100]Chenery H.B., Strout A.M. Foreign Assistance and Economic Development [J]. The American Economic Review, 1966(4): 679-733.

[101]Chinn M.D., Ito H. Current Account Balances, Financial Development and Institutions: Assaying the World "Savings Glut" [J]. Journal of International Money and Finance, 2007(26): 546-569.

[102]Coakley J., Hasan F., Smith R. Saving, Investment, and Capital Mobility in LDCs [J]. Review of International Economics, 1999(7): 632-640.

[103]Committee of Sponsoring Organization of the Treadway Commission. COSO Enterprise Risk Management - Integrated Framework: Application Techniques [M]. New York: COSO, 2004.

[104]Corbin A. Country Specific Effects in the Feldstein-Horioka Paradox: A

Panel Data Analysis [J]. Economics Letters, 2001(72): 297-302.

[105]Corbo V., Schmidt-Hebbel K. Public Policies and Saving in Developing Countries [J]. Journal of Development Economics, 1991(36): 89-115.

[106]Dayal-Ghulati A., Thimann C. Saving in Southeast Asia and Latin America Compared: Searching for Policy Lessons [R]. IMF Working Paper WP/97/110, 1997.

[107]De Hann J., Siermann C.L.J. Saving Investment and Capital Mobility: A Comment on Leachman [J]. Open Economies Review, 1994(5): 5-17.

[108]De Vita G., Abott A. Are Saving and Investment Cointegrated? An ARDL Bounds Testing Approach [J]. Economics Letters, 2001(77, 2): 293-299.

[109]Domar E.D. Expansion and Employment [A]. 1947. Domar E.D. Essays in the Theory of Economic Growth [C]. New York: Oxford University Press, 1957.

[110]Dooley M.P., Frankel J., Mathieson D.J. International Capital Mobility: What Do Saving-Investment Correlations Tell Us?[R]. International Monetary Fund Staff Papers 34, 1987: 503-530.

[111]Edwards S. Why Are Latin America's Savings Rates So Low? An International Comparative Analysis [J]. Journal of Development Economics, 1996(51, 1): 5-44.

[112]Esso L.J., Keho Y. The Savings-Investment Relationship: Cointegration and Causality Evidence from Uemoa Countries [J]. International Journal of Economics and Finance, 2010(2):1.

[113]Feldstein M., Horioka C. Domestic Saving and International Capital Flows [J]. Economic Journal, 1980(90): 317-323.

[114]Fouquau J., Hurlin C., Rabaud I. The Feldstein-Horioka Puzzle: A Panel Smooth Transition Regression Approach [J]. Economic Modeling, 2008(25): 284-299.

[115]Frankel J., Dooley M., Mathieson D. International Capital Mobility in Developing Countries vs. Industrial Countries: What Do Savings Investment Correlations Tell Us? [R]. NBER Working Paper- 2043, 1986.

[116]Georgopouls G.J., Hejazi W. Feldstein-Horioka Meets a Time Trend [J]. Economics Letters, 2005(86): 353-357.

[117]Granger, C. W. J. Investigating Causal Relations by Econometric Models and Cross-Spectral Methods [J]. Econometrica, 1969(37): 424–438.

[118]Greenwood J., Jovanovic B. Financial Development, Growth and the Distribution of Income [J]. Journal of Political Economy, 1990(98): 1076-1107.

[119]Harrod R. An Essay in Dynamic Theory [J]. The Economic Journal , 1939(49):193.

[120]Haque N.U., Pesaran M.H., Sharma S. Neglected Heterogeneity and Dynamics in Cross-Country Savings Regressions [R]. IMF Working Paper, 1999.

[121]Jansen J. Estimating Saving-Investment Correlations: Evidence for OECD Countries Based on an Error Correction Model [J]. Journal of International Money and Finance, 1996(15, 5): 749-781.

[122]Kasuga H. Saving-Investment Correlations in Developing Countries [J]. Economics Letters, 2004(83, 3): 371-376.

[123]Kollias C., Mylonidis N., Paleologou S.M. The Feldstein-Horioka Puzzle across EU Members: Evidence from ARDL Bounds Approach and Panel Data [J]. International Review of Economics and Finance, 2008(17): 380-387.

[124]Koopmans. T. C. On the Concept of Optimal Economic Growth [A]. Cowles Foundation for Research in Economics. Cowles Foundation Discussion Papers 163 [C]. CT: Yale University, 1965.

[125]Krol R. International Capital Mobility: Evidence from Panel Data [J]. Journal of International Money and Finance, 1996(15, 3): 467-474.

[126]Kuijs L. Investment and Saving in China [R]. World Bank Policy Research Working Paper 3633, 2005.

[127]Leachman L.L. Saving, Investment and Capital Mobility among OECD Countries [J]. Open Economies Review, 1991(2):137-163.

[128]Levine R. Stock Markets, Growth, and Tax Policy [J]. The Journal of Finance, 1991(46): 1445-1465.

[129]Levine R. Financial Development and Economic Growth: Views and Agenda [J]. Journal of Economic Literature, 1997(35): 688-726.

[130]Lewis W.A. Economic Development with Unlimited Supplies of Labour [J]. The Manchester School, 1954(22, 2): 139-191.

[131]Li C. Savings, Investment, and Capital Mobility within China [J]. China Economic Review, 2010(21): 14-23.

[132]Loayza N., Schmidt-Hebbel K., Serven L. What Drives Private Saving Around the World? [R]. World Bank Policy Research Working Paper 2309, 2000:25.

[133]Mamingi N. Saving-Investment Correlations and Capital Mobility in Developing Countries [R]. The World Bank Policy Research Working Paper 1211, 1994.

[134]Masson P., Bayoumi T., Samiei H. Saving Behavior in Industrial and Developing Countries [R]. IMF manuscript, 1995.

[135]McKinnon R.I. Money and Capital in Economic Development [M]. Washington: The Brookings Institution, 1973.

[136]Merton C.R., Bodie Z. Design of Financial System: Towards a Synthesis of Function and Structure [J]. Journal of Investment Management, 2005(3, 1): 1-23.

[137]Miller S. Are Saving and Investment Cointegrated?[J]. Economic Letters, 1988(27): 31-34.

[138]Mishra P.K., Das J.R., Mishra S.K. The Dynamics of Savings and Investment Relationship in India [J]. European Journal of Economics, Finance and Administrative Sciences, 2010(18).

[139]Modigliani F., Cao S.L. The Chinese Saving Puzzle and the Life-Cycle Hypothesis [J]. Journal of Economic Literature, 2004(3): 145-170.

[140]Murphy R.G. Capital Mobility and the Relationship between Saving and Investment in OECD Countries [J]. Journal of International Money and Finance, 1984(3): 327-342.

[141]Narayan P.K. The Saving and Investment Nexus for China: Evidence from Cointegration Tests [J]. Applied Economics, 2005(37, 17): 1979-1990.

[142]Pagano M. Financial Markets and Growth [J]. European Economic Review, 1993(37): 613-622.

[143]Penati A., Dooley M. Current Account Imbalances and Capital Formation in Industrial Countries, 1948-81 [R]. International Monetary Fund Staff Papers, 1984(31): 1-24.

[144]Quantitative Micro Software. EViews 6 User’s Guide II [M]. CA:

Quantitative Micro Software, 2007.

[145]Romer D. Advanced Macroeconomics, 4th revised edition [M]. New York: The McGraw Hill Higher Education, 2011.

[146]Romer P.M. Endogenous Technological Change [J]. Journal of Political Economy, 1990(98, 5, 2): 71-102.

[147]Rostow W.M. The Stages of Economic Growth: A Non-Communist Manifesto [M]. Cambridge: Cambridge University Press, 1964.

[148]Sachsida A., Caetano A. The Feldstein-Horioka Puzzle Revisited [J]. Economics Letters, 2002(68): 85-88.

[149]Seshaiah V., Sriyval V. Savings and Investment in India: A Cointegration Approach [J]. Applied Economics and International Development, 2005(5): 25-44.

[150]Shaw E. S. Financial Deepening in Economic Development [M]. New York: Oxford University Press, 1973.

[151]Sinha D. Saving-Investment Relationships for Japan and other Asian Countries [J]. Japan and the World Economy, 2002(14): 1-23.

[152]Solow R.M. A contribution to the Theory of Economic Growth [J]. The Quarterly Journal of Economics, 1956(70, 1): 65-94.

[153]Taylor A.M. International Capital Mobility in History: The Saving-Investment Relationship [R]. NBER Working Paper 5743, 1996.

[154]Telatar E., Telatar F., Bolatoglu N. A Regime Switching Approach to the Feldstein-Horioka Puzzle: Evidence from some European Countries [J]. Journal of Policy Modeling, 2007(29): 523-533.

[155]Verma R. Savings, Investment and Growth in India: An Application of the ARDL Bounds Testing Approach [R]. Faculty of Commerce Papers, University of Wollongong, Australia, 2007.

[156]Wahid Salahuddin and Noman. Saving Investment Correlation in South Asia – A Panel Approach [J]. European Journal of Economics, Finance and Administrative Sciences, 2008(11): 153-159.

[157]World Bank. World Development Report 1989: Financial Systems and Development[R]. World Bank Annual Report, 1989.

[158]World Bank. The Changing Wealth of Nations：Measuring Sustainable Development in the New Millennium[R]. World Bank, Washington, D.C., 2010.

后 记

本书是我在博士论文基础上稍作修改而成的。回想起博士论文长达四年的写作时光，真有一种“山重水复疑无路，柳暗花明又一村”的感觉。写作过程一波三折，既是对我学术能力的锻炼，更是对我平衡学习、工作、生活能力的磨砺。在我最困难的时候，我的良师益友和家人给我支持、指导和帮助，鼓励我前行。

衷心感谢我的导师任碧云教授。六年前，任老师的鼓励和教导，使我克服畏难思想再次踏上求学之路。任老师以渊博的学识、严谨的治学态度在学业上教导我、帮助我，使我的学术水平不断提高。同时，任老师还以谦虚谨慎、雷厉风行、和蔼可亲、宽容大度的形象在为人处世方面影响我、熏陶我，使我在工作中、生活中获益良多。正是任老师的谆谆教导和言传身教，使我能够顺利完成博士研究生阶段的学习任务，成功攀上人生中又一座高峰。

衷心感谢南开大学梁琪教授，天津大学汪波教授、南国芳教授，中国人民大学郑超愚教授，中国社会科学院张群群研究员，天津财经大学高正平教授、姚莉教授、张庆君教授提出的宝贵意见，使我开阔了思路，明确了方向。衷心感谢天津财经大学肖红叶教授对“高级宏观经济学”和“高级微观经济学”课程的讲授，使我能够使用数学语言规范表达自己的学术思想；衷心感谢王晓林教授指导我阅读大量经济学、哲学巨匠名著，使我对经济学思想有了更深层次的认识；衷心感谢白仲林教授对“高级计量经济学”课程的讲授，使我能够熟练使用相关计量模型；衷心感谢王爱俭教授、张元萍教授、孙森教授、刘乐平教授以及天津财经大学的各位老师，多年来在学习和生活上给予我的无私帮助和指导。

衷心感谢我的同学王憬怡、林文浩、张旭东、高之岩等，从你们身上我获益良多。

最后，我要特别感谢我的家人，是他们六年来的理解、支持、分担、亲情，才使本书得以付梓。

杨鸿涛

2017年4月28日于天津